KB183932

명심보감 明心寶鑑

The Mingxin baojian

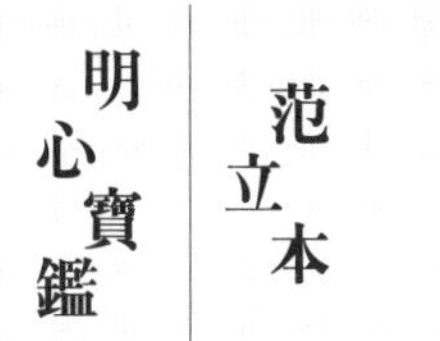

범입본 지음
안대회 평역

민음사

일러두기

1___이 책은 범입본이 1393년에 완성하여 간행한 책으로, 1454년에 충청도 관찰사 민건이 청주에서 복각한 판본을 저본으로 삼아 완역하였다. 일본 도쿄의 쓰쿠바 대학 도서관에 소장된 저본을 영인한 『청주판명심보감(淸州版明心寶鑑)』(이우성 엮음, 아세아문화사, 1990)이 번역의 대본이다. 저본은 현존하는 가장 오래된 판본으로, 저자의 원본에 가장 가깝다.

2___저본은 상권이 10장 373조, 하권이 10장 401조로, 전체 2권 20장 774조로 구성되었다. 모든 수량은 역자가 교감을 거쳐 확정하였다.

3___번역문은 격언과 잠언, 속담이 지닌 운문(韻文)다운 특성을 살리고자 적절하게 행갈이를 하여 시적인 문장으로 옮겼다.

4___원문은 저본의 오류를 바로잡아 제시하였다. 저본은 글자, 문구, 출전 등에 오류가 많은데, 흑구본과 중간본, 화각본 등 여러 판본과 사본, 문헌을 대조하여 신뢰할 만한 정본을 만들고, 이 정본을 번역하였다. 명백한 오류는 일일이 밝히지 않았고, 주요한 교감 사항은 평설에서 밝혔다. 판본과 교감의 근거 및 기준은 해설에서 설명하였다.

5___출전은 번역문과 원문에 제시하였다. 저본에서 출전을 밝힌 것이 472개조, 밝히지 않은 것이 302개조이다. 격언 첫머리에 책명이나 인명으로 출전을 밝힌 경우, 이 책에서는 번역문 다음 줄에 출전을 밝혔다. 출전을 밝히지 않은 경우에는 평설에서 출전을 밝혔다. 출전이 밝혀지지 않은 경우에는 비워 두었다.

6___평설은 난해한 금언 위주로 전체의 3분의 2 이상에 붙였다. 독자의 이해를 돕기 위해 속뜻을 풀이하거나 고사를 설명하고, 출전과 교감, 관련한 속담을 제시하는 등 간명하게 서술하였다.

7___본문 뒤에는 청주본에 실린 저자의 자서와 발문을, 그리고 중간본과 어제본의 서문을 번역하여 수록하였다. 서문과 발문의 원문은 싣지 않았다.

서문 序文

홍자성(洪自誠)의 『채근담(菜根譚)』에 이어 범입본(范立本)의 『명심보감(明心寶鑑)』을 우리말로 번역하고 평설을 붙여 출간한다. 『채근담』보다 200년 앞서 지어졌고, 더 많은 나라에서 더 많은 독자에게 읽힌 책이 『명심보감』이다. 한국 사람에게는 이미 읽어 본 적이 있는 책이거나, 설령 읽지는 않았다고 해도 어떤 내용인지 대충 알고 있는 책이다. "가정이 화목하면 만사가 이루어진다."라는 "가화만사성(家和萬事成)"이나 "미운 놈에게 떡 하나 더 주어라."라는 "증아다여식(憎兒多與食)"같이 이 책에 나오는 허다한 말은 우리 입에 녹아 있다.

민음사로부터 번역을 부탁받고서는 한동안 망설였다. 200종 이상의 각종 관련서가 시중에 이미 출간되어 판매되는 터에 새삼 발을 들여놓아야 할지 결정하기 어려웠다. 그러나 많은 책을 두루 검토해 보니 한국은 물론 중국이나 일본 등에서도 저자의 본뜻을 충실하게 살리고 독자가 신뢰할 만하게 내놓은 번역서와 해설서를 찾기 어려웠다. 특히 압도적으로 많은 서적이 출간된 한국에서는 원본을 3분의 1 정도로 축약한 초략본(抄略本)의 번역서가 대부분이었다. 전체 분량을 옮긴 책도 몇 종 나왔으나, 만족스럽지 못하였다.

중국은 사정이 더 좋지 않았다. 수백 년 동안 크게 유행했으나, 20세기 이후로는 학계와 대중에게 『명심보감』은 존재감이 아예 없었다. 20년 전 「대장금」 또는 「별에서 온 그대」 등 인기를 누린 한류 드라마에 『명심보감』이 등장하자 그 영향으로 번역서가 서너 종 나왔을 뿐이다. 번역과 연구의 수준이 한국보다 낫지 않다. 요컨대 600년 전에 편찬된 책이고 오랜 세월 대중적으로 널리 읽힌 책이며 서양 언어로 번역된 최초의 중국책이고 아시아 여러 나라에 일찍부터 전파된 명성 높은 격언집인데도, 제대로 된 번역서와 해설서를 찾아보기 어려웠다. 불쑥 흥미를 크게 느끼고 제대로 한번 연구해 보겠다고, 그 연구를 바탕으로 하여 번역해 보겠다고 마음을 정했다. 관련한 문헌을 두루 모아 연구해 보니 너무 오랫동안 사람들은 이 책의 대단한 가치를 이해하지 못하고 가볍게 여겼다. 이에 새롭게 인식한 내용을 논문으로도 쓰고, 꼼꼼히 정본을 만들어 번역하고 평설을 썼다.

이 책의 가치를 제대로 인식하지 못한 데는 이유가 있다. 정통 학자들은 이 책을 통속적이고 저급하다고 여겼다. 『논어(論語)』나 『노자(老子)』 같은 명저에서 명구를 모아 편집한 이삭줍기식의 선집으로 여긴 것인데, 이는 분명히 그릇된 인식이었다. 『명심보감』은 통속적으로 보이지만 중국 사상의 정수를 정선하였고, 저급하게 보이지만 중국 일반인의 깊이 있는 경험적 사유를 담아냈다. 거대한 영토와 장구한 역사 속에서 상층과 하층의 사람이 켜켜이 쌓아 놓은 지성과 체험의 축조물이다. 편견에 사로잡힌 학자들은 이 책의 가치를 찾지 못하였으나, 미켈레 루지에리(Michele Ruggieri, 1543년~1607년)

등 서양 신부들은 16세기 말엽에 그 가치를 알아보고 라틴어 등으로 번역하였다.

그에 따라 역자는 『태공가교(太公家教)』와 『신집문사구경초(新集文詞九經抄)』 등 둔황(敦煌)에서 출토된 교훈서와 대조하고, 『성심잡언(省心雜言)』과 『사림광기(事林廣記)』 등 선행한 잠언서와 비교하여 교감하고 번역하였다. 특히 역자는 이 책이 중국 민중의 경험과 지혜를 표현한 구전 속담을 풍부하게 채록한 점에 주목하였다. 구전 속담을 방대하게 채록한, 중국 최초의 훌륭한 속담집이라고까지 말하고 싶을 정도이다. 이 같은 새로운 인식을 바탕으로 원문 전체를 꼼꼼하게 교감하여 정본을 만들고 충실하게 번역하며 명료한 평설을 붙이려고 노력하였다.

『명심보감』은 기본적으로 구전 문화의 산물이다. 입에서 입으로 전해지던 성현의 어록이나 민중의 구전 속담을 범입본이라는 무명의 저자가 창의적 발상으로 채록하였다. 그 점에서 중국인의 집단 지성이 발현된 교훈서이자 그들의 처세 철학이 적층(積層)된 잠언서이다. 처세 철학의 보물 창고로서 중국인의 전형적인 사고방식과 행동 방식을 다면적이고 입체적으로 보여 준다. 그리고 그 처세 철학은 동아시아 사람의 공감대 위에 선 공동의 지적 자산이다. 과거의 낡은 처세술에 그치지 않고 현재와 미래에도 현실적이면서 생생하게 사람들에게 다가갈 지혜의 언어라고 생각한다. 『명심보감』이 지닌 가치를 새롭게 인식하여 음미하고자 하는 독자에게 도움이 되기를 기대한다.

2024년 11월 안대회

해설 解說

『명심보감』은 마음을 밝히는 보석 거울이다. 인간의 마음을 선량하고 지혜롭게 만드는 보석 같은 거울이다. 세상을 살아가는 사람은 온갖 생각과 감정, 욕망과 지향으로 마음이 복잡하고 뒤숭숭하다. 삶의 현실 속에서 방향을 잃고 우왕좌왕하다가 주어진 생을 마친다. 인간은 밝은 마음, 곧 명심의 상태에 있지 않다. 그러니 인생길에서 낙오하거나 방향을 잃지 않도록 마음을 각성하게 하는 거울을 보고서 더 나은 길을 찾아가야 한다. 『명심보감』은 그런 보석 같은 거울을 자처하는 책이다.

『명심보감』은 세상과 인간을 명확히 이해하여 지혜롭게 살 것을 안내하는 격언서이자 잠언서이다. 인간의 심성을 분석하고 설명하는 철학책이 아니다. 처세와 처신의 금언(金言)으로 인정받아 세대와 나라, 시대와 문명의 간격을 넘어 폭넓게 사랑받았다. 더욱이 중국 사람의 윤리와 도덕, 생활철학과 더불어 그들의 독특한 사고방식과 심리를 예리하게 포착하였다. 장구한 역사와 거대한 인구의 기반 위에 형성된 평균적인 중국 사람의 처세와 처신의 원형이 담겨 있다. 오래된 책이지만 현대 중국인의 사고방식과 처세 철학을 입체적으로 제시하였다.

630년 전 무명의 한 지식인이 편찬한 『명심보감』은 종으로는 당시부터 지금까지 독자에게 줄곧 사랑을 받고 있고, 횡으로는 가까운 동아시아 여러 나라부터 먼 서양까지 원문과 번역문으로 널리 읽혔다. 한국은 특별히 『명심보감』과 인연이 깊다. 가장 오래된 판본을 출간하여 현재까지 보존한 데다 조선 중기 이후에서 해방 이전까지 수십 종의 책이 출간되었다. 지금도 200종 이상의 단행본이 서점에서 판매될 만큼 수백 년 동안 변함없이 애독된 책이고, 현재도 사람들이 가장 좋아하는 처세 철학서이다.

중국 처세 철학의 보물 창고이자 구전 속담의 숲으로서 이 책은 동아시아 사람의 공감대 위에 선 공통 자산이다. 큰 위상을 지닌 만큼 『명심보감』은 제대로 읽을 필요가 있다. 그러나 오랫동안 정통 학자들은 이 책을 통속적이고 저급하다고 야박하게 평가하였다. 그 때문에 많은 오류와 몰이해 속에서 거칠게 읽어 왔고, 현재도 마찬가지이다. 더 정확한 텍스트를 새로운 시각에서 읽는다면 더 큰 가치가 있는 책으로 살아날 것이 분명하다. 역자가 정본을 새로 만들고 완역하여 평설을 붙이는 이유이다.

1 ____ 이름을 인정받지 못한 저자 범입본

『명심보감』을 편찬한 사람은 원나라 말엽과 명나라 초엽의 사람인 범입본이다. 저자에 관해서는 이상하리만치 기록이 남아 있지 않다. 『명심보감』은 명청(明淸) 시대에 여러 차례 간행되었으나, 저자가 범입본임을 밝힌 것은 특별한 경우를 빼놓고는 없다. 1553년에 간행된 『중간명심보감(重刊明心寶鑑)』을 비롯한 몇 종의 선본에서만 밝혀져 있다.

오히려 범입본의 존재는 조선에서 간행된 그의 저술 2종에서 또렷하게 확인할 수 있다. 먼저 청주본(淸州本) 『명심보감』에 실려 있는 자서(自序)에 저자의 정보가 조금 보인다. 자신이 무림(武林)의 후학이고, 홍무(洪武) 26년인 1393년 2월 16일에 서문을 쓴다고 밝혔다. 여기서 무림은 지금의 저장성 항저우(杭州)로, 장강 이남 지역의 큰 도회지이다. 1393년은 명나라가 건국된 지 26년째 되는 해이고, 조선이 건국한 이듬해이다. 원나라와 명나라가 교체되는 시기에 활동한 인물임을 알 수 있다.

뜻밖에도 최근에 범입본의 또 다른 저술 『치가절요(治家節要)』가 국내에서 발견되었다. 이 책은 명나라에서는 1406년에 숭천(崇川)에서 간행되었고, 조선에서는 1431년에 경상도 밀양에서 번각본(飜刻本)이 간행되었다. 숭천은 복건성 건양현(建陽縣) 숭화(嵩化)로, 송대 이래 상업 출판의 거점이었다. 책은 중국에는 남아 있지도 않고, 아예 존재조차 알려지지 않았다. 책 앞에 실린 서문 두 편에는 저자와 그의 저술에 관한 중요한 정보가 담겨 있다. 다음에 그 일부를 인용한다.

> 무림의 범종도(范從道) 씨는 학식이 뛰어나고 재주가 풍부하며, 몸을 닦고 처신을 조심하면서 덕을 숨겨 세상에 빛을 드러내지 않은 채 홀로 저술하기를 즐겼다. 일찍이 아름다운 말씀과 착한 행동을 수집하여 『명심보감』을 엮고서 그 책을 목판에 새겼다.
>
> 글쓴이 미상, 『치가절요』 「서(序)」

내가 아득히 먼 시대의 서적을 보니 글의 이치가 깊고 오묘하여 현명하고 통달한 사람이 아니면 그 맛을 제대로 음미하지 못했다. 근래에 무림의 범종도 씨가 『명심보감집(明心寶鑑集)』을 엮었는데, 그 책에는 많은 문헌에서 전해 오는 기록과 함께 세상에 통용되는 일상어와 속담을 폭넓게 채록했다. 사람들이 모두 쉽게 깨우치고 쉽게 행하는 데 목적을 두었기에 아무리 아둔한 사람이라도 전해 듣거나 읽고 외운다면 누구나 가슴속에서 감동하여 부랴부랴 인의(仁義)의 세계로 흔쾌히 가고자 했다. 그래서 이 모음집이 세상에 성대하게 유행한 지가 오래되었다. 그러나 물정 모르는 선비들은 이 책을 보고 유익하다고 평가하기는커녕 단지 얕은 지식을 얻는 소재로 여기고 "이 책은 일 꾸미기 좋아하고 명성을 얻고자 하는 자나 할 짓이다."라고 빈정거린다. 이익을 보지 못한 이는 그렇게 말할 수 있으나, 이 모음집에는 성현의 아름다운 말씀과 옛사람의 착한 행동을 모두 모았으므로, 그렇게 말할 수 없다고 나만은 홀로 생각했다.

주민(朱敏), 『치가절요』「후서(後序)」

『치가절요』에 앞서 범입본이 『명심보감』을 먼저 간행하였음을 분명하게 알렸다. 범입본의 사람됨을 소개하여 학식이 뛰어나고 재주가 많으나 세상에는 알려지지 않았다고 하였다. 무명의 지식인이라는 말이다. 책을 교정하고 「후서」를 쓴 주민이라는 사람 역시 무명인이다. 남경 부근에서 저자와 우연히 만나 서문을 부탁받고 썼다고 하였으니 지식인 사회의 네트워크 밖에서 활동한 인물로 보인다. 나중에 『명심보감』이 저자가 불분명한 책으로 간행되고 『치가절요』가 종적을 감춘 배경에는 이름 없는 저자의 쓸쓸한 처지가 보인다.

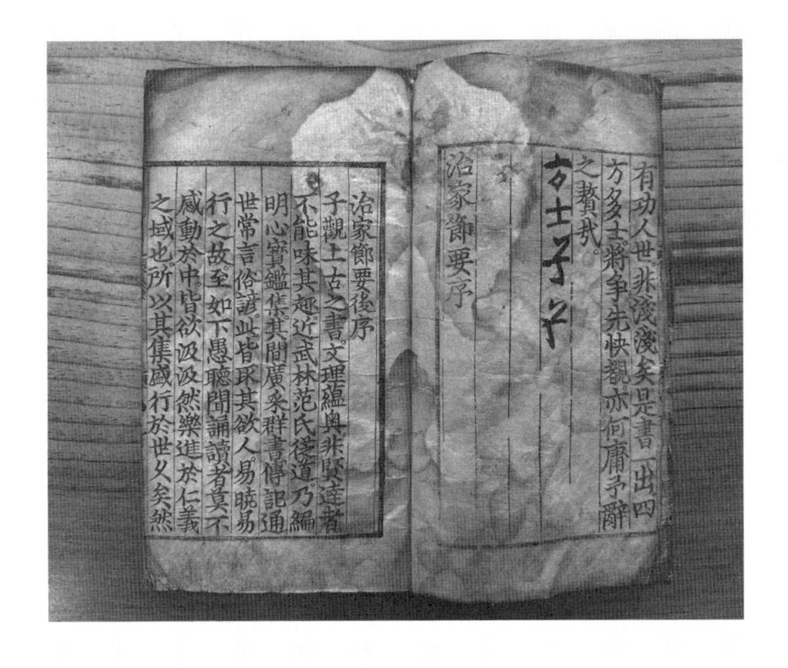
有功人世非淺淺矣是書一出四
方多士將爭先快覩亦何庸予辭
之贅哉

治家節要序

治家節要後序
予觀上古之書文理藴奥非賢達者
不能味其趣近武林范氏從道乃編
明心寶鑑集其間廣采群書傳記通
世常言俗諺此皆求其欲人易曉易
行之故至如下愚聽聞誦讀者莫不
感動於中皆欲汲汲然樂進於仁義
之域也所以其集盛行於世久矣然

사진 1 ___ 범입본의 『치가절요』 목판본. 고려대학교 중앙도서관 소장. 1406년에 명나라 승천(복건성 건양현 숭화)에서 간행된 목판본을 1431년에 경상도 밀양에서 복각하였다. 『치가절요』의 「서」 끝부분과 「후서」 앞부분의 사진이다.

저자의 명성과는 상관없이 『명심보감』은 간행된 이후 10여 년 동안 "세상에 성대하게 유행한 지가 오래될" 만큼 독자에게서 환영을 받았다. 그러나 지식인 사회의 주류 학자들은 얕은 지식을 얻는 통속적인 책이라고, 명예나 얻으려는 저술가의 책이라고 무시하며 비아냥거렸다. 대중성을 지닌 저술을 향한 식자층의 반감이 엿보인다.

하지만 범입본은 『명심보감』의 성공에 자신감을 얻고서 10여 년 뒤에 『치가절요』를 편찬하였다. 상권 1조 「자신을 바로잡기[正己]」에서 하권 36조 「괴이한 현상[怪異]」까지 72개조로 향촌 사회의 생활 규범을 체계를 갖추어 서술하였다. 한 집안 가장의 관점에서 가정의 운영, 자녀의 교육, 생업과 의식주 활동, 이웃 관계와 친척 관계, 질병과 소송 등 실생활에서 겪게 되는 72종의 실제 문제에 대응하는 원칙과 요령을 평이하게 조곤조곤 설명하였다. 흥미로운 점은 『명심보감』에 모아 놓은 격언을 곳곳에서 인용하여 설명한 것이다. 다음은 『치가절요』 상권 32조 「신혼(晨昏)」의 전문이다.

> 『경행록(景行錄)』에 "아침에 언제 일어나고 저녁에 언제 자는지를 보면 그 집안이 홍성할지 쇠퇴할지 점칠 수 있다."라고 하였고, 또 옛말에 "하루의 계획은 새벽에 있다. 새벽에 일어나지 않으면 그날 하루 한 일이 없다."라고 하였다. 무릇 선비와 농부, 공인, 상인은 크고 작은 집에 급무가 있든 없든 가리지 말고 반드시 새벽에 일어나고 저녁에 자야 한다. 그래야 관료는 공무를 잘 수행하고, 전원의 농부는 재배를 잘하며, 공인은 물건을 잘 만들고, 상인은 거래를 잘한다. 그밖의 사람도 모두 그렇다. 이렇게 하면 관직에 있는 관리나 가업을 지키는 사람이나 나태함에 이르지 않을 것이다.

아침 일찍 일어나 부지런히 일해야 무슨 일을 하든 잘할 수 있다는 수면에 관한 생활 규범을 제시하였다. 『경행록』과 옛말 두 가지를 인용하면서 글을 시작했는데 모두 『명심보감』에 나오는 글이다. 하나는 14장 「가정의 운영[治家篇]」 11조이고, 다른 하나는 12장 「처세의 기본[立教篇]」 5조이다. 이처럼 절반 정도의 조항에서 『명심보감』의 글을 인용하여 주장을 입증하고 있다.

이렇게 볼 때 『명심보감』은 교양과 지식을 쌓기 위한 단순한 교양서가 아니라, 가정과 사회에서 잘 살아가기 위한 실용적 처신을 담은 가정 보감이다. 처신의 방법을 수십 가지 실제 생활에 적용하여 설명한 책이 『치가절요』이다. 더욱이 사대부 계층만을 대상으로 하지 않았다. 앞에 인용한 글에서는 관료와 농부, 공인, 상인 모두에게 적용하는 규범으로 확장하였다. 「무본(務本)」 조항에서는 앞의 직업에 문관, 무관, 아전, 의원, 점쟁이, 훈장을 포함하여 적용하기도 하였다. 이처럼 『명심보감』은 특정한 계층을 위한 교양물이 아니라 사회 모든 계층에게 올바른 생활 규범을 제시한 실용적 교양서였다. 확장성이 매우 큰 책이었다.

책 자체는 인기가 높아져 가고 국제적 명성을 누렸으나, 범입본은 오히려 책의 저자로서 지닌 지식재산권을 완전히 상실하였다. 한국에서도 중국에서도 범입본은 존재조차 잊혔다. 그러다가 19세기 말엽에 조선에서는 고려 말의 추적(秋適)이라는 인물을 저자로 만드는 어처구니없는 일이 발생하였다. 이렇게 조작된 정보가 20세기에 들어서는 사실로 둔갑하였는데, 그 과정을 간략하게 짚어 보면 다음과 같다.

19세기 말엽 대구에 세거(世居)한 추씨(秋氏) 집안에서 『명심보감』 초략본을 먼 조상인 추적의 저작으로 왜곡하여 1869년에 목판으로 간행하고, 저명인사에게 서문과 발문을 받아 추인(追認)하게 하였다. 당시에 널리 유통되던 『명심보감』 방각본(坊刻本)과 그 사본에는 저자가 명기되지 않았기 때문에 일어난 일이었다. 하지만 이 왜곡은 독서 대중의 지지를 받지 못하였다. 그러던 중 1914년에 저명한 저작자이자 출판업자인 남궁준(南宮濬)이 신구서림(新舊書林)에서 『현토구해증보명심보감(懸吐具解增補明心寶鑑)』을 출간하였다. 이 증보본은 대단한 인기를 누려 이후 『명심보감』의 표준으로 자리를 잡았는데, 남궁준은 추적 원작설을 추인하여 책명 아래에 "노당(露堂) 추적 원저"라고 기재하였다. 그래도 워낙 많은 책이 이전처럼 저자 미상으로 표기하여 추적 원작설은 수면 아래에 가라앉아 있었다. 그러다가 해방 이후인 1959년에 김종국(金鍾國)이 『국역증보명심보감』을 출간하고 추적을 원저자로 인정하면서 정설로 굳어졌다. 성균관대학교 대동문화연구원에서 출간한 이 책은 『명심보감』을 학술적으로 엄밀하게 번역한 첫 사례였다. 책의 간행에는 사연이 있었다. 1958년 11월, 베트남을 답방(答訪)한 이승만(李承晩, 1875년~1965년) 대통령에게 베트남의 공학회(孔學會)에서 그 전해에 출간한 『명심보감』을 헌정하였는데, 대통령이 귀국한 뒤 그 책을 성균관대학교에 하사하면서 널리 보급하라는 지시를 내렸다. 그때 김종국은 추적을 『명심보감』의 편자로 인정하였다. 그 이후 추적 원작설은 정설로 굳어지고 외국에까지 확산하는 촌극이 벌어졌다.

1977년에 청주본이 발견되고 영인본(影印本)이 출간되면서 범입본의 저작임이 확인되었으나, 추적 원작설은 50년이 흐른 지금도 완전히 사라지지 않았다. 이 명백한 오류는 대중적이고 통속적인 책을 저급하게 여겨 일어났고, 그 근원에는 범입본이 지식인 사회의 비주류로서 명망이 없는 저술가라는 요인이 있었다. 『명심보감』이 대단히 인기 있는 책인데도 많은 오류와 몰이해를 안고 독자의 손에 놓이게 된 까닭이다.

2____ 격언과 잠언을 초록한 편집서

범입본은 무명이었으나 편집자로서는 안목이 매우 뛰어났다. 새로 건국한 명나라의 신흥하는 분위기에 맞추어 실생활에 도움을 주는 격언과 설명서를 편집하여 2종의 저서를 지었다. 2종의 저서는 지식의 계보를 따져 분류하고 편집한 유서(類書)이자 편집서였다.

『명심보감』은 상권 10장 373조, 하권 10장 401조로 전체 2권 20장 774조의 격언을 분류하여 편집하였다. 앞에 인용한 서문에서는 책명을 『명심보감집』으로 써서 이 책이 격언을 수집한 편집서임을 분명히 하였다. 출전을 표시한 것은 472개조이고, 표시하지 않은 것은 302개조이다. 표시하지 않은 격언이라도 출전이 밝혀지는 것이 제법 많다. 수집의 대상은 "많은 문헌에서 전해 오는 기록"과 "세상에 통용되는 일상어와 속담" 두 가지로 나뉜다. 다시 말해 각종 문헌 속의 격언이 한 부류이고, 구전되는 속담이 한 부류이다. 범입본은 편집자의 안목으로 문헌과 정보를 요령 있게 편집하여 새 지식과 새 독자를 창출하였다.

먼저 각종 문헌 속의 격언이다. 이용한 문헌은 160여 종으로, 다음 네 가지로 분류할 수 있다.

첫 번째, 유학 문헌을 중심으로 도교(道教) 문헌과 불교 문헌에서 초록하였다. 『논어』가 가장 많은 83개조이고, 『맹자집주(孟子集註)』가 39개조, 『순자(荀子)』가 13개조, 『예기(禮記)』가 14개조이다. 공자(孔子)의 어록이 90개조에 이른다. 도교 문헌은 『노자』 19개조, 『소서(素書)』 11개조, 『장자(莊子)』 8개조 및 도교 성인의 '수훈(垂訓)' 등 40여 개조가 있다. 다만 『노자』와 『장자』는 현존하는 『노자』 및 『장자』와는 다른 책에서 뽑았다. 불교 문헌은 『법구경(法句經)』과 선승들의 어록집에서 수십 개조를 초록하였다. 범입본은 유학자를 자처한 지식인이라 자연스럽게 유학 문헌이 압도적 비중을 차지하였다.

두 번째, 『태공가교』와 『신집문사구경초』, 『문사교림(文詞教林)』과 같은 통속적 아동교육서에서 초록하였다. "태공왈(太公曰)"로 출전을 표시한 34개조는 모두 『태공가교』에서 인용한 격언 또는 속담인데, 공자의 어록을 제외하면 가장 많은 수량이다. 『태공가교』는 당나라 중엽에 만들어진 통속적 아동교육서이다. 인정세태와 교훈을 알기 쉽게 표현하였는데, 원나라 때까지 민간에서 아동에게 문장과 윤리를 가르치는 교재로 광범위하게 활용되다가 명대 이후에 사라졌다. 현재 40여 종에 이르는 사본이 둔황 석굴에서 발견되었다.

『태공가교』 이후에 출현한 통속적 아동교육서 『신집문사구경초』와 『문사교림』, 『잡초(雜抄)』 등에서도 다수를 초록하였다. 둔황에서 대거 발굴된 이 책들은 책명에서 알 수 있듯이, 이전의 다양한 문헌에서 경구(警句)를 뽑아 아동을 가르치는 교재로 사용하였다. 유학 문헌과 도교 문헌에서 뽑은 격언과 『익지서(益智書)』나 『진언요결(眞言要決)』, 『경신록(警身錄)』 등의 문헌에서 초록한 어록, 유회(劉會)와 무소(武蘇)의 어록 등은 원전에서 바로 초록한 것이 아니라 실제로는 『신집문사구경초』 등의 책자에서 뽑은 것이다. 다만 『명심보감』에서는 『신집문사구경초』와 『문사교림』 등의 문헌을 출전으로 밝히지 않았다. 역자는 정아차이(鄭阿財) 교수의 연구 성과에 기대어 100여 개조에서 출전을 밝혀 초록의 경로를 복원하고자 했다.

세 번째, 『경행록』과 『사림광기』 등 여러 격언집과 잠언집에서 초록하였다. 『경행록』은 63개조를 초록한 문헌인데, 원나라의 문신 사필(史弼, 1233년~1318년)이 편찬하였다. 이전에 나온 『태공가교』나 『성심잡언』 등의 문헌에서 격언을 초록하였는데, 북송(北宋)의 학자 이방헌(李邦獻)의 『성심잡언』에서 뽑은 글이 특별히 많다. 『성심잡언』은 유학 사상에 뿌리를 둔 처세와 처신을 위한 잠언집이다. 남송(南宋) 초기부터 여러 차례 간행되며 큰 인기를 얻어, 이를 모방하고 표절한 『경행록』 같은 저술이 여럿 나왔다. 명대 이후에는 원본이 사라졌으나, 몇 종의 축약본에 대략 200여 조의 잠언이 전해진다. 출전을 『경행록』으로 밝힌 것은 대부분 『성심잡언』의 말로 보아야 한다.

『사림광기』는 출전으로 제시하지 않았으나, 그 책에 수록된 잠언을 참조한 것이 분명하다. 남송 말기의 진원정(陳元靚)이 편찬하고 원대에 증보된 이 유서(類書)는 당시의 시정 사회에서 일상생활을 하는 데 필요한 상식을 편집하였다. 권9에는 일상생활에서 알아 두면 좋을 격언을 「존심경어(存心警語)」에서 「통용경어(通用警語)」까지 열한 가지 주제로 편집하여 초록해 놓았다. 그중 54개조 정도가 『명심보감』과 중복되므로 이 유서를 참고하여 인용한 것으로 추정한다.

마지막으로 송대의 유학자와 선승의 격언을 초록하였다. 소강절(邵康節, 1011년~1077년)과 주자(朱子, 1130년~1200년), 정자(程子)의 어록이 수십 개조이다. 또한 당나라 시대에서 원나라 시대까지 많은 문인과 승려의 문집과 시집, 어록집에서 격언과 시 수십 조를 초록하였다. 범입본은 성리학과 선 사상을 충실히 이해하였고, 이를 일반인의 실생활에 적용하려고 하였다.

이상 네 부류의 문헌에서 성현과 지식인의 어록을 정선하였다. 유학에 뿌리를 두기는 하였으나, 다양한 사상가와 지식인의 어록에서 치우침 없이 뽑았다. 그 점에서 조현(曹玄)이 "뭇 성인이 크게 이루어 놓은 사상의 정수를 모으고, 여러 현인이 밝힌 심오한 말씀을 수집하였다."라고 호평하였다. 대체로 지식 수준이 높은 이들의 정제된 언어로 표현된 격언이다. 『명심보감』은 격언과 잠언의 알짜를 잘 골라 뽑았다는 점에서 높은 평가를 받아 왔다.

저자가 선택한 문헌은 "선배들이 이미 잘 알고 있는, 통속적인 여러 책"이고, 그 문헌에서 초록한 격언은 "긴요한 말과 자애롭고 존귀한 분의 후학을 가르치는 착한 말"이다. 진지하고 난해한 책보다는 쉽게 구할 수 있는 통속적인 책에서 현자의 어록을 뽑았다고 밝혔다. 일반인의 처신과 처세에 교훈이 될 만한 이해하기 쉬운 어록이 대부분이다. 게다가 원전에 충실하게 초록하지 않고, 책의 성격에 맞게 수정하였다.

출전으로 내세운 문헌과 저작자에는 오류가 적지 않다. 공자나 노자, 장자, 안연, 마원 등 당나라 이전 현인의 어록으로 출전을 밝힌 것에는 문헌상 근거를 확인할 수 없는 말이 많다. 범입본이 잘못 쓴 점도 있으나, 이전 문헌에서 현인에 가탁한 것도 적지 않다. 오류는 찾는 대로 모두 바로잡았다.

3 ____ 속담을 채록한 속담집

『명심보감』이 수집한 두 번째 부류는 구전 속담으로, 저자가 "세상에 통용되는 일상어와 속담"이라고 표현하였다. 명나라의 만력제(萬曆帝, 재위 1572년~1620년)는 『명심보감』에 "거짓되고 잘못된 글이나 상스럽고 잡스러운 말"이 매우 많은 결함이 있다고 평가하고 조정 대신들에게 개정할 것을 명령하였다. 비루하고 상스러운 일상어와 속담이 많이 포함된 것을 결함으로 여긴 것이다. 달리 말하면 민중적 지혜를 모은 구전 속담의 비중이 크다는 점을 불만스럽게 생각하였다.

실제로 『명심보감』은 통속적 속담이 큰 비중을 차지하는데, 이 책의 진정한 가치는 중국 사람의 보편적 사고방식과 함께 처신의 지혜를 간결하고 명료하게 제시한 속담을 많이 수록한 데 있다. 명대에 상하층 모두가 선호하여 인기를 누리며 통속적 독서물이 된 이유가 여기에 있다. 외국인에게는 중국인의 사고방식을 파악하고 그 특유의 생활 속 지혜를 배우며 중국어와 한문을 익히기에 좋은 교재였다.

이처럼 『명심보감』은 유학과 불교, 도교의 성현과 지식인이 남긴 어록에서 민중의 속담에 이르기까지 다양한 출처에서 격언과 잠언과 속담을 정밀하게 골라 분류하여 편집하였다. 여기서 격언과 잠언, 속담은 비슷하면서도 일정한 차이가 있다. 속담은 민중의 경험과 지혜, 교훈에서 우러난 진리를 간결하게 표현한 말이다. 대중을 설득하는 강력한 힘을 가졌고, 오랜 세월 동안 구전되면서 기억하기 좋은 통속적인 짧은 말로 다듬어졌다. 모리스 말루(Maurice Maloux)

의 말처럼 격언은 개인의 견해에서 나온 짧은 도덕적 제안이다. 속담이 실생활을 밝게 비춘다면, 격언은 속담보다 덜 저속하고 더 추상적으로 실생활을 곰곰이 생각하게 만든다. 잠언은 속담과 격언보다 훨씬 섬세한 표현 방식으로 삶의 복잡한 신비를 묘사한다. 그 점에서 잠언은 학식이 담긴 속담이다. 『명심보감』에는 격언과 잠언, 속담이 비슷한 비중으로 채록되어 있다.

『명심보감』은 고대에서 당대(當代)에 이르기까지 다양한 속담을 채록하였다. 각종 문헌에서 골라 수록한 격언이나 잠언이라고 해도 속담이거나 속담의 성격이 매우 짙다. 『명심보감』의 뚜렷한 특징이다. 11장 「마음의 성찰[省心篇]」에서 32조와 90조, 237조를 사례로 들 수 있다.

사람이 의심스러우면 쓰지 말고
사람을 썼으면 의심하지 말라.

황금이 귀하지 않고
건강값이 더 많이 나간다.

나쁜 재난과 뜻밖의 화도
조심하는 집에는 침입하지 못한다.

앞의 32조와 90조는 출전을 밝히지 않았고, 뒤의 237조는 출전을 『태공가교』로 밝혔다. 출전을 더 조사해 보면 32조는 『자치통감(資治通鑑)』과 『금사(金史)』에서, 90조는 『박통사언해(朴通事諺解)』와

『노걸대(老乞大)』에서, 237조는 당나라 초기 문인 왕발(王勃, 650년~676년)이 지은 「평태비략론(平台秘略論)」에서 나온 말이다. 모두 당송(唐宋) 시대의 문헌에 나온 말인데, 그 문헌에서는 이 말을 모두 속담이라고 밝혔다. 예컨대 32조는 금나라의 정사 『금사』에서 희종(熙宗, 재위 1135년~1150년)이 "상말에 '사람이 의심스러우면 쓰지 말고, 사람을 썼으면 의심하지 말라'라고 이르지 않았더냐?"라며 속담임을 분명히 밝히고 있다. 역자는 각 속담의 평설에서 속담으로 보는 근거를 간명하게 밝혔다. 특히 다수의 격언을 뽑은 『태공가교』는 당나라 시기의 속담집으로 볼 수 있다. 가오궈판(高國藩)은 이 저술을 완전한 속담집으로 규정하고 있기도 하다.

3개조의 속담은 차례대로 금나라, 원나라, 당나라 때의 문헌에 정착되었으나, 저자의 시대에도 널리 사용되었다. 90조가 고려 말에 편찬된 원나라 시기의 중국어 학습서 『박통사언해』와 『노걸대』에 속담으로 올라오기도 했다. 이 속담은 『명심보감』에 채록된 이후 희곡과 소설 등에 흔히 사용되면서 현대까지 전해 온다. 이처럼 문헌에 출전을 둔 격언과 잠언도 본래는 속담인 경우가 많다.

출전을 밝히지 않은 격언에서는 구전 속담의 비중이 부쩍 올라간다. 당송 때부터 사용된 속담도 꽤 많이 포함되어 있다. 원나라 때 민간에 널리 퍼진 구전 속담은 당시의 희곡과 소설에 상용되는 어구로 많이 남아 있다. 『명심보감』에는 고대로부터 구전되어 문헌에 정착된 옛 속담과 당송 시대부터 원나라를 거쳐 명나라 초기까지 민간에 구전되던 속담이 풍부하게 채록되어 있다. 속담의 비중이 얼추 3분의 1에서 절반 정도에 이른다. 『명심보감』은 명나라 초기에 만들어진, 규모가 큰 속담집이라고도 할 수 있다.

『명심보감』은 속담을 문헌에 대량으로 채록한 초기 속담집이라는 역사적 평가를 받기에 충분하다. 송대에 주수충(周守忠)의 『고금언(古今諺)』이 있었다고 하나 현재 전하지 않고, 명대에는 양신(楊愼, 1488년~1559년)의 『고금언』이 있으나, 『명심보감』보다는 100여 년 뒤다. 『명심보감』이 시기가 매우 앞서는데도 통속적 저술로 낮게 평가되고 명성이 없는 저자의 저술이라 속담집으로 인정받지 못하면서, 현대의 속담 연구자들이 거들떠보지 않는다. 수량과 질적 수준에서 매우 훌륭한 초기 속담집으로 재평가받아야 옳다.

4 ____ 명심보감의 처세 철학

『명심보감』에 수록된 774개조의 격언은 그 수량만큼 내용이 다양하고 다채롭다. 인생에서 겪는 곡절 많은 문제를 바라보고 대응하는 처세 철학을 제안하고 있다. 그 특징을 다음 세 가지로 간명하게 설명한다.

무엇보다 먼저 선행을 권하고 악행을 멀리하라는 윤리적 덕목과 세상을 지혜롭게 살아가는 처세의 규범을 가르친다. 이는 『명심보감』이 일차적으로 앞세운 저술의 목적이자 특징이다. 1장을 「끊임없는 선행[繼善篇]」으로 앞세운 데서도 저자의 의도가 보인다. 그리고 「효도의 실천」, 「인륜의 기본」, 「예절 생활」, 「신의의 준수」 등 여러 장에도 선행을 권장하는 권선서(勸善書)나 윤리와 도덕을 가르치는 교훈서로서 성격을 뚜렷하게 보인다. 윤리와 도덕을 중시한 유학의 가치를 반영하여 부모에 대한 효성과 어른에 대한 공경, 친구와 이웃에 대한 우정과 신의 등의 덕목을 강조하였다. 또한 선악의 행위에 응보(應報)가 따름을 거듭 말하고, 남을 배려하고 음덕 베풂을 권장한 데서는 도교와 불교의 가치관이 깊이 스며 있다. 이런 특징이 있어 도덕적 인간을 배양하고 윤리와 신뢰가 뿌리내린 사회를 만드는 데 필요한 서적으로 인정받았다.

다음으로 사람 마음을 성찰하여 합당하게 처신하는 방법을 제언한다. 인심의 성찰[省心]은 곧 인심의 밝힘[明心]과 같아서 『명심보감』에서 가장 중요한 주제이다. 하권 11장 「마음의 성찰」은 인심의 성찰을 중심 주제로 격언을 수집하였는데, 상권 5장 「몸가짐 바로잡기[正己篇]」와 7장 「본심의 보존[存心篇]」, 8장 「성질 참기[戒性篇]」도 크게 다르지 않다. 전체의 절반을 넘는 네 개의 장에서는 세상의 인정과 풍속의 진실을 날카롭게 폭로하고, 인생을 살면서 느끼는 온갖 욕망을 입체적으로 진단하여 방지책을 제안하였다. 교만과 과시, 명예욕과 재물욕, 사치와 탐욕, 질투와 성질부림 등이 일으키는 폐해를 설명하고, 그 폐해를 경계하고 예방하는 절제와 인내, 조심과 절약 등의 덕목을 실천하도록 권유하였다.

특히 인생에서 겪기 쉬운 다양한 문제와 현실 세계의 불편한 진실을 예리하게 포착하여 대처하자는 격언이 많다. 빈부와 재물, 사회생활과 가정의 운영, 인심과 교우 관계, 부모 봉양과 자식 교육, 도시와 향촌의 인간관계, 배신과 선의 등 실생활에서 흔히 겪는 체험을 제시했다. 다음의 11장 102조와 19장 18조를 예로 들 수 있다.

> 인간의 의리는 가난한 처지 탓에 다 끊어지고
> 세상의 인정은 오로지 돈 가진 집을 향한다.

술 마시고 밥 먹을 때는 형제가 천 명이더니
위급하고 어려울 때는 친구 한 명 없더라.

가난하면 의리도 인정도 지키기 어려운 세태를, 위급하고 힘든 처지가 되면 친한 친구도 배신하는 몰인정한 세태를 개탄하였다. 금전 문제로 남들과 다투고, 친척과 친구 사이에 반목하며, 부모와 자식 사이에 갈등하는 등 인간 사회의 속된 현실을 냉정하게 인식하고 지혜롭게 처신하는 지혜를 갖출 것을 말하고 있다.

세 번째는 중국인 특유의 사고방식과 실질적 처세의 철학을 제안한다. 유구한 전통에 뿌리를 둔 중국인의 현세주의적이고 이해타산적인 사고방식과 심리를 날카롭게 포착한 격언이 곳곳에 펼쳐져 있다. 7장 47조와 18장 19조를 사례로 들 수 있다.

저마다 제집 앞 눈이나 쓸고
남의 집 지붕 위 서리는 상관하지 말라.

사람을 만나서는 열에 셋 정도만 말하고
속마음을 모조리 털어놓지는 말아라.
호랑이 새끼 세 마리는 겁나지 않아도
두 가지 마음 품은 인정은 두렵기만 하다.

일이 생기면 구경하기만 좋아하고, 남의 일에 참견하기를 싫어하며, 남에게 속마음을 잘 드러내지 않는 중국인의 심리를 잘 표현한 속담이다. 남의 일에 참견하거나 말을 잘못했다가는 큰일을 겪기 쉬운 사회상을 반영한다. 명나라 초기에 수집하여 정리한 이 책의 처세 철학은 거대한 영토와 장구한 역사 속에서 켜켜이 쌓여서 형성된 중국의 매우 강력한 문화적 특색을 현대에도 분명하게 제시하고 있다.

이 책은 비속한 현실 세계의 실체와 그런 세상에서 지혜롭게 살아가기 위한 처세 철학을 요령 있고 풍부하게 분류하여 제시하였다. 이는 학교교육에서 배우는 성인과 현인의 규범적 저술에서는 가르쳐 주지 않는 것들이다. 경전 속 격언이 인생의 이상을 말한다면, 『명심보감』의 격언은 인생의 현실을 말한다. 그렇기에 오랫동안 정통의 학자들은 이 책을 통속적이고 비루하다고, 공명정대하지 않다고 낮추어 보았다. 『명심보감』은 중국인의 전형적인 사고방식과 행동 방식을 입체적이고 다면적으로 생생하게 드러내는 일상의 처세 철학서라는 점에서 원나라 이래 최고의 고전이다.

5____판본과 전승

『명심보감』은 1393년에 『신간교정대자명심보감(新刊校正大字明心寶鑑)』이라는 이름으로 명나라에서 처음 간행되었다. 이 초간본은 일찍 사라졌고, 현재 어디에도 남아 있지 않다. 초간본이 나온 뒤로 "세상에 성대하게 유행한 지 오래다."라고 할 만큼 큰 인기를 끌어 여러 차례 간행되었다. 그중 명나라 초기 간본으로 추정되는 판본이 흑구본(黑口本) 『신간대자명심보감(新刊大字明心寶鑑)』이다. 저자의 서문이 빠져 있는 이 판본은 타이완 국립고궁박물원에 소장되어 있는데, 이후 중국과 일본에서 간행된 판본의 저본이 되었다. 흑구본은 편집 상태나 격언의 수량, 자체, 오류 등 여러 면에서 조선의 청주에서 간행된 청주본과 유사하다. 청주본과 비교하면 흑구본에는 7장 「본심의 보존」 72조의 1개조가 추가되었다. 그러나 오자가 너무 많고, 격언 각 조를 분절(分節)한 ○ 표시가 많이 빠져 있는 등 편집이 상당히 거칠다.

흑구본에 오류가 너무 많은 문제가 있어 오자를 수정하거나 재편집한 책이 다수 등장하였다. 대표적인 것이 1553년에 황실의 환관인 조현이 서문을 얹어 목판으로 간행한 『중간명심보감』이다. 현재 중국국가도서관과 쑤저우 도서관에 소장되어 있고, 최근에 각각 영인본이 출간되었다. 흑구본을 저본으로 하되 대부분 판본에는 빠져 있는 저자의 서문도 수록하였다. 또한 오자와 편집상 오류를 수정한 데다 편집과 지질, 제본, 글자가 아름다워 청주본을 제외하면 가장 신뢰할 만한 판본이다. 다만 수정하면서 새로 저지른 오류가 적지 않은 문제점이 있다.

이 밖에도 1601년에 정계화(鄭繼華)가 간행한 『신계제두음석관판대자명심보감정문(新鍥提頭音釋官板大字明心寶鑑正文)』 등 괜찮은 판본이 몇 종 있다. 대부분 흑구본을 저본으로 삼아 오류를 수정하기는 하였으나, 각기 독립된 격언을 구분해 주는 ○ 표시를 많이 빠뜨리는 오류를 답습하였는데, 중국 간행본의 이 고질적 문제점은 20세기까지 해결되지 않았다. 후대로 갈수록 편자의 시각으로 격언을 추가하거나 축약하면서 원형을 훼손하였다. 『명심보감』이 명대에는 지식인에게도 큰 호응을 얻었으나, 청대 이후에는 지식 수준이 낮은 이들이 읽는 방각본으로 유통되었고, 20세기에는 그 존재감이

거의 없어졌다.

주목할 만한 판본으로는 만력제의 어명으로 편찬하여 간행한 『어제중집명심보감(御製重輯明心寶鑑)』이 있다. 『명실록(明實錄)』과 『만력기거주(萬曆起居注)』에는 1585년에 편찬 및 간행된 이 책과 관련한 몇 개의 기사가 실려 있다. 기사에 따르면 만력제가 『명심보감』을 보고서 몹시 기뻐하여 대신에게 편찬을 명하였고, 대학사(大學士) 신시행(申時行, 1535년~1614년)이 책의 성격과 편집 방향을 정하고 두세 달 사이에 책을 완성하여 올렸다. 이 책도 흑구본을 저본으로 원본의 내용을 덜고 격언을 추가하였다. 변화의 폭이 커서 원본과는 크게 달라졌고, 추가된 격언이 유가적·보수적 색채가 짙어 원본의 참신성은 약해졌다. 이처럼 환관과 황제가 『명심보감』을 애호하여 중간한 것은 이 책이 지닌 특색을 보여 준다.

현재 남아 있는 가장 이른 시기의 판본은 한국 청주에서 1454년에 간행된 목판본이다. 이 번각본은 초간본의 원형을 잘 보존한 판본으로 인정받고 있다. 청주고인쇄박물관 소장본, 일본 도쿄의 쓰쿠바(筑波) 대학 도서관 소장본, 서울대학교 중앙도서관 소장본, 화봉문고 대표 여승구(呂丞九, 1936년~2022년) 소장본 등 4종의 실물이 확인되었다. 또한 임진왜란 이전에 홍주(洪州)에서도 간행된 듯하나, 현재 실물이 전하지 않는다.

청주본은 흑구본과 비교하여 장점이 두드러진다. 저자의 서문이 온전하게 실려 있고, 현저하게 오자가 적으며, ○ 표시로 각 조를 분절하되 그 오류가 적다. 일부 분절할 곳에 ○ 표시가 빠졌으나, 흑구본과 그 이후 판본에 비하면 그 수량이 매우 적다. 원형에 가장 가까운 판본으로 『명심보감』의 독서와 연구에 기초가 되는 선본이다.

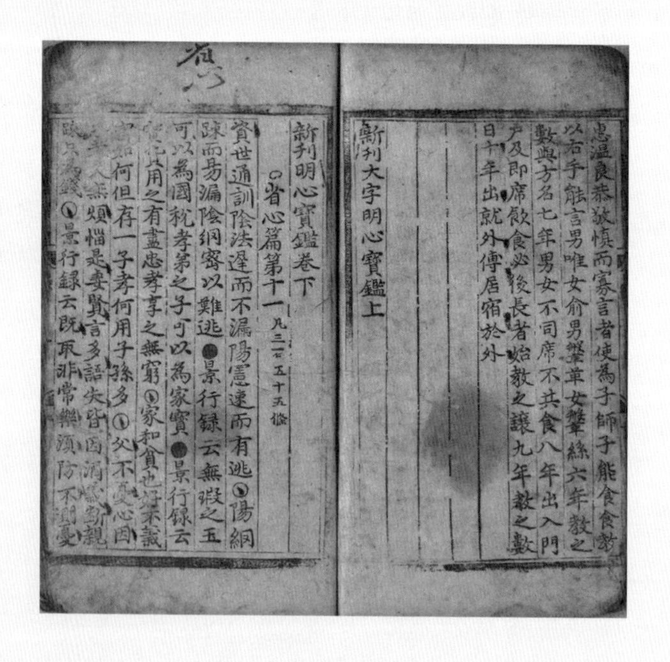

惠溫良恭敬愼而寡言者使爲子師子能食食敎
以右手能言男唯女俞男鞶革女鞶絲六年敎之
數與方名七年男女不同席不共食八年出入門
戶及卽席飮食必後長者始敎之讓九年敎之數
日十年出就外傳居宿於外

新刊大字明心寶鑑上

新刊明心寶鑑卷下
○省心篇第十一 凡三百五十五條
資世通訓陰法遲而不漏陽憲速而有逃 ◐ 陽網
疎而易漏陰網密以難逃 ● 景行錄云無瑕之玉
可以爲國瑞孝弟之子可以爲家寶 ● 景行錄云
寶貨用之有盡忠孝享之無窮 ◐ 家和貧也好不義
富如何但存一子孝何用子孫多 ◐ 父不憂心因
子孝夫無煩惱是妻賢言多語失皆因酒義斷親
疎只爲錢 ◐ 景行錄云旣取非常樂須防不測憂

사진 2 ___ 1454년에 청주에서 간행된 『명심보감』의 하권 첫 장으로, 분량이 가장 많은 11장 「성심편」부터 시작한다. 서울대학교 중앙도서관 소장. 이 책은 남아 있는 책이 적은 희귀본이다. 한편 쓰쿠바 대학 소장본에는 임진왜란 때 약탈해 간 도서에 보이는 '양안원장서(養安院藏書)'라는 장서인(藏書印)이 찍혀 있다. 원 소장자의 장서인이 '진산매실(晋山梅室)'인데, 강희맹(姜希孟, 1424년~1483년)의 장서인으로 조심스럽게 추정한다. 이 책 뒤에는 "신묘년 7월이다. 민건(閔騫, ?~1460년) 공이 증정한 책이다.[辛卯孟秋閔公騫所贈.]"라는 수증기(受贈記)가 있다. 민건은 이 책의 간행자이다. 신묘년은 1471년으로, 이 책을 간행한 때로부터 17년 뒤이다.

다만 청주본은 조선과 일본의 특정한 독자에게만 저본으로 이용되었고, 중국과 일본, 서양에서는 흑구본 계통이 이용되었다. 명대 이후 현재까지 중국의 대부분 판본에 오류가 많은 이유가 여기에 있다. 또한 중국 학자들이 오류를 제대로 인식하지 못하는 이유도 여기에 있다.

일본에서는 조선과 중국에서 건너간 다양한 간본이 넓게 유통되었고, 스스로 화각본(和刻本)도 간행했다. 화각본은 명나라 왕형(王衡, 1561년~1609년)이 간행한 판본을 복각(覆刻)한 『신계경판정와음석제두대자명심보감정문(新鍥京板正譌音釋提頭大字明心寶鑑正文)』으로, 1631년에 간행되었다. 이 화각본이 일본 여러 곳에서 간행되어 읽혔다. 전형적인 중국 판본의 복각본이기는 하나, 이전의 오자와 난해한 글자를 바로잡으면서 더 큰 오류를 저질러 선본으로 평가하기 어렵다. 일본의 교양인들 역시 『명심보감』을 탐독하여 많은 영향을 받았다.

흥미롭게도 『명심보감』은 이미 16세기 말에 스페인과 이탈리아에서 번역되었다. 스페인의 선교사인 후안 코보(Juan Cobo, 1546년~1592년)가 1590년 무렵에 스페인어로 번역하였다. 번역서의 사본이 스페인 국립도서관에 소장되어 있다. 1588년에서 1592년까지 필리핀 마닐라에 머문 후안 코보는 명나라 복건성(福建省)에서 이주한 중국인에게서 이 책을 접하고 대역본(對譯本)으로 번역하였다. 번역의 저본은 도상(圖像)을 첨부한 판본인데, 현재 전하지 않는다. 이후 스페인 선교사 도밍고 페르난데스 나바레테(Domingo Fernández Navarrete, 1610년~1689년)도 중국에서 선교 활동을 하면서 이 책을 번역하여 스페인에서 출간하였다.

여기에 그치지 않고 예수회 선교사 미켈레 루지에리는 1591년에서 1593년 사이에 중국 현인의 명언을 두루 모아 라틴어로 번역한 『제가명언회편(諸家名言匯編, Diversorum autorum sententiae ex diversis codicibus collectae, è Sinensi lingua in latinam translatae)』을 저술하였다. 이 책은 실제로는 『명심보감』을 축약하여 번역한 것임이 최근에 밝혀졌다. 루지에리 신부는 마테오 리치(Matteo Ricci, 1552년~1610년)보다 먼저 중국에 도착하여 광동성에서 선교하면서 『천주성교실록(天主聖教實錄)』과 같은 초기 천주교 서적을 중국어로 저술하였고, 『대학』과 『중용』, 『논어』, 『맹자』 등 사서(四書)와 동시에 『명심보감』을 라틴어로 번역하였다. 중국과 서양의 서적 교류사에서 사서와 함께 이 책이 번역된 것은 역사적으로 매우 큰 의미가 있다.

16세기 말에 서양 언어로 번역된 최초의 중국 서적이 『명심보감』이다. 이 책은 중국인의 심성과 사고방식을 간결하고 명료하게 제시한 점, 유가, 불교, 도교 등 여러 사상의 정수를 뽑은 점, 중국 민중의 사유를 담은 속담집이자 중국어와 한문을 익히는 훌륭한 교재로서 당시 상하층 모두에게 인기 있는 보편적이고 통속적인 독서물이라는 점 때문에 채택되었다. 이들 선교사는 이 책이 지닌 고유한 가치를 잘 이해하였다.

『명심보감』의 이런 가치를 가장 잘 이해하고 활용한 나라는 한국이다. 청주본과 함께 『치가절요』까지 간행하여 읽었다. 하지만 청주본은 조선 중기 이후에는 희구본이 되어 읽을 수 있는 사람이 매우 드물었다. 그 대신에 『명심보감』을 원본의 3분의 1 아래로 뽑아 정리한 초략본이 대중적 상업 출판 방식인 방각본으로 간행되어 큰 인기를 끌었다. 천계(天啓) 원년(광해군 원년, 1621년)에 처음 방각본이 나온 뒤로 300여 년 동안 유사한 판본이 수십 종 출현하여 대중적 인기를 누렸다. 17세기에는 『명심보감초략』이라는 이름의 방각본 4종이 간행되었고, 19세기 이후에는 『명심보감초』라는 이름의 방각본 6종이 간행되었으며, 20세기 이후 일제강점기에는 순한문본, 현토본, 대역본, 증보본 등 다양한 판본이 간행되었다. 특히 『명심보감』에 새로운 내용을 증보한 책이 크게 유행하였다. 조선 말기에는 한글 번역본이 출현하였으나, 본격적인 한글 번역본은 20세기에 들어와 한문에 한국어로 대역한 대역본이 대세를 이루었다. 1914년에 남궁준이 증보하고 편찬한 『현토구해증보명심보감』이 『명심보감』의 표준으로 자리를 잡아 현재에 이른다.

6____ 한국에서의 수용과 영향

한국에서는 범입본의 『명심보감』이 폭넓게 수용되어 영향을 끼쳤다. 복각본이 1454년에 청주에서 간행된 이래 지금까지 600년 가까이 많은 독자를 가진 고전으로 널리 읽혔다. 여기에 『치가절요』까지 더하여 사대부에서 일반인에 이르기까지 생활과 의식에 영향을 미쳤다. 어떤 영향이 있었는지는 다음 몇 가지로 설명한다.

먼저 제왕에게 미친 영향을 들 수 있다. 국왕이 이 책의 간행에 직접 간여하지는 않았으나, 책을 읽고 정책에 일부 반영하였다. 청주에서 책이 간행된 이후 보위에 오른 세조(世祖, 재위 1455년~1468년)는 이 책을 읽은 것으로 보인다. 1468년 3월 5일, 경상도와 충청도의 감사로 부임하는 신하들에게 세조는 "그대들에게 한 지방을 맡겼으니, 각각 그대들의 일을 삼가 잘하라! 속언(俗諺)에 '좋은 일이라도 없는 게 차라리 낫다.[好事不如無.]'라고 하였으니, 그대들은 번잡하게 일을 만들지 말라."라고 분부하였다. 또한 1466년 8월 22일에도 같은 속담을 인용하며 일을 벌이지 말라고 당부하였다. 이 속담은 11장 13조 마지막에 나오는 구절이다.

세조의 며느리이자 성종(成宗, 재위 1469년~1494년)의 어머니인 소혜왕후(昭惠王后, 1437년~1504년)는 여성의 도리를 밝힌 『내훈(內訓)』을 편찬할 때 『명심보감』을 많이 참고하였다. 연산군(燕山君, 재위 1494년~1506년)은 1504년 3월 13일에 왕명을 내려 18장 15조에 실린 풍도(馮道, 882년~954년)의 「혀[舌]」라는 시를 나무패에 새겨서 환관들이 모두 차게 하였고, 다음 해인 11년 1월 29일에는 조정 관리들도 차게 하였다. 『연산군일기』에 나오는 사실이다. 이처럼 여러 국왕은 『명심보감』을 읽고 일부 문구를 활용하였다.

조선 후기에 설치된, 왕실 도서를 보관하고 있는 규장각(奎章閣)에는 정조(正祖, 재위 1776년~1800년)가 본 『명심보감』이 소장되어 있다. 숭덕(崇德) 2년(1637년)에 간행된 초략본을 필사한 사본이다. 이 사본에는 '세보(世寶)'와 '관물헌(觀物軒)', '이극지장(貳極之章)' 등 3방의 장서인이 찍혀 있는데, 정조가 세손(世孫)이던 시기에 보던 책이다. 이 몇 가지 사실에서 왕실에서도 『명심보감』을 즐겨 읽었음을 확인할 수 있다.

다음으로는 『명심보감』이 사대부를 비롯하여 일반인에게 끼친 영향을 들 수 있다. 책에 수록된 속담과 격언은 조선의 속담이나 격언으로 쓰이거나 소설 등에 활용되었다. 다음의 11장 39조는 겉 다르고 속 다른 인간의 마음을 비유한 속담이다.

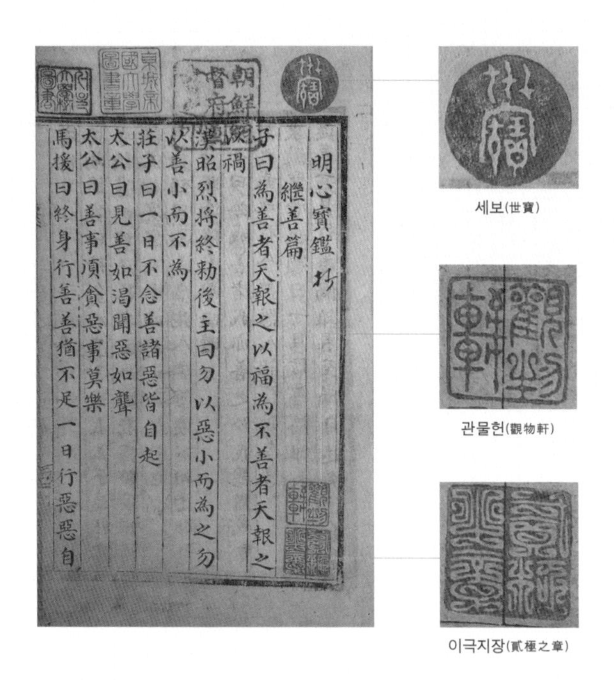
明心寶鑑 抄

繼善篇

子曰爲善者天報之以福爲不善者天報之以禍

漢昭烈將終勅後主曰勿以惡小而爲之勿以善小而不爲

莊子曰一日不念善諸惡皆自起

太公曰見善如渴聞惡如聾

太公曰善事須貪惡事莫樂

馬援曰終身行善善猶不足一日行惡惡自

사진 3 ___ 규장각에 소장된 『명심보감』 초략본의 사본. 책 마지막에 '숭덕 2년 정축 계하 개간(崇德二年丁丑季夏 開刊)'이라는 간기(刊記)를 써 놓았으므로 1637년에 간행된 방각본을 필사하였음을 알 수 있다. 이해는 병자호란이 일어난 다음 해이기에 청 태종(淸太宗) 홍타이지의 연호인 숭덕을 사용하였다. '세보'와 '관물헌', '이극지장'의 장서인 3방은 영조 말엽에 세손 시절의 정조가 소장하여 읽은 책임을 말해 준다.

범을 그리지만 가죽은 그려도 뼈는 그리기 어렵고
사람을 알지만 얼굴은 알아도 마음은 알지 못한다.

이 속담은 원나라의 잡극과 소설에 즐겨 사용되었고, 『박통사언해』에도, 홍만종(洪萬宗, 1643년~1725년)의 『순오지(旬五志)』에도 나온다. 또한 김만중(金萬重, 1637년~1692년)의 장편소설 『사씨남정기(謝氏南征記)』에서 교씨(喬氏)가 사씨를 이간질하는 장면에도 등장한다. "상언(常言)에 이르되, '범을 그리되 뼈는 그리기 어렵고, 사람을 사귀되 그 마음은 알기 어렵다.' 하니, 교씨의 교언영색(巧言令色)으로 말씀이 겸손하매 사부인(謝夫人)이 교씨의 안과 밖이 다른 줄을 어찌 알리오."라고 이 속담을 축약하여 썼다. 한문본에는 축약하지 않은 속담으로 나온다. 이처럼 원대의 속담이 조선의 속담으로 변하여 소설에까지 사용되었다.

『명심보감』의 격언은 조선에서 다양하게 활용되었는데, 14장 10조의 "가정이 화목하면 만사가 이루어진다."라는 뜻의 "가화만사성"은 화목한 가정을 희구하는 한국 가정의 가훈을 대표한다. 또한 동래 정씨(東萊鄭氏)는 조선 왕조 500년 내내 서울의 남산 밑 회현동 일대에 세거하면서 수많은 정승과 고관을 배출한, 조선을 대표하는 명문가인데, 이 집안의 서재 책상 옆에는 다음 좌우명이 적혀 있었다.

말은 툴툴 털어 다 하려 하지 말고
일은 모조리 끝내려 하지 말고
복은 남김없이 다 누리려 하지 말라.

말은 다 하지 말고 남겨서 몸의 기운을 기르고
일은 다 하지 말고 남겨서 뒷사람이 하게 기다리며
복은 다 쓰지 말고 남겨서 자손에게 남겨 주어라.

말[言]과 일[事]과 복(福)의 세 가지를 주제로 한 좌우명이다. 말조심하고, 일을 혼자 독점하지 말며, 남에게 복을 나누어 주라고 했다. 복을 아껴 쓰는 석복(惜福)이 결국에는 복을 잘 누리는 향복(享福)의 길이라는 취지이다. 동래 정씨는 이 가훈을 대대로 전해가며 명문가의 위상을 이어 갔다. 이 가훈은 『명심보감』 11장의 75조와 78조를 축약하고 수정하여 새롭게 만든 것이니, 조선 사대부에게 『명심보감』이 얼마나 깊이 스며들었는지를 보여 준다.

『명심보감』은 사대부뿐만 아니라 승려에게도 널리 읽혀서 조선 중기의 고승인 서산대사 휴정(休靜, 1520년~1604년)은 유교와 도교, 불교의 격언을 모아 만든 『삼가귀감(三家龜鑑)』에서 유교를 대표하는 격언으로 21개조를, 도교를 대표하는 격언으로 3개조를 『명심보감』에서 뽑아 수록하였다. 사대부가 가훈과 격언을 만들 때도 『명심보감』은 주요한 참고 도서였다. 조선 중기의 민욱(閔昱, 1559년~1625년)은 「좌우자경어(座隅自警語)」란 좌우명에 10여 개조를 뽑아 수록하였고, 홍만종은 『순오지』에 35개조를 뽑아 수록하였다. 이러한 사례가 여럿이다.

19세기 영남 선비 가운데 항상 소매에 『명심보감』을 넣고 다니면서 새벽에 닭 우는 소리가 들리면 일어나 반드시 한두 번 소리 내어 읽는 사람도 있었다. 박시묵(朴時默, 1814년~1875년)이라는 문인이 『운창일록(雲牕日錄)』에서 증언한 이야기이다. 이처럼 애독하는 식자가 많았는데, 많은 문인이 지은 다양한 글에 널리 인용되고 활용한 사례를 통해서 확인할 수 있다.

7 ____ 교감과 번역 및 평설

한국에서는 『명심보감』의 번역서가 200종을 웃돈다. 원본의 3분의 1 정도로 축약한 초략본이 400여 년 동안 이용되었고, 현재도 마찬가지이다. 청주본이 재발견된 이후에도 여전히 초략본이 대세를 차지한다. 20세기에는 1914년에 처음 간행된 남궁준의 증보본이 표준본으로 널리 유통되었는데, 이 판본은 많은 문제를 안고 있다. 범입본이 아닌 추적을 저자로 내세운 점, 의도적 수정이나 실수로 격언이 누락되거나 첨가된 점, 편집이 잘못된 점, 증보한 격언이 『명심보감』의 원래 성격과 크게 다른 점 등 여러 문제점이 있다. 지금도 서점에서 유통되는 대부분 번역서에서 큰 결함이 바로잡히지 않고 있다.

예컨대 남궁준의 책에서는 "태공왈"의 '태공'에 간략한 주석을 달아 "태공의 성은 강(姜)이니 여상(呂尙)이다."라고 하였다. 이후 모든 번역서에서는 "태공왈"을 "강태공이 말하기를"로 번역하였다. 하지만 '태공'을 강태공으로 볼 근거가 없다. '태공'은 우리의 서당방 훈장과 유사한 성격인, 당나라 중엽에 활동한 향촌의 교사를 가리킨다. 실제로는 『태공가교』에서 뽑은 말임을 뜻한다. 이 책에서 역자가 "태공왈"을 "『태공가교』에서 말하기를"로 옮긴 이유가 여기에 있다.

21세기에 들어와 조기영, 임동석, 김병조, 조운 등이 청주본을 저본으로 번역하였고, 신동준, 정천구, 김성원·권갑현 등이 중국 통행본을 저본으로 번역하였다. 이 7종의 번역본은 원본 전체를 번역하였다. 이들 번역서에도 문제점이 적지 않다. 중국 통행본을 번역한 경우, 글자와 문장에 오류가 적지 않으며 원본에 없는 격언이 다수 증보되는 등 여러 문제점이 있다. 청주본을 번역한 경우, 수많은 글자와 출전, 문장의 오류를 바로잡지 못하고 오역이 다수인 등 한계가 많다.

중국에서는 21세기 초반까지 학계와 대중에게 『명심보감』의 존재감이 아예 없었다. 2003년 이후에 「대장금」과 「별에서 온 그대」 등 중국에서 큰 인기를 누린 한류 드라마에 『명심보감』이 등장하자 그 영향으로 번역서가 몇 종 나왔고, 학계의 연구가 활발해졌다. 2007년에 나온 리자오취안(李朝全)의 번역서와 2023년에 나온 판충가오(范崇高)의 번역서가 그중 우수한 성과로 평가되는데, 조현의 『중간명심보감』을 저본으로 최근에 번역한 후자가 낫다. 하지만 모두 정작 청주본을 외면하여 범입본의 원의를 반영한 온전한 번역서로 평가하기 어렵다.

한국과 중국의 번역서가 지닌 큰 한계는 또 다른 곳에 있다. 『명심보감』이 『태공가교』와 『신집문사구경초』, 『문사교림』 등 둔황에서 출토된 다양한 민간 문학 및 교육 저술에 뿌리를 두었다는 특성을, 그리고 동시대와 역대의 속담을 대거 채록한 저술이라는 특성을 고려하지 않았다는 것이다. 그에 따라 교감과 번역, 해설에서 많은 한계를 드러냈다.

역자는 이 두 가지 특성에 초점을 맞추어 새로운 시각에서 『명심보감』을 교감하고 번역한 다음 평설을 붙였다. 관련한 다양한 판본을 세심하게 검토하여 학술적으로 엄정하면서도 독자가 친근하게 읽을 수 있도록 완역하였다. 힘을 기울인 주요한 특징은 다음과 같다.

첫 번째, 다양한 판본 중에 저자의 원본에 가장 가까운, 1454년에 충청도 청주에서 복각한 목판본을 저본으로 완역하였다. 일본 도쿄의 쓰쿠바 대학 도서관에 소장된 목판본을 영인한 『청주판명심보감(淸州版明心寶鑑)』(이우성 엮음, 아세아문화사, 1990)을 이용하였다. 그밖에 서울대학교 중앙도서관과 청주고인쇄박물관에 소장된 동일한 목판본을 함께 참고하였다.

두 번째, 신뢰할 수 있는 정본을 만들어 번역에 사용하였다. 청주본을 주요한 판본 몇 종과 꼼꼼하게 교감하여 수많은 오류를 바로잡아 비평판 텍스트를 만들었다. 교감에 사용한 판본은 명나라 초기 목판본인 흑구본 『신간대자명심보감』, 1553년에 조현이 목판으로 간행한 『중간명심보감』, 1585년에 만력제의 명으로 편찬하여 간행한 『어제중집명심보감』이다. 여기에 1631년에 간행된 화각본도 일부 활용하였다. 각각 흑구본, 중간본, 어제본, 화각본이라는 줄임말로 교감하였다. 그밖에 둔황 출토 사본과 문집 등 많은 관련 문헌으로 교감하여 오류를 바로잡았다. 다만 글자, 문장, 출전, 분절 등의 명백한 오류는 일일이 밝히지 않았고, 주요한 교감 위주로 평설에서 밝혔다. 후대에 편집자가 추가한 내용은 모두 배제하고 편입하지 않았다. 이 역서에서 제시한 원문은 범입본이 출간한 초간본의 원형을 가장 충실하게 복원한 정본이자 초간본의 오류까지 수정한 정본임을 밝힌다.

세 번째, 『태공가교』와 『신집문사구경초』, 『문사교림』 등 둔황에

新刊大字明心寶鑑卷上

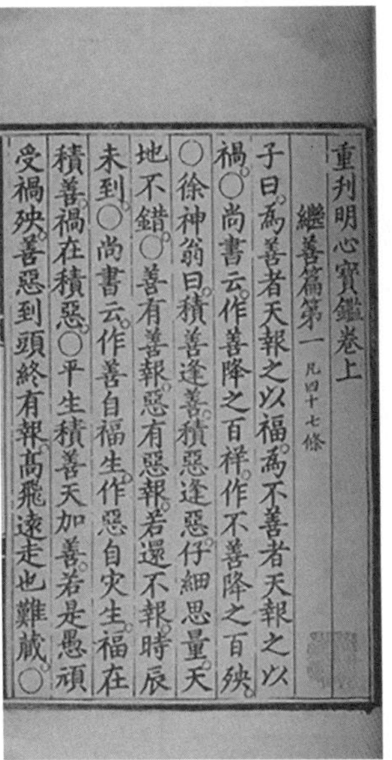

重刊明心寶鑑卷上

繼善篇第一 凡四十七條

子曰爲善者天報之以福爲不善者天報之以禍○尚書云作善降之百祥作不善降之百殃○徐神翁曰積善逢善積惡逢惡仔細思量天地不錯○善有善報惡有惡報若還不報時辰未到○尚書云作善自福生作惡自災生福在積善禍在積惡○平生積善天加善若是愚頑受禍殃善惡到頭終有報高飛遠走也難藏○

사진 4 ___ 『명심보감』 흑구본(왼쪽)과 중간본(오른쪽). 흑구본 『신간대자명심보감』은 명나라 초기에 간행된 29장의 목판본으로, 타이완 국립고궁박물원에 소장되어 있다. 간행된 시기는 알 수 없고 오자와 오류가 많으나, 이후 중국과 일본에서 간본의 저본이 되었다. 중간본 『중간명심보감』은 1553년에 태감(太監) 조현이 목판 2책으로 간행하였다. 중국국가도서관과 쑤저우 도서관에 소장되어 있다. 저자의 서문을 수록하였고, 오류가 적으며, 편집과 지질, 제본, 글자가 아름다워 선본이다.

서 출토된 아동교육서를 비롯하여 송원(宋元) 시대의 『성심잡언』과 『경행록』, 『사림광기』 등 다양한 격언집과 잠언집을, 그리고 『진언요결』과 당송대 선어록(禪語錄) 등 불교와 도교의 서적을 참고하여 출전과 어휘 등을 꼼꼼하게 바로잡은 기초 위에서 정확하게 번역하고자 하였다. 범입본은 각종 문헌에서 격언과 잠언을 수집하여 편집하면서 외우기 쉽고 음송하기 쉽게 자신의 독자적 문장으로 다듬었다. 『명심보감』은 범입본의 안목에 따라 재탄생한 격언집이자 잠언집이므로 그 특징을 살려서 번역하려고 노력하였다.

네 번째, 『명심보감』은 장구한 세월 동안 민간에서 구전되던 격언과 속담이 차곡차곡 쌓여서 이뤄진 적층문학(積層文學)의 특징을 가지고 있다. 그 특징을 살려서 주로 원대 이전 문헌을 참고하여 평설을 붙였다. 『치가절요』 등 이 책을 이해하는 데 필요한 다양한 저술을 활용하여 평설을 붙였다. 평설은 전체 격언의 3분의 2 이상에 붙였는데, 명대 이후의 문헌과 한국 및 서양의 관련 문헌은 꼭 필요한 경우에만 참고하여 간명하게 설명하였다.

차례 次例

하권 下卷

명심보감 상권

上卷

I

계선편 繼善篇

끊임없는 선행

선행을 실천하고 악행을 멀리하라는 격언을 모은 장이다. "선을 행하는 것이 가장 즐겁고, 이치를 따르는 것이 가장 위대하므로"(19조) 댓가없는 선행이 바람직하다. 하지만 심리적 만족만으로 선을 행하고 악을 멀리하기는 쉽지 않다. 악을 행하여 얻어지는 이익에 눈이 멀기가 쉽다. 그러니 선을 행하고 악을 멀리하는 것이 이익임을 역설하지 않을 수 없다. 세상을 살면서 겪는 온갖 길흉화복이 자신이 행한 선행과 악행의 결과물이라는 인과응보의 주장이 나오는 이유이다.

착한 사람에게는 복을 내리고 나쁜 사람에게는 화를 내리는 복선화음(福善禍淫)은 현실에서는 적용되지 않는 때가 많다. 1장에서는 선악의 응보는 인간 모두에게 적용되는 하늘의 법이라고, 하늘이 쳐 놓은 법의 그물에서 미꾸라지처럼 빠져나갈 수 있는 인간은 존재하지 않는다고 가르친다. 하늘의 준엄한 법이 적용되지 않는 경우는 일시적이라는 것이다. 더욱이 그 응보는 자기 미래의 길흉화복을 넘어 자손에게까지 영향을 미치니, 끊임없이 남에게 도움을 베풀고 음덕을 쌓으라고 당부한다. "착한 일은 악착같이 실천하고, 나쁜 짓은 절대로 즐기지 말라."(16조)라는 말에서 악행을 두려워하고 선행을 즐기라는 권선서의 성격이 뚜렷하게 보인다. 47개조의 격언이 실려 있다.

I

子曰: 爲善者, 天報之以福; 爲不善者, 天報之以禍.

착한 일을 한 사람에게는 하늘이 복으로 갚아 주고
나쁜 짓을 한 사람에게는 하늘이 재앙으로 갚아 준다.
—공자

착한 사람에게는 하늘이 복을 내리고, 나쁜 사람에게는 하늘이 재앙을 내린다는 응보는 대다수 인간의 간절한 소망이고, 많은 종교의 공통된 표어이다. 유교와 불교, 도교 모두 선악의 응보를 강조하는데, 기복(祈福) 종교로서 불교와 도교는 한층 더하다. 이 격언은 『순자』「유좌(宥坐)」와 『공자가어(孔子家語)』「재액(在厄)」에서 공자의 제자 자로(子路)가 한 말 속에 등장한다. 자로가 당시의 속담을 인용하여 공자에게 한 말이다. 조단(曹端, 1376년~1434년)이 1408년에 완성한 격언집 『야행촉(夜行燭)』에서도 공자의 말로 인용하였다.

2

『尚書』云: 作善, 降之百祥; 作不善, 降之百殃.

착한 일을 하면 하늘이 온갖 복을 내리고
나쁜 짓을 하면 하늘이 온갖 재앙을 내린다.
—『서경』「이훈(伊訓)」

3

徐神翁曰: 積善逢善, 積惡逢惡. 仔細思量, 天地不錯.

선행을 쌓으면 선인을 만나고
악행을 쌓으면 악인을 만난다.
곰곰이 헤아려 보니
천지는 틀린 법이 없다.
— 서신옹

선악의 응보는 어김없이 나타난다. 이 세상의 온갖 일을 곰곰이 생각해 본 결과, 응보는 하늘이 보장한 약속이니 의심을 하지 말라는 당부이다. 서신옹(徐神翁)은 북송의 유명한 도사인 서수신(徐守信,

1032년~1108년)으로, 앞날의 길흉화복을 미리 아는 신통한 능력을 지녔다고 한다. 『도장집요(道藏輯要)』에 그의 어록인 『서신옹어록(徐神翁語錄)』이 수록되어 있다. 다만 이 격언은 그 어록집에는 나오지 않는다.

4

善有善報, 惡有惡報. 若還不報, 時辰未到.

착한 행동에는 착하게 보답하고
나쁜 행동에는 나쁘게 보답한다.
보답이 나타나지 않았다면
때가 아직 이르지 않았을 뿐이다.

선악의 응보가 나타나지 않는 경우도 많다. 그렇다고 응보는 없다고 부정하지 마라. 하늘이 응보를 보이는 그 순간이 아직 오지 않았을 뿐이다. 송나라 때부터 널리 알려진 이 속담은 송나라 학자 유성(俞成)이 『형설총설(螢雪叢說)』에서 "선악에는 응보가 있다.[善惡有報.]"라는 주제로 자세하게 설명하였다. "'선행이든 악행이든 응보가 없다면, 천지는 틀림없이 사정을 둔 것이다.[善惡若無報, 乾坤必有私.]'라고 하니, 이것은 옛 속담이다. '선악이 목에 차면 응보가 꼭 따르고, 일찍 오고 더디게 오는 시기만 다툰다.[善惡到頭終有報, 只爭來速與

來遲.]'라고 하니, 이것은 옛날의 시이다. (중략) 무릇 착한 행동에는 착하게 보답하거니와, 착한 사람이 착한 행동을 했는데도 하늘에서 착한 응보가 없다면 응보가 없는 게 아니라 아직 응답하지 않았을 뿐이다. 나쁜 행동에는 나쁘게 응답하거니와, 나쁜 사람이 나쁜 행동을 했는데도 하늘에서 나쁜 응보가 없다면 응보가 없는 게 아니라 아직 응답하지 않았을 뿐이다. 아직 응답하지 않았다는 말은 때가 아직 성숙하지 않았다는 뜻이다."

5

『尙書』云: 作善自福生, 作惡自災生.

착한 일을 하면 복이 절로 생기고
나쁜 짓을 하면 재앙이 절로 생긴다.
—『서경』

물은 제 곬으로 흐르고 죄는 지은 대로 간다. 현재 전하는 『서경(書經)』에는 나오지 않는다.

6

福在積善, 禍在積惡.

복은 선행을 쌓은 곳에 나타나고

화는 악행을 쌓은 곳에 나타난다.

출전은 『소서』「원시(原始)」이다. 『소서』는 『황석공소서(黃石公素書)』로도 불린다. 전한(前漢) 초기의 전략가 장량(張良, ?~기원전 186년)의 스승인 황석공(黃石公)이 지었다고 전하는데, 위서(僞書)로 보는 이도 있다. 수신의 격언과 치국의 전략, 처신의 지혜를 엮은 책이다. 북송의 재상 장상영(張商英, 1043년~1122년)이 주석을 단 책이 널리 읽히는데, 장상영이 책을 지었다고 보기도 한다. 『명심보감』에서는 11개조의 격언을 뽑아 수록하였다.

7

平生作善天加善, 若是愚頑受禍殃. 善惡到頭終有報, 高飛遠走也難藏.

평소에 선행을 하면 하늘이 복을 얹어 주건만

고집쟁이 바보들은 이처럼 재앙을 받는구나!

선행과 악행이 목에 차면 끝내 응보가 따르니
높이 날아가고 멀리 달아나도 숨기 어렵다.

8

行藏虛實自家知, 禍福因由更問誰? 善惡到頭終有報, 只爭來早與來遲. 閑中點檢平生事, 靜裏思量日所爲. 常把一心行正道, 自然天地不相虧.

처신의 속사정은 스스로 잘 알 텐데
화복의 원인을 누구에게 또 묻는가?
선악이 목에 차면 응보가 꼭 따르고
일찍 오고 더디 오는 시기만 다툰다.
일 없을 때 평생 벌인 너의 일을 점검하고
조용할 때 하루하루 행한 짓을 살펴보라!
언제나 한마음으로 바른 도리 실천하면
자연히 천지는 너를 망치지 않으리라.

송나라 이전에 지어져 세상에 널리 퍼진 시이다. 4조의 평설에서 소개한 『형설총설』에서 3구와 4구를 인용하고서 이전부터 알려진 시임을 밝혔다. 선악에는 반드시 응보가 뒤따르므로 자신의 행동을 성찰하고 올바르게 산다면 천지는 그에 상응하는 보답을 한다고 확인해 준다.

9

『易』云: 積善之家, 必有餘慶; 積不善之家, 必有餘殃.

선행을 쌓은 집에는 보답하는 경사가 꼭 나타나고
악행을 쌓은 집에는 앙갚음하는 재앙이 꼭 나타난다.
—『주역』「곤괘」

10

漢昭烈將終, 勅後主曰: "勿以惡小而爲之, 勿以善小而不爲."

촉나라 황제 유비가 임종을 앞두고 후주 유선에게 당부하였다.
"악한 일은 아무리 작아도 절대로 하지 말고
착한 일은 아무리 작아도 기어코 하여라!"

처음부터 큰 악행을 저지르거나 큰 선행을 베풀지는 않는다. 바늘 도둑이 소도둑 되듯이 작은 악행은 점차 큰 악행으로 커 가고, 작은 선행은 점차 큰 선행으로 번진다. 인생을 시작하는 사람은 첫발을 어디에 놓느냐에 따라 이후의 삶이 결정되기 쉬우니 아무리 작더라도 착한 일에 발을 들여놓아야 한다. 삼국시대 촉한(蜀漢)의

유비가 후주 유선에게 선행과 독서에 힘쓰라고 당부하는 장면을 그린 그림. 유비의 이 말은 대단히 유명하며 수많은 책에 실려 전한다. 초횡(焦竑, 1540년 무렵~1620년)이 지은 『양정도해(養正圖解)』에 나온다.

황제인 유비(劉備, 재위 221년~223년)가 나약한 후계자인 유선(劉禪, 재위 223년~263년)에게 당부한 말로 유명하다. 이 말은 『소학(小學)』「가언(嘉言)」에 실려 널리 알려졌다. 『소학』은 1187년에 주자가 제자 유자징(劉子澄, 1139년~1195년)에게 권하여 편찬한 저술이다. 유학의 이념에 따라 초학자가 익혀야 할 윤리와 처신을 제시하였는데, 『명심보감』은 이 책에서 많은 격언을 뽑았다. 이 말의 원 출전은 『삼국지(三國志)』 권32 촉지(蜀志) 「선주전(先主傳)」의 주석이다. 배송지(裴松之, 372년~451년)는 주석을 달아 『제갈량집(諸葛亮集)』에서 유비가 임종을 앞두고 후주(後主)에게 남긴 조칙으로 인용하였다.

II

莊子曰: 一日不念善, 諸惡自皆起.

하루라도 선행을 생각하지 않으면
이런저런 악행이 저절로 다 일어난다.
— 장자

악의 유혹은 곳곳에서 끊임없이 침투해 온다. 그 유혹을 뿌리치기 어려울 때가 적지 않으니, 선을 향한 마음을 단단히 붙잡아서 악의 유혹에 넘어가지 않도록 한다. 출전으로 밝힌 장자의 글은 현재 전하는 『장자』에는 나오지 않는다. 『명심보감』에서 장자의 말로 인용한 글이 많은데, 거의 모두 현재 전하는 장주(莊周)의 『장자』와는 완전히 다른 저술에서 뽑았다. 당나라 때의 저술로 전하는 둔황 출토 문헌인 『신집문사구경초』(이후로는 축약하여 『신집』으로 표기한다.)와 『문사교림』 등에 장자로 인용되므로, 장주의 『장자』와는 별개인 당나라 시대의 저술로 추정한다.

12

西山眞先生曰: 擇善固執, 惟日孜孜.

선을 택하여 단단히 잡고서 날마다 부지런히 실천한다.

— 진덕수

악을 피하고 선을 택할 것을, 그 어떤 유혹에든 흔들리지 말고 선을 부지런히 실천할 것을 당부한 글이다. 진덕수(眞德秀, 1178년~1235년)는 송나라의 저명한 학자로 호가 서산(西山)이다. 『대학연의(大學衍義)』와 『자성록(自省錄)』, 『심경(心經)』 등의 저술이 있다. 이 말은 「사성잠(思誠箴)」이라는 잠언에서 뽑은 것으로, 『서산문집(西山文集)』에 실려 있다.

13

耳聽善言, 不墮三惡.

귀를 열어 착한 말을 들으면 세 가지 나쁜 곳에 떨어지지 않는다.

선행을 스스로 실천하면 최상이지만, 선행에 관한 일을 듣기만 해도 지옥에 떨어지는 최악은 벗어날 수 있다. 선이란 이렇게 좋은 것이다. 불교에서는 악업(惡業)을 지은 사람이 죽은 뒤에 세 종류의 나쁜 곳에 떨어져 고통을 겪는다고 한다. 그 고통의 세계를 지옥도와 아귀도(餓鬼道), 축생도(畜生道)의 삼악도(三惡道)라고 한다.

14

人有善願, 天必從之.

사람이 착하게 살고자 염원하면
하늘은 반드시 그 뜻을 이루어 준다.

당나라 이래의 속담이다. 당나라 때의 화본(話本) 『여산원공화(廬山遠公話)』에는 "사람이 착하게 살고자 염원하면 하늘은 반드시 그 뜻을 이루어 주고, 사람이 나쁘게 살고자 염원하면 하늘은 반드시 그를 제거한다.[人發善願, 天必從之; 人發惡願, 天必除之.]"라고 나온다.

15

『國語』云: 從善如登, 從惡如崩.

선행을 따라 하기는 산에 오르듯 힘들고
악행을 따라 하기는 산이 무너지듯 쉽다.
—『국어』

선을 밝히기는 몹시 어렵고, 악에 물들기는 아주 쉽다. 『국어(國語)』「주어(周語)」에서 속담으로 인용하였다. 저본에는 출전이 「진국어(晉國語)」로 되어 있으나, 오류이므로 바로잡았다.

16

太公曰: 善事須貪, 惡事莫樂.

착한 일은 악착같이 실천하고

나쁜 짓은 절대로 즐기지 말라.

—『태공가교』

착한 일은 많이 하면 할수록 좋고, 나쁜 짓은 하면 할수록 나쁘다.『태공가교』는 당나라 중엽에 지어진 통속 격언집으로, 인정세태와 교훈을 말하여 아동을 교육한 계몽서이다. 당나라 때부터 광범위하게 읽힌 저술로 훗날 많은 격언집의 모태가 되었다. 명나라 이후에는 실전되었으나, 둔황 석굴에서 많은 사본이 발견되었다.『명심보감』에도 깊은 영향을 끼쳐 다수의 격언을 채록하였다. 여기서 태공은 흔히 강태공으로 번역해 왔으나, 그릇된 번역이다. 여러 설이 있으나 "당나라 때 향촌에서 아이들을 가르친 나이 든 사람[唐村落間老校書]"으로서 우리의 서당 훈장과 같은 성격의 선생으로 보는 것이 합당하다. 이 책에서는 책명으로만 표시한다. 필요한 경우 유학의 모임[幼学の会]에서 편찬한『태공가교주해(太公家教注解)』(東京: 汲古書院, 2009)를 참조하여 밝혔다. 이 격언은『태공가교』1단에 나온다.

17

顔子曰: 善以自益, 惡以自損. 故君子務其益以防損. 非以求名, 且以遠辱.

선행은 나에게 이익을 주고, 악행은 나에게 손해를 끼친다. 따라서 군자는 이익을 주는 선행에 힘써서 손해를 끼치는 악행을 막는다. (선을 행한다는) 명예를 얻으려는 것이 아니라 (악을 행한다는) 치욕을 멀리하려는 것이다.

— 안자

선을 행해야 악을 멀리할 수 있다. 그렇게 선행에 힘쓰는 사람에게는 자연스럽게 이익이 따라온다. 다만 그 이익은 명예의 획득에 있지 않고 악인이라는 치욕적 평판을 받지 않는 데 있다. 통상적으로 안자(顔子)는 공자의 제자 안연(顔淵)을, 또는 『안씨가훈(顔氏家訓)』의 저자인 북제(北齊) 사람 안지추(顔之推, 531년~591년)를 가리킨다. 이 책에 실린 글은 안연의 어록이나 안지추의 저술에 나오지 않는 격언이 대부분이라 안자는 안연에 가탁한 가공(架空)의 인물로 보아야 한다. 이 격언은 『신집』에 나오는데, 이 책에는 안자의 격언을 다수 수록하였다.

18

太公曰: 見善如渴, 聞惡如聾.

선행을 보거든 목마른 사람처럼 달려들고
악행을 듣거든 귀머거리처럼 모른 체 하라.
—『태공가교』

선행은 목마른 사람이 물을 찾듯이 달려들어 실천하고, 악행은 처음부터 싹트지 않도록 막아서 아예 뿌리를 뽑아야 한다. 둔황에서 출토된 사본인 『태공가교』와 『신집』 369에 나온다.

19

爲善最樂, 道理最大.

선을 행하는 것이 가장 즐겁고
이치를 따르는 것이 가장 위대하다.

서로 다른 두 가지 격언을 하나의 격언으로 만들었다. 모두 널리 알려진 명언이다. 앞 구절은 유창(劉蒼, ?~83년)의 말로 『후한서(後漢

"선을 행하는 것이 가장 즐겁다.[爲善最樂.]"라는 19조의 격언을 새긴 한장인(閒章印)이다. 조선 중기의 뛰어난 금석학자인 낭선군(朗善君) 이우(李俁)가 새겼다. 인문(印文)이 서울역사박물관 소장 『군옥청완(群玉淸玩)』에 실려 있다.

書)』「유창전(劉蒼傳)」에 나오고, 뒤 구절은 송대의 명재상 조보(趙普, 922년~992년)의 말로 심괄(沈括, 1031년~1095년)의 『몽계필담(夢溪筆談)』에 나온다.

20

馬援曰: 終身行善, 善猶不足; 一日行惡, 惡自有餘.

평생토록 선행을 실천해도 선행은 여전히 부족하고
단 하루 악행을 저질러도 악행은 절로 넘친다.
—마원

선행은 해도 해도 부족하고, 악행은 한 가지를 행해도 많다. 마원(馬援, 기원전 14년~기원후 49년)은 후한의 광무제(光武帝, 재위 25년~57년) 때 사람으로, 촉(蜀)을 무찔러 복파장군(伏波將軍)이 되었고, 43년에는 베트남의 쯩(徵) 자매가 일으킨 독립 운동을 진압하였다. 그의 행적이 『후한서』「마원전(馬援傳)」에 실려 있다. 이 격언은 전기에는 나오지 않는다.

21

顔子曰: 君子見毫釐之善, 不可傾之; 行有纖之惡, 不可爲之.

군자는 털끝만큼 작은 선행이라도 엎어 버려서는 안 되고
티끌만큼 작은 악행이라도 저질러서는 안 된다.
— 안자

아무리 하찮은 선행이라도 무시하지 말고 부지런히 행하려고 애쓰고, 아무리 사소한 악행이라도 다시 저지르지 않으려고 애써야 한다. 『문사교림』 117과 『신집』 10에서 안연이 한 말로 나온다. 두 책에 나오는 "군자는 털끝만큼 작은 선행을 보더라도 하찮다고 여기지 말고 힘써야 한다. 티끌만큼 작게 어그러진 행동이라도 사소하다고 여기지 말고 두려워하지 않아서는 안 된다.[君子見毫釐之善, 不謂之小, 不取不勉; 有纖芥之虧, 不謂之微, 不敢不懼.]"라는 글을 많이 다듬어 수록하였다.

22

『易』曰: 出其言善, 則千里應之; 出言不善, 則千里外違.

말을 착하게 하면 천 리 밖에서도 호응하고

말을 나쁘게 하면 천 리 밖에서도 외면한다.

—『주역』「계사전 상」

23

但存心裏正, 不用問前程. 但能依本分, 前程不用問.

그저 본심을 바르게 지키고

앞날이 어찌 될지는 묻지를 말라.

그저 본분대로 행하고

앞날이 어찌 될지는 묻지를 말라.

선행의 결과를 굳이 확인하려 들지 말고 그냥 본심을 지켜 본분에 따라 살면 좋은 결과를 얻는다. 당나라 말엽과 오대(五代) 때의 사람 풍도가 지은 시 「천도(天道)」에는 "궁달은 운명에 달려 있으니, 무엇 하러 한탄하는 말을 하는가? 그냥 좋은 일을 행하고, 앞날이 어찌 될지는 묻지를 말라.[窮達皆由命, 何勞發歎聲. 但知行好事, 莫要問前程.]"라는 내용이 있다. 이 시를 조금 바꾸어 성어(成語)로 만들었는데, 『사림광기』「존심경어」에도 실려 있다.

24

若要有前程, 莫做沒前程.

앞날이 창창하기를 바란다면
앞날에 해가 되는 짓을 하지 말라.

25

司馬溫公『家訓』: 積金以遺子孫, 未必子孫能盡守; 積書以遺子孫, 未必子孫能盡讀. 不如積陰德於冥冥之中, 以爲子孫之計也.

돈을 모아 자손에게 남겨 줘도 자손이 꼭 지키지는 못하고
책을 모아 자손에게 남겨 줘도 자손이 꼭 읽지는 않는다.
차라리 남몰래 음덕을 쌓아 자손에게 살길을 터 주는 게 낫다.
— 사마광, 『가훈』

자손에게 물려줄 유산으로는 재물이 제일이다. 명문가에서는 책을 물려주기도 하였다. 그러나 물려받은 자손이 재물을 지킨다고, 서책을 읽는다고 보장할 수 없다. 차라리 물질적 유산보다는 남몰래 음덕을 베풀어 자손이 잘되도록 뒷받침하는 게 낫다. 사마광(司馬光, 1019년~1086년)은 북송 때의 학자이자 정치가로 자는 군실(君實), 호는 우수(迂叟)이다. 온국공(溫國公)에 봉해져 사마온공(司馬溫公)으로도 불린다. 왕안석(王安石, 1021년~1086년)의 신법(新法)에 반대하여 구법당(舊法黨)을 이끌었다. 저술로는 『자치통감』이 유명하다. 사마광은 『가범(家範)』을 비롯한 몇 종의 가훈을 편찬하였는데, 이 말은 거기에 나오지 않는다. 근대의 저명한 서지학자 예더후이(葉德輝, 1864년~1927년)는 이 잠언을 흥미롭게 읽었다. 세상에서 이 말을 좋은 잠언이라 떠받들지만, 조상이 음덕을 쌓아 자손이 잘되어도 학식이 없다는 비웃음을 사게 되므로 그마저도 좋은 계책은 아니라고 하였다. 책을 끔찍이도 사랑한 학자답게 음덕도 쌓고 책도 모아야 한다고 하였다.

26

心好命又好, 發達榮華早. 心好命不好, 一生也溫飽. 命好心不好, 前程恐難保. 心命都不好, 窮苦直到老.

마음씨 좋고 팔자도 좋으면 잘 커서 부귀영화를 일찍 누리고 마음씨 좋으나 팔자가 좋지 않으면 한평생 따뜻하고 배부르게 산다.
팔자는 좋으나 마음씨가 좋지 않으면 앞날을 보장하기 어렵고
팔자도 마음씨도 좋지 않으면 늙어 죽도록 곤궁하고 고생한다.

27

『景行錄』云: 以忠孝遺子孫者昌, 以智術遺子孫者亡. 以謙接物者強, 以善自衛者良.

충성과 효도를 자손에게 물려주면 번창하고
지략과 잡술을 자손에게 물려주면 패망한다.
겸양으로 사람을 대하는 이는 강하고
선행으로 자신을 지키는 이는 어질다.

—『경행록』

『경행록』은 원나라의 문신 사필이 편찬한 격언집이다. 사필의 자는 군좌(君佐), 호는 자미노인(紫微老人)으로, 관직이 복건행성평장정사(福建行省平章政事)에 이르렀다. 행적이 『원사(元史)』「사필전」에 실려 있다. 이전에 나온 『태공가교』나 『성심잡언』 등의 격언집에서 글을 가려 뽑았는데, 특히 『성심잡언』에서 뽑은 글이 많아 거의 표절에 가깝다. 『명심보감』에서는 63개조를 재수록하였는데, 인용하고서 출전으로 밝히지 않은 것도 여럿이다.

28

恩義廣施, 人生何處不相逢; 讐冤莫結, 路逢狹處難廻避.

은혜와 의로움을 두루 널리 베풀어라!
살다 보면 어디서든 꼭 다시 만나리라.
원수도 원한도 절대로 맺지 마라!
좁은 길에서 만나면 회피하기 어려우니라.

세상은 남과 함께 어울려 사는 곳이니 되도록 은혜를 베풀고 원한을 맺지 말아야 한다. 저 사람과는 다시 볼 일 없을 것이라며 막되게 굴고 헤어지지 말라. 긴 인생을 살다 보면 언제든 어디서든 다시 만날 수 있다. 은혜를 베푼 사람이면 반기겠지만, 원수를 만나면 보복당할까 두렵다. 좋은 인연은 맺지 못하더라도 악연을 맺어서는 안 된다. 원수는 외나무다리에서 만난다는 우리 속담처럼 막다른 골목에서 원수를 만나기 쉽고, 그러면 피하기 어렵다. "살다 보면 어디서든 꼭 다시 만난다.[人生何處不相逢.]"라는 말은 송나라 때부터 사람들의 심금을 울린 말이다.

29

莊子云: 於我善者, 我亦善之. 於我惡者, 我亦善之. 我旣於人無惡, 人能於我無惡哉?

나를 좋게 대하는 사람도 나는 좋게 대하고
나를 나쁘게 대하는 사람도 나는 좋게 대한다.
내가 남을 나쁘게 대하지 않았으니
남이 나를 나쁘게 대하지 않으리라.
— 장자

남이 나를 좋게 대하든 나쁘게 대하든 나는 항상 남을 좋게 대하고자 한다. 그렇게 산다면 끝에 가서는 아무도 나를 나쁘게 대하지 않을 것이다. 다음은 『한시외전(韓詩外傳)』 권9에 나오는 공자 제자들의 대화이다.

자로는 "남이 나를 좋게 대하면 나도 그를 좋게 대하고, 남이 나를 나쁘게 대하면 나도 남을 좋게 대하지 않는다."라고 말했다. 자공(子貢)은 "남이 나를 좋게 대하면 나도 그를 좋게 대하고, 남이 나를 나쁘게 대하면 나는 그에 따라 진퇴를 결정할 뿐이다."라고 말했다. 안연은 "남이 나를 좋게 대하면 나도 남을 좋게 대하고, 남이 나를 나쁘게 대하더라도 나는 남을 좋게 대한다."라고 말했다. 세 사람의 의견이 제각각이라서 공자에게 물었더니 공자는 "자로의 말은 오랑캐가 할 말이고, 자공의 말은 친구 사이에 할 말이며, 안연의 말은 친척 사이에 할 말이다. 『시경』에서 '옳지 못한 저 사람을, 내가 형으로 모셔야 하나?'라고 하였다."라고 대답하였다.

안연은 『노자』 49장에 나오는 태도와 비슷하여 공자의 생각과는 조금 다르다. 『노자』는 "성인은 고정된 마음이 없이 백성의 마음을 자기의 마음으로 삼는다. 좋은 이에게도 나는 좋게 대하고, 나쁜 이에게도 나는 좋게 대한다. 그렇게 해야 좋게 된다.[聖人無常心, 以百姓心爲心. 善者, 吾善之; 不善者, 吾亦善之, 德善.]"라고 말하였다. 『문사교림』 180과 『신집』 210에 나오는 격언으로, 범입본은 자신의 저서 『치가절요』 하권 「다툼[爭鬪]」에서 인용하여 남과 다툴 때 지녀야 할 태도로 삼았다.

30

老子曰: 善人, 不善人之師; 不善人, 善人之資.

착한 사람은 착하지 않은 사람의 스승이고
착하지 않은 사람은 착한 사람의 도우미이다.
—『노자』 27장

31

老子曰: 柔勝剛, 弱勝強, 故舌能存. 齒剛, 則折也.

부드러움이 단단함을 이기고, 약함이 강함을 이긴다. 그래서 혀가 남아 있다. 이는 단단하기에 부러진다.

—『노자』

단단하고 뻣뻣한 처신보다 부드럽고 온화한 처신이 생명력이 더 있다. 『노자』의 처세관이 보인다. 『노자』 36장, 78장의 내용이 『설원(說苑)』「경신(敬愼)」과 내용이 섞여 있다.

32

太公曰: 仁慈者壽, 凶暴者亡.

어질고 자애로운 사람은 오래 살고
흉악하고 사나운 사람은 일찍 죽는다.

—『태공가교』

33

太公曰: 懦必壽昌, 勇必夭亡.

겁 많은 사람은 반드시 오래 살고 번창하며
용감한 사람은 반드시 일찍 죽고 패망한다.

—『태공가교』

34

『老子』曰: 君子爲善若水, 擁之可以止山, 激之可以過額, 能方能圓, 委曲隨形. 故君子能柔而不弱, 能強而不剛, 如水之性也. 天下柔弱莫過於水, 是以柔弱勝剛強.

군자가 선을 행하는 것은 물과도 같다. 물을 막으면 산에 머물게도 하고, 물을 세게 치면 이마 위로 튀게도 한다. 네모나게도 되고 둥글게도 되어 지형에 맞춰 적응한다. 따라서 군자는 부드러우면서도 약하지 않고, 강하면서도 단단하지 않으니 물의 성질과 같다. 천하에 부드럽고 약하기가 물보다 더한 것은 하나도 없다. 그래서 부드럽고 약한 것이 단단하고 강한 것을 이긴다.

—『노자』

선행은 물의 성질을 닮아서 낮은 곳을 향하고 주어진 환경에 맞추어야 한다. 베푸는 대상에 자신을 맞추는 것이 올바른 선행이다. 『노자』를 출전으로 밝혔으나, 실제로는 『노자』 8장, 36장, 78장에 달린 하상공의 주석[河上公註]을 바탕으로 『맹자』 「고자 상(告子上)」의 표현을 활용하여 글을 지었다.

35

『書』云: 爲善不同, 同歸於理; 爲政不同, 同歸於治. 惡必須遠, 善必須近.

선행의 길은 달라도 도리로 귀결되기는 같고
정치의 길은 달라도 다스림으로 귀결되기는 같다.
악은 모름지기 멀리해야 하고
선은 모름지기 가까이해야 한다.

—『서경』

『서경』 「채중지명(蔡仲之命)」에는 "선행의 길은 달라도 다스림으로 귀결되기는 같고, 악행의 길은 달라도 어지러움으로 귀결되기는 같다.[爲善不同, 同歸于治; 爲惡不同, 同歸于亂.]"라는 글이 있다. 이 문장을 수정하고 뒤에 여덟 자 문구를 넣어 격언을 완성하였다. 중간본에서는 뒤의 여덟 자 문구를 독립된 격언으로 분절하였다.

36

『景行錄』云: 爲子孫, 作富貴計者, 十敗其九; 爲人, 作善方便者, 其後受惠.

자손에게 부귀의 길을 닦아 놓은 사람은 열에 아홉 실패하고
남에게 선행과 도움을 베푼 사람은 후손이 혜택을 받는다.

—『경행록』

37

與人方便[者], 自己方便.

남에게 도움을 베풀면 자기도 도움을 받는다.

내 것을 덜어 남에게 베풀면 손해처럼 보인다. 그러나 남을 도우면 결국에는 내게 보답으로 돌아온다. 원나라 때 속담으로 희극과 소설에 널리 쓰였고 현대에도 잘 쓰인다. 이 속담의 앞뒤에 힘껏 남을 도우라는 원나라 때 속담을 여러 편 인용하였다. 중간본에는 "자(者)"를 삭제하였는데, 합당한 수정이다.

38

日日行方便，時時發善心.

날마다 남에게 도움을 베풀고
때때로 착한 마음을 품어라.

출전은 『사림광기』 「응세경어」이다.

39

力到處，行方便.

힘 닿는 대로 남에게 도움을 베풀어라.

남송 말기의 진원정이 편찬한 『사림광기』 권9 「존심경어」에 나온다. '존심경어'는 본심을 보존하는 데 도움 되는 격언이라는 뜻이다. 『사림광기』 권9에는 다양한 제재의 경구가 소개되어 있는데, 『명심보감』에 대부분 채택되었다.

40

千經萬典, 孝義爲先; 天上人間, 方便第一.

천 권 만 권 경전에서는 효도와 의로움을 앞세우고
하늘에서든 세상에서든 남을 돕는 게 제일이다.

출전은 『사림광기』「처기경어」이다.

41

『太上感應篇』曰: 禍福無門, 惟人自召. 善惡之報, 如影隨形. 所以人心起於善, 善雖未爲, 而吉神以隨之; 或心起於惡, 惡雖未爲, 而凶神以隨之. 其有曾行惡事, 後自改悔, 久久必獲吉慶, 所謂轉禍爲福也.

화복은 문이 따로 없고 사람이 스스로 불러들일 뿐이다. 선악의 응보는 몸에 생기는 그림자와 같다. 사람이 착한 마음을 일으키면 설령 미처 선행을 하지 않았더라도 길신(吉神)이 벌써 뒤를 따라오고, 사람이 나쁜 마음을 일으키면 설령 아직 악행을 저지르지 않았더라도 흉신(凶神)이 벌써 뒤를 따라온다. 이전에 나쁜 짓을 저질렀더라도 나중에 스스로 후회하고 행동을 바꾸면 오랜 시간이 지나서는 반드시 즐겁고 경사스러운

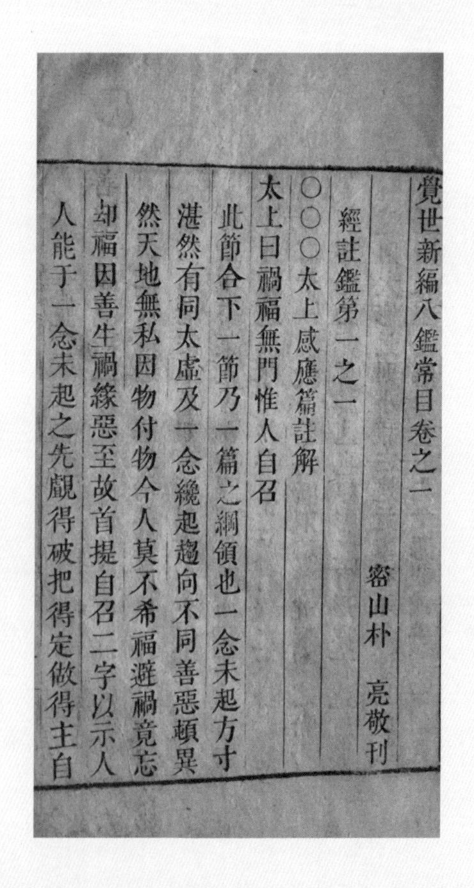
覺世新編八鑑常目卷之一

密山朴　亮敬刊

經註鑑第一之一

○○○太上感應篇註解

太上曰禍福無門惟人自召

此節合下一節乃一篇之綱領也一念未起方寸湛然有同太虛及一念纔起趨向不同善惡頓異然天地無私因物付物今人莫不希福避禍竟忘却福因善生禍緣惡至故首提自召二字以示人人能于一念未起之先覷得破把得定做得主自

민중적 도교서인 『태상감응편』을 주해한 『각세신편팔감상목(覺世新編八鑑常目)』의 첫 번째 책이다. 1856년에 조선에서 전사자(全史字) 금속활자로 간행한 도교 서적으로, 최성환(崔瑆煥, 1813년~1891년)이 서문을 쓰고 박양(朴亮)이 간행하였다. 1장 41조의 첫 부분을 상세하게 주해한 대목이다. 조선 말기 고종 때에는 『태상감응편』이 다양하게 간행되어 읽혔다.

보답을 받는다. 이것이 이른바 전화위복이다.

—『태상감응편』

한 사람의 화복은 그가 한 행동의 필연적 결과이다. 길신은 나를 도와주는 기운으로 나를 귀하게 만들고 음으로 양으로 보살펴 주는 신이며, 흉신은 길신과는 반대로 나를 망치는 갖가지 불길한 재앙을 내리는 신이다. 『태상감응편(太上感應篇)』은 민중적 도교 계통의 권선서로 송나라 때 지어져 상하층 사람을 가리지 않고 큰 영향을 끼쳤다. 우리나라에서는 19세기에 인기를 얻어 한글로 번역되고 간행되어 널리 읽혔다. 이 글은 『태상감응편』의 주제가 담긴 1장과 8장, 9장을 엮어서 한 편의 글로 재구성하였다.

42

東嶽聖帝垂訓: 天地無私, 神明暗察. 不爲享祭而降福, 不爲失禮而降禍. 凡人有勢不可盡倚, 有福不可盡用, 貧困不可盡欺. 此三者乃天地循環, 周而復始. 故一日行善, 福雖未至, 禍自遠矣. 一日行惡, 禍雖未至, 福自遠矣. 行善之人, 如春園之草, 不見其長, 日有所增; 行惡之人, 如磨刀之石, 不見其損, 日有所虧. 損人安己, 切宜戒之!

천지는 사사로운 감정이 없고 신령은 은밀하게 세상을 살핀다. 제사를 받든다고 하여 복을 내리지도 않고, 예를 차리지 않는다고 하여 재앙을 내리지도 않는다. 사람은 세력이 있다고 다 기대지 못하고, 복이 있다고 다 누리지 못하며, 빈곤하다고 다 업신여기지 못한다. 세력과 복과 빈곤 세 가지는 하늘과 땅이 순환하는 원리로 한 바퀴 돌고 나면 다시 시작한다. 그러니 하루 사이에 착한 일을 하면 복은 이르지 않았어도 화는 절로 멀어지고, 하루 사이에 나쁜 짓을 하면 화는 이르지 않았어도 복은 절로 멀어진다. 착한 일을 하는 사람은 동산의 봄풀과 같아서 눈에는 보이지 않아도 이익이 나날이 불어나고, 나쁜 일을 하는 사람은 칼을 가는 숫돌과 같아서 눈에는 보이지 않아도 손실이 나날이 커진다. 남에게 손해를 끼치고 저 혼자 편안히 살려는 짓은 절대로 경계하여야 한다.

— 동악성제, 「수훈」

선행과 기도에 하늘이 즉시 호응하여 복을 내려 주기를 바라지 말라는 일침이다. 하늘은 특정한 인간을 편애하지 않고 공평하므로, 목표 지향의 일시적 선행이 아닌, 순수하고 꾸준한 선행을 귀하게 여긴다. 올바른 선행은 선한 행위 자체로 행복이고, 다른 사람의 행복을 배제하는 것이 아니다. 도교가 지향하는 선행의 가치를 설명하였다. 동악성제(東岳聖帝)는 흔히 동악대제(東嶽大帝)라고 한다. 중국 5대 명산의 하나인 태산(泰山)의 신으로 중국 도교에서 매우 중시한 산신(山神)이다. 「수훈」은 동악대제의 「회생보훈(回生寶訓)」으로 알려진 권선징악의 훈계이다.

43

一毫之善, 與人方便. 一毫之惡, 勸人莫作. 衣食隨緣, 自然快樂. 算甚麼命? 問甚麼卜? 欺人是禍, 饒人是福. 天網恢恢, 報應甚速. 諦聽吾言, 神欽鬼伏.

아주 작은 선행이라도 남에게 베풀고
아주 작은 악행이라도 저지르지 말라.
의식주를 형편 되는 대로 구하면 자연히 즐겁고 기쁘다.
운명을 뭐 하러 알아보고, 점은 뭐 하러 쳐 보는가?
남을 속이면 그게 재앙이고, 남을 용서하면 그게 행복이다.
하늘이 쳐 놓은 그물은 허술해 보여도 응보는 대단히 빠르다.
내 말을 귀담아들으면 신령도 흠모하고 귀신도 복종하리라.

남을 돕고 선행을 베푸는 삶이 행복한 삶이다. 선악에는 반드시 응보가 따르니 의심하지 말고 선을 행하고 악을 멀리하라. 도교에서 추구하는 행복관을 밝혔다. 당나라 때의 유명한 도사인 여동빈(呂洞賓)이 지은 「세상 사람에게 권한다[勸世]」라는 제목의 시로 『전당시(全唐詩)』에 실려 있다.

44

康節邵先生戒子孫曰: 上品之人, 不教而善; 中品之人, 教而後善; 下品之人, 教亦不善. 不教而善, 非聖而何? 教而後善, 非賢而何? 教亦不善, 非愚而何? 是知善也者, 吉之謂也; 不善也者, 凶之謂也. 吉也者, 目不觀非禮之色, 耳不聽非禮之聲, 口不道非禮之言, 足不踐非禮之地. 人非善不交, 物非義不取. 親賢如就芝蘭, 避惡如畏蛇蝎. 或曰不謂之吉人, 則吾不信也. 凶也者, 語言詭譎, 動止陰險, 好利飾非, 貪淫樂禍, 疾良善如讐隙, 犯刑憲如飮食, 小則隕身滅性, 大則覆宗絶嗣. 或曰不謂之凶人, 則吾不信也. 『傳』有之曰: '吉人爲善, 惟日不足; 凶人爲不善, 亦惟日不足.' 汝等欲爲吉人乎? 欲爲凶人乎?

상등의 사람은 가르치지 않아도 착하고, 중등의 사람은 가르쳐야 착하며, 하등의 사람은 가르쳐도 착하지 않다. 가르치지 않아도 착한 사람은 성인이 아니라면 누구랴? 가르쳐야 착한 사람은 현자가 아니라면 누구랴? 가르쳐도 착하지 않은 사람은 바보가 아니라면 누구랴?

여기에서 착하다는 것은 길함을 일컫고, 착하지 않다는 것은 흉함을 일컬음을 잘 알 수 있다. 길한 사람은 눈으로는 예가 아닌 것을 보지 않고, 귀로는 예가 아닌 소리를 듣지 않으며, 입으로는 예가 아닌 말을 하지 않고, 발로는 예가 아닌 곳을 밟지 않으며, 착하지 않은 사람과는 사귀지 않고, 의롭지 않은 재물은 가지지 않는다. 지초(芝草)와 난초를 가까이하듯이 현자와 친하게 지내고, 독사와 전갈을 두려워하듯이 악인을 피한다. 이렇게 하는 이를 길한 사람이라고 하지 않는다면 나는 그 말을 믿을 수 없다.

흉한 사람은 말을 괴상하게 하고 행동이 음험하며, 이익을 좋아하고 비리를 감추며, 음란한 짓을 탐하고 남의 재앙을 즐기며, 어질고 착한 사람을 원수처럼 미워하며, 법을 밥 먹듯이 위반하며, 작게는 제 몸을 죽이고 정신을 잃게 하며, 크게는 집안을 뒤엎고 후손을 끊어지게 한다. 이렇게 하는 이를 흉한 사람이라고 하지 않는다면 나는 그 말을 믿을 수 없다.

『서경』「태서 중(泰誓中)」에서 "길한 사람은 선행을 하면서도 날마다 부족하게 여기고, 흉한 사람은 악행을 하면서도 날마다 부족하게 여긴다."라고 하였다. 너희들은 길한 사람이 되고 싶으냐? 아니면 흉한 사람이 되고 싶으냐?

— 소강절, 「자손을 경계한다[戒子孫]」

선행을 하여 길한 사람이 되라고, 악행을 하여 흉한 사람이 되지 말라고 자손을 절절하게 경계하였다. 소강절의 문집에는 나오지 않고 송대에 편찬된 『황조문감(皇朝文鑑)』 권108과 『사문유취(事文類聚)』 후집 권7, 『소학』「가언」에 나온다.

45

『楚書』曰: 楚國無以爲寶, 惟善以爲寶.

초나라에는 보물로 삼는 물건이 없고

오로지 선행을 보물로 삼는다.

—『초서』

나라에서 보물로 삼을 것은 금은보화도 아니고, 군사력이나 경제력도 아니다. 오로지 백성들의 선행이다.『초서(楚書)』는 고대 중국의 초(楚)나라 책으로,『대학』권10에『초서』를 인용하여 밝힌 격언이다.

46

子曰: 見善如不及, 見不善如探湯.

선행을 보거든 기회를 놓칠까 안달하며 서둘러 행하고
악행을 보거든 끓는 물을 만진 듯이 황급히 손을 빼라.

—공자

『논어』「계씨(季氏)」에서 공자가 한 말이다. 공자는 기회를 놓칠까 조바심을 내면서 서둘러 할 두 가지 일로 선행과 배움을 들었다. 다른 것들은 남에게 양보하여도 좋으나 선행과 배움은 양보할 것이 아니다. 또한 천천히 할 일도 아니라고, 기회가 닥치면 다시는 얻지 못할 기회인 듯 달려들어 할 일이라고 하였다. 9장 6조에서는 "배움의 기회를 놓칠까 안달하고, 배운 것도 잃어버릴까 조바심을 내어야 한다."라는 공자의 말을 인용하였다. 선행에는 탐욕스럽게 달려들어야 하지만, 악행은 혹시라도 손을 댔다면 화들짝 놀라서 손을 빼야 한다.

47

子曰: 見賢思齊焉, 見不賢而內自省也.

현명한 사람을 보면 그처럼 되고자 소망하고
현명하지 않은 사람을 보면 안으로 자신을 성찰하라.
—공자

출전은 『논어』 「이인」이다.

2 하늘의 이치

천리편 天理篇

하늘의 이치를 두려워하고 따르라는 격언을 모은 장이다. 인간이 어쩌지 못하는 권선징악을 하늘은 할 수 있다는 굳센 믿음을 표현한다. 하늘의 이치는 한 사람 한 사람의 양심에서 확인할 수 있다. 인간은 작은 우주로 그 마음은 우주와 연동되어 있어서 하늘의 이치가 잠재되어 있다. 나쁜 마음을 먹거나 사악한 욕망을 품으면 이는 양심을 저버린 짓이자 하늘의 이치를 거역한 것이 되니 하늘은 언젠가는 그에게 벌을 내린다. 착한 마음을 품을 때는 그 반대의 일이 일어난다. 사람은 나쁜 마음이나 사악한 욕망에 휩쓸리기 쉽다. 그때마다 양심의 목소리에 귀를 기울이고, 그에 따라 움직여야 한다. 양심을 속이거나 양심에 어긋나는 행위는 하늘의 이치를 거스르는 것이고 자신을 파멸하는 길이라고 경고한다. 저본에서는 제목이 '천명편(天命篇)'으로 되어 있으나, 전체 목록과 흑구본, 중간본 등에 '천리편'으로 되어 있어 이를 따랐다. 모두 19개조가 실려 있다.

1

孟子曰: 順天者存, 逆天者亡.

하늘에 순응하는 사람은 살아남고
하늘을 거스르는 사람은 망한다.

—『맹자』「이루 상」

하늘은 자연이고 민심이며 정의이다. 하늘에 순응하면 자연법칙과 민심과 정의를 따르는 것이고, 하늘을 거스르면 그 반대의 길을 가는 것이다. 하늘의 길을 가면 살아남고, 반대의 길을 가면 망한다.

2

『近思錄』云: 循天理, 則不求利而自無不利; 循人欲, 則求利未得而害已隨之.

하늘의 이치를 따르면
이롭기를 추구하지 않아도 이롭지 않음이 없고
인간의 욕망을 따르면
이롭기를 추구하나 얻기는커녕 해로움이 어느새 그 뒤를 따른다.

—『근사록』

출전을 『근사록(近思錄)』이라 했으나 나오지 않고, 『맹자집주(孟子集註)』 「양혜왕 상(梁惠王上)」의 주석에 나온다.

3

諸葛武侯曰: 謀事在人, 成事在天.

일을 꾀하는 것은 사람에게 달려 있고
일을 이루는 것은 하늘에 달려 있다.
— 제갈량

일의 계획은 사람이 하지만, 그 성패는 하늘에 달려 있다. 그러니 할 일에 최선을 다하되 억지로 이루려고 하지는 않는다. 사람이 할 수 있는 일을 다한 뒤에 하늘의 처분을 기다린다는 뜻의 진인사(盡人事) 대천명(待天命)과 같은 속담이다. 원대의 속담으로 매우 널리 쓰였다. 출전을 제갈량(諸葛亮, 181년~234년)의 어록으로 밝혔으나 현재 전하는 그의 저작에는 나오지 않고, 원말명초(元末明初)의 소설가 나관중(羅貫中)의 『삼국지연의(三國志演義)』에서 제갈량이 한 말로 전한다.

4

人願如此如此, 天理未然未然.

사람은 이것도 바라고 저것도 바라지만
하늘은 이 핑계 저 핑계 들어주지 않는다.

5

康節邵先生曰: 天聽寂無音, 蒼蒼何處尋. 非高亦非遠, 都只在人心.

하늘은 소리 없이 고요하니
푸른 하늘 어디에서 그 말을 들을까?
높은 데도 먼 데에도 있지 않고
모두가 사람 마음에 있을 뿐이다.

— 소강절

하늘이 전하는 말은 귀로는 듣지 못하고 마음으로만 듣는다. 양심에서 우러나온 소리가 바로 하늘이 전하는 말이다. 소강절은 북송의 성리학자 소옹(邵雍)이다. 철학적 이치를 담아서 많은 시를 썼다. 심오한 인생철학을 알기 쉽게 표현한 그의 시는 당시부터 인기를 얻었다. 이 시는 소강절의 문집 『이천격양집(伊川擊壤集)』에 실린 「천청음(天聽吟)」이라는 작품이다.

6

人心生一念，天地悉皆知．善惡若無報，乾坤必有私．

사람이 한 가지 생각을 하게 되면
천지는 모든 걸 알아차린다.
선행이든 악행이든 응보가 없다면
천지는 틀림없이 사심을 품은 것이다.

출전은 『사림광기』 「존심경어」이다.

7

玄帝垂訓：人間私語，天聞若雷；暗室虧心，神目如電．

사람이 소곤소곤 주고받는 말을
하늘은 천둥소리처럼 잘도 듣는다.

컴컴한 방에서 벌이는 못된 짓을
신령은 번갯불처럼 훤히 본다.
— 현제의 수훈

양심을 속이는 말이나 행위를 하지 말라. 귓속말로 음모를 꾸미면서 아무도 듣지 못하리라 안심한다. 그러나 하늘은 그 소리를 천둥소리인양 크게 듣고 알아차린다. 남들이 안 보는 어두운 곳에서 양심에 어긋난 짓을 하면서 아무도 눈치채지 못하리라 오해한다. 그러나 신은 어둠 속에서도 번갯불처럼 밝은 눈을 뜨고 훤히 다 보고 있다. 원대의 여러 희곡과 『사림광기』「존심경어」 등에 나오는 속담으로, 이후 매우 널리 쓰였다. 출전으로 표기한 현제의 수훈은 진무신앙의 가르침이다. 현제는 현천상제(玄天上帝)를 줄인 말로, 도교에서 진무대제(眞武大帝)라고도 부르는 신앙 대상이다.

8

『忠孝略』云: 欺人必自欺其心, 欺其心必自欺其天. 心其可欺乎?

남을 속이려면 반드시 양심을 먼저 속여야 하고
양심을 속이려면 반드시 하늘을 먼저 속여야 하니
그래, 양심을 속일 수 있더냐?
—『충효략』

『충효략(忠孝略)』은 누가 지은 저술인지 미상이다.

9

人可欺，天不可欺；人可瞞，天不可瞞.

사람은 속여도 하늘은 못 속이고
사람에게는 감춰도 하늘에게는 못 감춘다.

출전은 『사림광기』「존심경어」이다.

10

世人要瞞人，分明把心欺．欺心即欺天，莫道天不知．天在屋簷頭，須有聽得時．你道不聽得，古今放過誰?

세상 사람이 남을 속이려면
어김없이 제 양심부터 속여야 한다.
양심을 속이는 것은 하늘을 속이는 것
하늘은 모르리라 말하지 말라.

하늘은 처마 끝에 있어서
틀림없이 들을 때가 있다.
하늘은 못 듣는다 네가 우기나
고금에 봐준 사람 누가 있더냐?

11

湛湛青天不可欺, 未曾舉意早先知. 勸君莫作虧心事, 古往今來放過誰?

맑디맑은 푸른 하늘은 못 속이니
마음먹기도 전에 벌써 다 알아차린다.
양심에 어긋나는 일은 절대로 하지 말라.
옛날부터 지금까지 봐준 사람 누가 있더냐?

12

人善人欺天不欺, 人惡人怕天不怕.

선량한 사람을 인간은 속여도 하늘은 속이지 않고
악독한 사람을 인간은 두려워해도 하늘은 두려워하지 않는다.

출전은 『사림광기』「존심경어」이다.

13

人心惡, 天不錯.

사람이 나쁜 마음을 품으면 하늘은 어김없이 알아차린다.

출전은 서진(徐晇)의 『살구기』이다.

14

皇天不負道心人, 皇天不負孝心人, 皇天不負好心人, 皇天不負善心人.

하늘은 도리 지키는 마음을 가진 사람을 저버리지 않고
하늘은 효도하는 마음을 가진 사람을 저버리지 않고
하늘은 좋은 마음을 가진 사람을 저버리지 않고
하늘은 착한 마음을 가진 사람을 저버리지 않는다.

15

『益智書』云: 惡貫若滿, 天必戮之.

죄악이 꿰미를 가득 채우면

하늘이 반드시 그 악인을 죽인다.

—『익지서』

저지른 죄악이 가득 쌓이면 하늘은 반드시 그 죄인을 죽여 없앤다.『익지서』는 누가 언제 편찬한 책인지 미상이나, 둔황에서 출토된 아동교육용 서적의 하나인『익지문(益智文)』과 같은 책으로 추정한다.『명심보감』에는 이 책에서 5개조를 인용하였다. "관(貫)"이 저본에는 "관(鑵)"으로 되어 있으나, 내용으로 볼 때 "관(貫)"이 옳아 수정하였다.『서경』「태서 상(泰誓上)」에는 "상나라는 죄악이 꿰미를 가득 채워서 하늘이 죽이라 명하였다.[商罪貫盈, 天命誅之.]"라는 말이 나온다. 죄악이 찰 대로 가득 찬 것을 동전이 돈꿰미를 가득 채운 것에 비유하였다. 여기에서 파생되어 나온 말이 악관만영(惡貫滿盈)으로, 죄악이 꿰미[貫]를 가득 채웠다는 뜻이다. "관(貫)"과 "관(鑵)"은 발음과 초서(草書)의 모양이 같아서 혼동하였다.

16

『莊子』曰: 若人作不善, 得顯名者, 人不害, 天必誅之.

사람이 나쁜 짓을 하고도 큰 명성을 누리면
사람은 그를 벌하지 못해도
하늘은 반드시 그를 죽인다.
—『장자』

큰 악행을 저지르고도 부와 권력, 명예를 손아귀에 쥔 자들이 꽤 있다. 그런 악인을 처벌할 힘이 없어 사람들은 분노하지만, 걱정하지 않아도 된다. 하늘은 기필코 그 악인을 잡아 죽이기 때문이다. 하늘의 힘은 그런 데서 나타난다. 『장자』「경상초(庚桑楚)」에는 "누구나 훤히 보는 데서 나쁜 짓을 하는 자는 사람이 잡아 죽이고, 아무도 보지 않는 어두운 데서 나쁜 짓을 하는 자는 귀신이 잡아 죽인다.[爲不善乎顯明之中者, 人得而誅之; 爲不善乎幽闇之中者, 鬼得而誅之.]"라는 말이 있는데, 비슷한 취지의 글이다. 『문사교림』 11과 『신집』 52에서는 거의 그대로 인용하였으나, 『명심보감』은 전혀 다른 취지의 글로 바꿨다.

17

種瓜得瓜, 種豆得豆. 天網恢恢, 疏而不漏.

오이 심은 데 오이 나고
콩 심은 데 콩 난다.
하늘의 그물은 넓고 커서
허술하기는 해도 새는 법이 없다.

앞 구절은 뿌린 대로 거둔다는 유명한 속담이다. 이 속담은 “콩 심은 데 콩 나고 팥 심은 데 팥 난다.”와 “오이 덩굴에 오이 열리고 가지 나무에 가지 열린다.”라는 우리 속담으로도 널리 바뀌어 쓰인다. 여기에서는 선행을 하면 복을 받고 악행을 하면 벌을 받는다는 인과응보의 필연성을 비유한다. 뒤의 두 구절은 『노자』 73장에 나오는 유명한 말로, 하늘은 악인을 용서해 주지 않음을, 법을 어긴 사람을 절대로 눈감아 주지 않음을 말한다. 『사림광기』 「존심경어」에서는 “오이 심은 데 오이 나고[種瓜得瓜]”가 “삼 심은 데 삼 나고[種麻得麻]”로 되어 있다.

18

深耕淺種, 尙有天災; 利己損人, 豈無果報?

밭을 깊게 갈고 씨를 얕게 뿌려도 하늘이 재해를 일으키거늘 저만 이롭게 하고 남에게 손해를 끼치면 응보가 없겠는가?

출전은 『사림광기』「존심경어」이다.

19

子曰: 獲罪於天, 無所禱也.

하늘에 죄를 지으면 빌어 볼 데도 없다.
—공자

하늘에 죄를 지어서는 안 된다. 하늘에 죄를 지으면 빌 곳조차 없기 때문이다. 『논어』「팔일(八佾)」에 나오는 말이다. 위(衛)나라의 실권자인 왕손가(王孫賈)가 "아랫목 귀신처럼 실권이 없는 왕에게 잘 보이려 하지 말고, 부엌 귀신처럼 실권이 있는 자기에게 잘 보이"라는 뜻으로 공자를 회유하려 하자 공자가 거부하며 한 말이다. 일시적인 권력의 실세에 굴복할 것인가? 아니면 항구적이고 보편적인 진리를 따르고 손해를 감수할 것인가? 공자는 후자를 따르고자 하였다. 양심의 준엄한 명령을 거부하여 하늘에 죄를 지으면 더는 도움받고 용서받을 곳이 없기 때문이다.

3

운명과 순응

순명편 順命篇

운명에 순응하는 삶을 다룬 격언을 모은 장이다. 인간에게는 운명이 있고, 모든 일에는 미리 정해진 과정이 있으므로 주어진 운명에 순응하며 사는 인생이 행복하다는 주장을 펼치는데, 인간의 노력과 능력만으로는 되지 않는다는 숙명론이 깔려 있다. 운명이 정해져 있으므로 아등바등 살려고 하지 말라는 가르침을, 억지로 무언가를 이루려고 분수에 넘치는 일을 하지 말라는 가르침을 말하였다. 모두 16개조가 실려 있다.

I

子夏曰: 死生有命, 富貴在天.

죽고 사는 것에는 운명이 있고
부유하고 귀함은 하늘에 달려 있다.
— 자하

사람이 죽고 사는 것은, 부귀를 잃고 얻는 것은 천명에 달려 있으니 초연하게 살라는 말이다. 『논어』 「안연」에서 공자의 제자인 자하(子夏)가 속담을 인용하여 한 말이다. 사마우(司馬牛)라는 제자가 형제를 잃고서 "남들은 다 형제가 있는데 나만 형제가 없다."라고 슬퍼하였을 때, 자하는 사람이 죽고 사는 것은 천명에 달려 있으니 슬픔을 이기고 일어나라고 위로하였다. 당시 사람들이 흔히 쓰던 속담을 끌어다가 인간사가 억지로 되지 않으니 운명에 초탈하자는 고대인의 인생관을 표현하였다.

2

孟子曰: 行或使之, 止或尼之, 行止非人所能也.

누가 시켜서 가기도 하고
누가 막아서 멈추기도 한다.
그렇더라도 가거나 멈추는 것은 사람의 힘으로 하는 게 아니다.

—『맹자』「양혜왕 하」

3

一飮一啄, 事皆前定.

물 한 모금 마시고 밥 한 끼 먹는 것
그것도 모두 벌써 정해져 있다.

인간사 크고 작은 모든 일은 운명에 정해져 있다는 숙명론을 표현한 글로, 줄여서 음탁개전정(飮啄皆前定)이라고도 쓴다. 당나라 문인 우승유(牛僧孺, 779년~849년)의 『현괴록(玄怪錄)』「약잉사(掠剩使)」에 처음 나오고, 당송 시대의 많은 문헌에 채록되었다. 약잉사는 저승사자로, 고대의 미신이다. 사람의 수입은 운명에 정해져 있는데,

그보다 더 많이 벌면 저승사자가 그 잉여물을 빼앗아 간다는 신앙이다. 송대에도 널리 유행하여 도교 신앙의 하나로 굳어졌다.

4

萬事分已定, 浮生空自忙.

세상만사 제 분수는 이미 다 정해졌거늘
덧없는 인생이 부질없이 저 혼자 바쁘다.

원나라 때 널리 유행한 속담으로 뛰어난 희곡가 관한경(關漢卿)이 여러 희곡에서 즐겨 사용하였다. 본디 한 편의 시로 "밭일하는 소에게는 내일 먹을 여물이 없어도, 창고 사는 생쥐에게는 식량이 남아돈다. 세상만사 제 분수는 이미 다 정해졌거늘, 덧없는 인생이 부질없이 저 혼자 바쁘다.[耕牛無宿草, 倉鼠有餘糧. 萬事分已定, 浮生空自忙.]"라고 하였는데, 앞 구절과 뒤 구절을 각각 단독으로 쓰기도 한다. 선조 연간 조선에서는 이 시가 널리 유행해 신흠(申欽, 1566년~1628년)은 속담이라 하였고, 이기(李墍, 1522년~1600년)는 누구 작품인지는 모르겠으나 부귀를 탐내 제 분수를 지키지 않는 자를 깨우치는 격언이라고 평하였다.

5

萬事不由人計較，一生都是命安排.

세상만사 사람의 계획대로 되지 않고
일생은 모두 운명의 안배에 따른다.

세상일은 사람의 뜻대로 되지 않고 정해진 운명대로 되어 간다는 숙명론을 표현한다. 송대의 속담으로 희곡에 상투적으로 쓰였다.

6

『景行錄』云: 凡不可着力處，便是命也.

더는 힘을 써 볼 수 없는 처지, 그게 바로 운명이다.
—『경행록』

7

會不如命，智不如福.

기회는 운명만 못하고
지혜는 행운만 못하다.

좋은 기회를 얻은 사람이 좋은 운명을 타고난 사람보다 못하고, 지혜가 많은 사람이 복이 많은 사람보다 못하다. “기회[會]”가 어제본에는 “지혜[慧]”로 되어 있다.

8

『景行錄』云：禍不可以倖免，福不可以再求.

화는 요행히 벗어날 수 없고
복은 연달아 얻을 수 없다.

—『경행록』

스스로 불러들인 화는 꼼수로 벗어나려고 애를 써도 소용이 없고, 한번 찾아온 복을 제대로 누리지 못했다고 해서 다시 한번 기회를 달라고 구걸하지 말라.

9

『素書』云: 見嫌而不苟免, 見利而不苟得.

하기 싫은 일을 맡더라도 얄팍하게 피하지 않고
이익이 생기더라도 얄팍하게 챙기지 않는다.

—『소서』「정도(正道)」

10

福至不可苟求, 禍至不可苟免.

복이 이르렀다고 얄팍하게 구하려 하지 말고
화가 닥쳤다고 얄팍하게 피하려 하지 말라.

11

『曲禮』曰: 臨財毋苟得, 臨難毋苟免.

재물을 얄팍하게 얻으려 하지 말고

환난을 얄팍하게 피하려 하지 말라.

—『예기』「곡례」

『치가절요』 하권 「환난(患難)」에서 성인의 말씀으로 이 글을 인용하였다. 평상시에 법도를 잘 지키는 현명한 사람이라면 설령 불행하게 환난을 만난다고 해도, 그 환난이 무겁지 않을 것이라고, 허심탄회하게 받아들여 극복할 수 있다고 설명하였다.

12

子曰: 知命之人, 見利不動, 臨死不恐.

천명을 아는 사람은 이익을 본다고 해도 움직이지 않고

죽음을 앞에 두고도 두려워하지 않는다.

—공자

자기가 가야 할 길을 분명히 아는 사람은 이익이 있다고 해서 몸을 가볍게 움직이지 않고, 죽음이 기다린다고 해서 두려워하거나 포기하지 않는다. 『신집』 87에 똑같이 실려 있다. 출전은 『신서(新序)』 「의용(義勇)」인데, 공자가 아닌 굴려(屈廬)가 한 말로 나온다. 원문의 "공(恐)"이 저본에는 "원(怨)"으로 되어 있으나, 오류이므로 수정하였다.

13

得一日, 過一日; 得一時, 過一時.

하루를 얻으면 하루를 잘 보내고
한때를 얻으면 한때를 잘 보낸다.

하루를 즐겁게 잘 보내고 한때를 즐겁게 잘 보내면 만족이다. 무언가를 이루기 위해 마음을 괴롭히지 말고 그럭저럭 되는 대로 지내는 게 좋다. 육유(陸游, 1125년~1210년)의 「취중에 붓 가는 대로 쓰다[醉中信筆]」에서 "하루를 얻으면 하루를 잘 보내고, 인간 세상 온갖 일은 굳이 꾀하지 말자.[過得一日過一日, 人間萬事不須謀.]"에서 나온 말이다.

14

緊行慢行, 前程只有許多路.

빨리 가든 천천히 가든 앞에는 단지 몇 갈래 길이 있을 뿐이다.

빨리 간다고 많이 얻지 않고, 느리게 간다고 많이 잃지 않는다. 우리가 선택할 수 있는 길이 얼마 되지 않으니 너무 서두르지 말라.

15

時來風送滕王閣, 運退雷轟薦福碑.

때를 잘 타면 바람이 왕발을 등왕각으로 보내 주고
명운이 다하면 벼락이 천복비를 때려 부순다.

원대 이후의 희곡과 소설에 자주 등장하는 성어이다. 때를 잘 타면 뜻밖의 성공을 거두기도 하지만 운이 나쁘면 다 된 일도 산통이 깨진다는 말로, 뜻밖에 잘 풀리기도 하고 뜻밖에 안 풀리기도 하는 인생사를 비유한다. 등왕각(滕王閣)은 중국 장쑤성(江西省) 난창(南昌)에 있는 유명한 누각이다. 당나라 초기의 문인 왕발의 꿈에 신령이 나타나 등왕각 연회에 참석하라고 알려 주었는데, 마침 순풍이 불어 배를 타고 남창(난창)까지 700리 길을 하룻밤에 도착하였다. 왕발이 드디어 「등왕각서(滕王閣序)」를 지어 문명을 천하에 드날리게 되었다. 천복비(薦福碑)는 장쑤성 포양현(鄱陽縣)에 있었던 빗돌이다. 이북(李北)이 글을 짓고 구양순(歐陽詢, 557년~641년)이 글씨를 써서 유명하였다. 송나라 명재상 범중엄(范仲淹, 989년~1052년)이 요주(饒州) 태수로 있을 때 한 선비가 찾아와서 굶주림을 호소하였다. 이에 천복비 탁본은 천금의 값이 나가므로 1000장을 탁본하여 굶주림에서 벗어나게 해 주려고 했더니, 그날 밤 벼락이 쳐서 천복비를 부숴 버렸다.

16

『列子』曰: 痴聾痼瘂家豪富, 智慧聰明却受貧. 年月日時該載定, 算來由命不由人.

귀머거리와 벙어리가 큰 부자로 살기도 하고
지혜롭고 총명한 사람이 가난뱅이로 살기도 한다.
사주팔자가 상세하게 운명책에 실려 있으니
따져 보면 운명이지 인력(人力)은 아니다.
—『열자』

능력 좋고 노력 많이 한 사람이 잘 살고 그렇지 않은 사람이 그만 못하게 사는 것, 그게 공정한 질서이다. 그러나 인간 세상은 능력과 노력만으로 성공하는 곳이 아니다. 장애 탓에 가난하게 살아갈 줄 알았던 사람이 예상과는 다르게 엄청난 부자로 살기도 하고, 머리 좋고 능력이 뛰어나 출세하고 부자로 살 줄 알았던 사람이 뜻밖에 가난에서 헤어나지 못하기도 한다. 예상과 달라서 불공정하다고 불평하지 말라. 사람의 힘으로는 어쩌지 못할 운명의 장난이 인생에는 있다. 출전을 『열자(列子)』로 밝혔으나, 현재 전하는 책에는 보이지 않는다.

4 효도의 실천

효행편 孝行篇

부모에게 효도하라는, 자녀의 윤리를 다룬 장이다. 공자와 맹자의 어록이 많다. 공자와 맹자는 자녀에게 일방적 의무를 지우는 편이다. 반면에 『태공가교』 등 구전 격언에서는 "부모에게 효도하면 자식도 내게 효도한다."(11조)라고 하여 조건이 붙기도 하고, "자식을 길러서 늙은 뒤를 대비한다."(16조)라고 하여 노후에 자녀에게서 봉양을 받기 위해 어려서 정성껏 기른다는, 상호 이익에 뿌리를 둔 사고를 드러내기도 한다. 효도를 권장하는 전형적 격언을 모았다. 모두 19개조가 실려 있다.

I

『詩』曰: 父兮生我, 母兮鞠我. 哀哀父母, 生我劬勞. 欲報深恩, 昊天罔極.

아버지는 날 낳으시고
어머니는 날 기르셨네.
애달프다, 우리 부모님!
나를 낳아 기르느라 고생하셨네.
깊은 은혜 갚으려 했건마는
높은 하늘은 무정도 해라.

—『시경』

고생하며 키워 준 은혜를 회상하며 그 은혜를 갚고 싶어도 갚을 길 없어 애달프다. 부모를 그리워하는 고대의 명작 『시경』「육아(蓼莪)」에서 몇 구절을 편집하였다. 돌아가신 부모를 그리는 자식의 슬픔을 노래한 명작이다. 송강(松江) 정철(鄭澈, 1536년~1594년)의 시조 "아버님 날 낳으시고 어머님 날 기르시니, 두 분 곳 아니면 이 몸이 살았으랴? 하늘 같은 가없는 은혜 어디에다 갚사오리."가 이 격언을 압축하여 표현하였다.

2

子曰: 身體髮膚, 受之父母, 不敢毁傷, 孝之始也. 立身行道, 揚名於後世, 以顯父母, 孝之終也.

내 몸은 물론 머리카락과 살갗까지 부모에게 물려받았으니 못쓰게 손상하지 않는 것이 효도의 시작이다. 세상에 나가 올바른 도리를 행하고 이름을 후세에 드날려 부모를 빛나게 하는 것이 효도의 마지막이다.

—공자

효도는 제 몸을 소중히 여기는 데서부터 시작되니, 몸을 훼손하면 부모의 마음을 아프게 한다. 효도는 큰일을 하고 이름을 떨치는 데서 정점을 이루니, 제 이름을 드날리면 부모의 마음을 기쁘게 한다.『효경(孝經)』「개종명의장(開宗明義章)」에 나오는 글이다.

3

子曰: 孝子之事親也, 居則致其敬, 養則致其樂, 病則致其憂, 喪則致其哀, 祭則致其嚴.

부모를 잘 모시는 자식이라면 평상시에는 극진히 공경하고, 봉양할 때는 극진히 기쁘게 해드리며, 병석에 계실 때는 극진히 걱정하고, 상을 치를 때는 극진히 슬퍼하며, 제사를 올릴 때는 극진히 엄숙하게 한다.

— 공자

출전은 『효경』 「기효행(紀孝行)」이다.

4

子曰: 故不愛其親而愛他人者, 謂之悖德; 不敬其親而敬他人者, 謂之悖禮.

제 부모는 사랑하지 않고 오히려 남을 더 사랑하는 자를 도리에 어긋난 사람이라 하고, 제 부모는 공경하지 않고 오히려 남을 더 공경하는 자를 예에 어긋난 사람이라 한다.

— 공자

출전은 『효경』 「성치(聖治)」이다.

5

子曰: 君子之事親孝, 故忠可移於君; 事兄弟, 故順可移於長; 居家理, 故治可移於官.

군자는 부모를 효성으로 모시고 그 충심을 임금에게 옮겨서 행하고
형을 공손하게 섬기고 그 순종함을 어른에게 옮겨서 행하며
집안을 잘 다스리고 그 다스림을 관직에 옮겨서 행한다.
— 공자

출전은 『효경』 「광양명(廣揚名)」이다.

6

『曲禮』曰: 夫爲人子者, 出必告, 反必面. 所遊必有常, 所習必有業, 恒言不稱老. 年長以倍則父事之, 十年以長則兄事之, 五年以長則肩隨之.

자녀라면 외출할 때는 반드시 부모에게 알리고, 돌아와서는 반드시 얼굴을 뵌다. 노니는 장소는 반드시 일정하여야 하고, 익히는 학업은 반드시 한결같아야 하며, 평소 말할 때 자신이 늙었다고 말하지 않는다. 나이가 곱절 이상 많은 사람은 아버지처럼 모시고, 열 살 이상 많은 사람은

형처럼 모시며, 다섯 살 이상 많은 사람은 어깨를 나란히 하고 걷는다.

—『예기』「곡례」

7

子曰: 父母在, 不遠遊, 遊必有方.

부모가 계시면 멀리 나가 여행하지 않는다. 만약 여행하게 된다면 반드시 정해진 장소에 있어야 한다.

—공자

『논어』「이인(里仁)」에 나오는 공자의 어록이다. 교통과 통신이 지극히 불편했던 시대에 먼 곳 여행은 생사를 확인할 수 없었고, 위급한 상황에 연락하기 어려웠다. 부모를 걱정하게 하는 먼 여행은 자제하거나, 하더라도 제한된 범위로 한정하여야 다급한 일이 생길 때 연락을 취할 수 있다. 『치가절요』 상권 「출행(出行)」에서 이 글을 인용하면서 외출할 때는 연락할 수 있도록 조처해야 한다고 하였다.

8

子曰: 父母之年不可不知也. 一則以喜, 一則以懼.

부모의 나이에는 신경을 쓰지 않을 수 없다. 한편으로는 기쁘고, 한편으로는 두렵기 때문이다.

— 공자

출전은 『논어』「이인」이다.

9

子曰: 父在觀其志, 父沒觀其行. 三年無改於父之道, 可謂孝矣.

아버지가 살아 계실 때는 자식의 마음가짐을 살피고, 아버지가 돌아가신 뒤에는 자식의 행동을 살핀다. 3년 동안 아버지의 생활방식을 고치지 않는 자식이라야 효자라고 할 수 있다.

— 공자

출전은 『논어』「학이」이다.

10

伊川先生曰: 人無父母, 生日當倍悲痛, 更安忍置酒張樂以爲樂, 若具慶者可矣.

부모가 계시지 않을 때 자신의 생일을 맞으면 갑절로 슬퍼하여야 한다. 그러니 차마 술상을 차리고 풍악을 벌여서 즐기겠는가? 부모가 모두 살아 계신다면 그렇게 해도 좋다.

— 정이천

출전은 『소학』 「가언」이다. 『치가절요』 하권 「생신(生辰)」에서 이 10조를 인용하면서, 생일이 되었을 때 부모가 자신을 낳아 기른 은혜를 생각하여 제사를 올린 다음에 축하를 받으라고 권하였다.

11

太公曰: 孝於親, 子亦孝之; 身旣不孝, 子何孝焉?

부모에게 효도하면 자식도 내게 효도한다.
내가 효도하지 않거늘 자식이 어떻게 효도하랴?

— 『태공가교』

자식은 부모의 거울이다. 부모의 행동을 보고 자식은 똑같이 행동한다. 고대 그리스의 철학자 탈레스는 "네가 부모를 대하는 그대로 네 자녀들도 너를 대할 것이다."라고 하였다. 우리 속담에도 "부모가 효자 되어야 자식이 효자 된다."라고 하고 "부모가 착해야 효자 난다."라고 하여 부모에게 효도하는 가정에서 자란 아이가 나중에 커서 또 부모에게 효도한다고 하였다. 『태공가교』와 『신집』 312에 나오는 격언이다.

12

孝順還生孝順子, 五逆還生五逆兒. 不信但看簷頭水, 點點滴滴不差移.

효도하는 사람이 다시 효도하는 자식을 낳고
도리 못하는 사람이 다시 도리 못하는 아이를 낳는다.
믿지 못한다면 추녀 끝에 떨어지는 낙숫물을 보라!
한 방울 한 방울 어긋남 없이 같은 곳에 떨어진다.

부모를 보고 자식은 영락없이 그대로 따라 한다. 효자의 집에 효자 나고 불효자의 집에 불효자 나서 효도를 대물림한다. "도리 못하는"의 원문은 "오역(五逆)"으로, 『맹자』 「이루 하(離婁下)」에서 말한 다섯 가지 불효를 말한다. 자세한 내용은 5장 117조에 실려 있다.

13

『孟子』曰: 無不是底父母.

옳지 않은 부모는 세상에 없다.

—『맹자집주』

자녀를 차별하고 자녀를 못살게 구는 부모가 있다. 그래도 옛날에는 부모로서 결국에는 올바르게 행동하리라고 믿었으나, 현대에는 그에 대한 믿음이 무너졌다.『맹자집주』「이루 상(離婁上)」의 주석에서 인용한 구절로, 북송의 유학자 나종언(羅從彦, 1072년~1135년)이 한 말이다. 그 때문에 어제본에서는 원문의 "『맹자』"를 나종언의 성에 자를 붙인 "나중소(羅仲素)"로 수정하였다.

14

養子方知父母恩, 立身方知人辛苦.

자식을 길러 봐야 부모 은혜를 알고
세상에 나가 봐야 사람 노릇 어려움을 안다.

첫 구절은 원나라 때 속담이다. 『박통사언해』 상권에는 "자식을 길러 보아야 부모 마음을 안다.[養子方知父母心.]"라고 옛사람의 말로 인용하였다. 우리 속담에도 "자식을 길러 봐야 부모 사랑을 안다."가 있다.

15

孟子云: 不孝有三, 無後爲大.

불효에 세 가지가 있는데 자식을 두지 못한 불효가 가장 크다.

—『맹자』「이루 상」

16

養子防老, 積穀防餓.

자식을 길러서 노후에 대비하고

곡식을 쌓아서 흉년에 대비한다.

의지할 데 없는 노후에 대비하고자 자녀를 기르고, 굶주림에 고통반을 흉년에 대비하여 곡식을 저장한다는 말이다. 둔황에서 출토된 『부모은중경강경문(父母恩重經講經文)』의 "곡식을 쌓아서 흉년에 대비하고, 자식을 길러서 노후에 대비한다.[積穀防飢, 養子備老.]"에서부터 나오는 속담이다. 송나라 때 사람 좌규(左圭)의 『백천학해(百川學海)』에서 이르기를, 무원(婺源) 사람 첨혜명(詹惠明)이 아버지 대신 죽기를 원했는데, 처형을 앞두고도 두려워하는 낯빛이 없이 "자식을 길러서 노후에 대비하고, 곡식을 쌓아서 흉년에 대비한다.[養兒防老, 積穀防飢.]"라고 하였다. 태수 증천유(曾天遊)가 상소하여 처형을 면하게 하였다. 『사림광기』 「치가경어(治家警語)」에도 나온다.

17

曾子曰: 父母愛之, 喜而勿忘. 父母惡之, 懼而無怨. 父母有過, 諫而不逆.

부모가 나를 사랑하면, 기뻐하되 그 은혜를 잊지 말고
부모가 나를 미워하면, 두려워하되 원망하지 말며
부모에게 잘못이 있으면, 바른말을 드리되 뜻을 거스르지 말라.
—증자

출전은 『대대예기(大戴禮記)』 「증자대효(曾子大孝)」이다.

18

子曰: 五刑之屬三千, 而罪莫大於不孝.

형벌에는 삼천 가지 종류가 있는데, 불효보다 더 큰 죄는 없다.

— 공자

인간이 저지르는 범죄 가운데 가장 나쁜 죄는 불효이다. "형벌"의 원문은 오형(五刑)으로, 『서경』「여형(呂刑)」에서 말한 다섯 가지 형벌이다. 얼굴에 글자를 새기는 묵형(墨刑), 코를 베는 의형(劓刑), 발꿈치를 베는 월형(刖刑), 남녀의 생식기를 못 쓰게 하는 궁형(宮刑), 사형(死刑)에 처하는 대벽(大辟)을 말한다. 『효경』「오형」에서 인용한 글이다.

19

曾子曰: 孝慈者, 百行之先, 莫過於孝. 孝至於天, 則風雨順時; 孝至於地, 則萬物化育; 孝至於人, 則衆福來臻.

부모에 대한 효성과 자녀에 대한 사랑은 사람의 온갖 행실에서 가장 앞서는데, 특히 효성보다 더 앞서는 덕목은 없다. 효성이 하늘에 닿으면 때맞춰 바람이 불고 비가 내리며, 효성이 땅에 이르면 만물이 잘 자라고, 효성이 남들에게 닿으면 온갖 복이 몰려온다.

— 증자

5

몸가짐 바로잡기

정기편 正己篇

몸가짐을 바로잡는 주제의 격언을 모은 장이다. 착한 품성을 가지고 세상을 슬기롭게 살아가는 처신을 다양하게 제시하였다. 세상 사람과의 관계로 점철된 사회생활에서는 남을 탓하기 쉬우나, 그보다는 자신의 수신과 수양에 노력하라고 하였다. "남을 가늠하려면 먼저 자신을 가늠해 보라."라고 요구하여 자신을 성찰하고 자신의 결함을 바로잡는 노력을 더 중시하였다. 특히 남에게 간섭하고 훈계하려 드는 행위를 경계하여 주제넘은 짓을 하지 말고 자신의 덕성을 키우라고 하였다. 또한 재물과 명예, 권력, 이성, 물질의 욕망에 빠지지 말라고, 과욕을 자제하라고, 관대하며 성실하고 근면하게 살라고 당부하였다. 유학자의 어록에서 인용하기는 하였으나, 구전되는 격언과 속담에서 다수 인용하여 일반 사람의 지혜와 생각을 많이 담고 있다. 상권에서 가장 많은 117개조가 실려 있다.

I

性理書云: 見人之善而尋己之善, 見人之惡而尋己之惡, 如此方是有益.

남이 잘한 점을 보고서 내가 잘한 점이 있는지 찾아보고
남이 잘못한 점을 보고서 내가 잘못한 점이 있는지 찾아보라.
그렇게 하여야 나에게 보탬이 있다.

—『주자어류』 권27

잘한 일이든 잘못한 일이든 타인의 행동과 처신에서 배우고 성찰한다면 더 나은 사람이 될 수 있다. 1장 「끊임없는 선행」 47조에는 "현명한 사람을 보면 그처럼 되고자 소망하고, 현명하지 않은 사람을 보면 안으로 자신을 성찰하라."라는, 『논어』 「이인」에 실린 공자의 말이 실려 있다. 이 말에 대해 주자가 5장 1조처럼 덧붙여 풀이하였다. 저본에서는 출전을 "성리서(性理書)"로 밝혔는데, 이는 특정한 책명이 아니라 성리학과 관련한 저술임을 표시한다. 이 책에서는 실제 책명으로 출전을 밝혀 놓았다.

2

『景行錄』云: 不自重者取辱, 不自畏者招禍. 不自滿者受益, 不自是者博聞.

자중하지 않는 사람은 사서 욕을 당하고

자신을 두려워하지 않는 사람은 화를 불러들인다.

자만하지 않는 사람은 이익을 얻고

저만 옳다고 여기지 않는 사람은 견문이 넓다.

—『경행록』

사람의 화복과 성취는 결국 자신의 태도와 처신에 큰 영향을 받는다. 이방헌의 『성심잡언』에 나온 격언으로, 그 책에는 뒤에 "길흉사와 걱정거리는 하늘에서 내려온다. 그래도 자신으로부터 나오지 않는 경우는 없다.[吉凶悔吝自天, 然無有不由己者.]"라는 글이 덧붙어 있다. 이방헌은 북송의 휘종(徽宗, 재위 1100년~1125년)과 남송의 효종(孝宗, 재위 1162년~1189년) 사이 시대에 살았던 학자이자 고관으로, 자는 사거(士擧), 호는 성심(省心)이다. 그의 격언집 『성심잡언』은 유가 사상에 뿌리를 둔 처세의 격언을 수록하였다. 남송 초기에 처음 간행된 이후 여러 차례 간행되며 인기를 얻어 후대의 여러 문인이 표절하였는데, 그중 하나가 『경행록』이다. 명대 이후 초략본이 유행하며 원본은 사라졌다. 다양한 판본에 대략 200여 조의 격언이 전해진다. 출전을 『경행록』으로 밝힌 격언은 대부분 『성심잡언』을 초록한 것이므로, 이후에는 따로 표시하지 않는다.

3

子曰: 君子不重則不威, 學則不固. 主忠信.

군자의 처신은 무겁지 않으면 위엄이 서지 않고, 배워도 튼튼하지 않다. 성실함과 믿음을 처신의 원칙으로 삼아라.

—공자

출전은 『논어』「학이」이다.

4

『景行錄』云: 大丈夫當容人, 無爲人所容.

대장부는 남을 너그럽게 포용해야지
남에게 자기를 너그럽게 포용하기를 바라서는 안 된다.

—『경행록』

큰일 할 사람은 넓은 가슴으로 다양한 부류를 포용할 줄 알아야 한다. 포용하기는커녕 남에게 포용해 달라고 하는 옹졸한 마음가짐으로는 큰일을 하기 어렵다. 『주자어류(朱子語類)』 권35에서 『논어』

「태백」의 “누가 덤벼들어도 따지지 않는[犯而不校]” 포용력 있는 태도를 논하면서 주자가 인용했다. 불손하게 덤비는 자조차도 내치지 말고 감싸안으라는 말이다. 원의 학자 왕운(王惲, 1227년~1304년)은 『옥당가화(玉堂嘉話)』 권5에서 북송의 학자 진양(陳襄, 1017년~1080년)이 한 말이라고 했으나, 조선에서는 주자의 말로 알고 널리 썼다.

5

『景行錄』云: 人資稟要剛, 剛則有立.

사람은 품성을 굳세게 가져야 하니, 굳세어야 수립하는 것이 있다.

—『경행록』

6

『素書』云: 釋己以教人者逆, 正己以化人者順.

저를 그대로 놔두고 남을 가르치려 드는 것은 역리(逆理)이고
저를 바로잡고서 남을 바꾸려 하는 것은 순리(順理)이다.

—『소서』「안례(安禮)」

7

武蘇曰: 不可以己之所能, 而責人之所不能; 不可以己之所長, 而責人之所短.

제가 잘하는 걸 들이대어 잘하지 못하는 남을 나무라서는 안 되고
제 장점을 들이대어 남의 단점을 나무라서는 안 된다.

—무소

『신집』 128에 나오는데, "무소(武蘇)"가 "무후(武侯)"로 되어 있다. 상당히 긴 문장을 많이 축약하여 인용하였다. 무소가 누구인지는 알 수 없다.

8

太公曰: 勿以貴己而賤人, 勿以自大而蔑小, 勿以恃勇而輕敵.

저를 귀하게 여겨 남을 천시하지 말고
제가 잘났다고 힘없는 사람을 업신여기지 말며
제 용맹함만 믿고 적을 가볍게 여기지 말라.

—『태공가교』

저만 귀하고 저만 잘나고 저만 용맹하다고 여기는 태도는 자연히 남을 천시하게 되고 약자를 무시하게 되며 상대를 가볍게 여기게 된다. 자아도취와 자만심은 그 잘난 자신의 실패를 이끈다. 자존감이 없어도 안 되지만, 과도한 자만심은 고립과 몰락을 불러들인다.

9

魯恭曰: 以德勝人則強, 以財勝人則凶, 以力勝人則亡.

덕으로 남을 이기는 자는 강하고
재물로 남을 이기는 자는 흉하며
힘으로 남을 이기는 자는 망한다.

— 노공

남을 이기는 방법은 여러 가지인데, 진정한 승리는 무력이나 경제력보다는 덕망과 문화의 힘으로 이기는 것이다. 『문사교림』 128에서는 『태공가교』를 출전으로 인용하였고, 『신집』 143에서는 증자(曾子)의 말로 인용하였다. 노공(魯恭, 32년~112년)은 후한 때 사람이다. 황제가 즉위하자마자 흉노를 침공하려 할 때 노공은 힘으로 대응하지 말라고 쓴소리하였으나, 받아들여지지 않았다. 그가 쓴소리한 상소문에 나오는 격언이다. 『후한서』 「노공전(魯恭傳)」에 나온다. 저본에서는 "노공(魯恭)"을 "노공왕(魯共王)"으로 썼으나, 오류이다.

10

荀子曰: 以善先人者謂之教, 以善和人者謂之順. 以不善先人者謂之諂, 以不善和人者謂之諛.

착한 행위로 사람을 이끄는 것을 교화라 하고
착한 행위로 사람과 어울리는 것을 순종이라 한다.
나쁜 행위로 사람을 이끄는 것을 아첨이라 하고
나쁜 행위로 사람과 어울리는 것을 영합이라 한다.

—『순자』「수신(修身)」

11

孟子曰: 以力服人者, 非心服也. 以德服人者, 中心悅而誠服也.

힘으로 사람을 복종시키면 마음으로 복종하지 않고
덕으로 사람을 복종시켜야 마음으로 기뻐하고 진심으로 복종한다.

—『맹자』「공손추 상」

12

太公曰: 見人善事, 即須記之. 見人惡事, 即須掩之.

남이 잘한 일을 보거든 모름지기 기억하고
남이 잘못한 일을 보거든 모름지기 덮어 둬라.

—『태공가교』

13

孔子曰: 匿人之善, 斯謂蔽賢; 揚人之惡, 斯爲小人. 言人之善, 若己有之; 言人之惡, 若己受之.

남이 잘한 일을 덮어 버리면 현인을 가린다고 하고
남이 잘못한 일을 떠벌리면 소인이라고 한다.
남이 잘한 일은 마치 내가 한 일처럼 칭찬하고
남이 잘못한 일은 마치 내가 욕을 본 것처럼 덮어 주어라.

—공자

출전은 『공자가어』「변정」이다.

14

馬援曰: 聞人過失, 如聞父母之名, 耳可得聞, 口不可得言也.

남의 허물을 들으면 부모의 이름을 들은 듯이 귀로만 듣고 입으로는 말하지 말라.

—마원

남의 잘잘못을 함부로 논평하는 행위는 옳지 않다. 옛날에는 남들이 부모의 이름을 말한다면 그 소리는 들을 수는 있어도, 자식이 입 밖으로 감히 부모의 이름을 말할 수는 없었다. 후한의 복파장군 마원은 교지(交趾)에서 전쟁을 수행하는 중에 조카들이 남을 헐뜯고 논평하기를 좋아하며 경박한 협객들과 어울린다는 소문을 들었다. 이에 편지를 보내 이와 같이 훈계하였다. 평소에 남의 잘잘못을 논평하는 행위를, 정치와 법률이 옳으니 그르니 함부로 논하는 행위를 대단히 미워한 마원은 차라리 죽는 게 낫지 그렇게 행동하는 자손이 있다는 말을 듣고 싶지 않다며 꾸짖었다. 『후한서』「마원전」에 나오는 격언이다.

15

孟子曰: 言人之不善, 當如後患何?

남이 잘하지 못한 점을 말하다니 후환을 어떻게 감당하려 하는가?

—『맹자』「이루 하」

16

康節邵先生曰: 聞人之謗未嘗怒, 聞人之譽未嘗喜, 聞人言人之惡未嘗和, 聞人言人之善則就而和之, 又從而喜之. 故其詩曰: '樂見善人, 樂聞善事. 樂道善言, 樂行善意. 聞人之惡, 如負芒刺; 聞人之善, 如佩蘭蕙.' 又詩曰: '心無妄思, 足無妄走. 人無妄交, 物無妄受.'

남에게 비방을 듣고서 노여워한 적이 없었고, 남에게 칭찬을 듣고서 기뻐한 적이 없었다. 남의 악행을 말하는 말을 듣고서는 맞장구치지 않아도 남의 선행을 말하는 말을 듣고서는 바로 맞장구치고 뒤이어 기뻐하였다. 그래서 「안락음(安樂吟)」이라는 시를 지어 "착한 사람 보기를 즐기고, 착한 일 듣기를 즐기며, 착한 말 하기를 즐기고, 착한 뜻 행하기를 즐기네. 남의 악행을 들으면 까끄라기나 가시가 등을 찌르는 듯하고, 남의 선행을 들으면 난초나 혜초(蕙草) 같은 향초를 몸에 찬 듯하네."라고 읊었

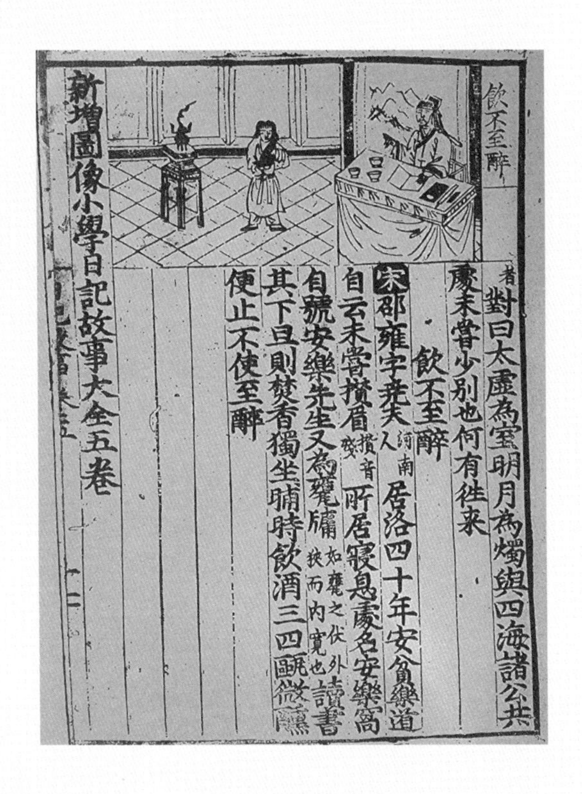

飲不至醉

者 對曰太虛爲室明月爲燭與四海諸公共
處未嘗少別也何有往來

飲不至醉

宋 邵雍字堯夫 河南人 居洛四十年安貧樂道
自云未嘗攢眉 攢音[illegible] 所居寢息處名安樂窩
自號安樂先生又爲甕牖 如甕之伏外狹而內寬也 讀書
其下旦則焚香獨坐晡時飮酒三四甌微醺
便止不使至醉

新增圖像小學日記故事大全五卷

『소학일기고사대전(小學日記故事大全)』 권5 「행기(行己)」에 수록된, 소강절의 안빈낙도하는 삶을 그린 그림과 설명. 원나라 우소(虞韶)가 편찬한 아동교육용 도서로, 1566년에 조선에서 번각한 목판본이다. 일본 호사문고(蓬左文庫)에 소장되어 있다. 심오한 인생철학을 평이하게 쓴 그의 철학적 시는 큰 인기를 얻었다. "반쯤 핀 꽃과 살짝 술에 취한 기분[半開微醉]"을 즐기며 유유자적하는 삶을 노래한 16조의 내용을 요약하여 설명하였다.

다. 또 「옹유음(甕牖吟)」이라는 시를 지어 "마음으로는 망령된 생각을 하지 않고, 발로는 망령된 곳을 가지 않는다. 사람을 망령되게 사귀지 않고, 물건을 망령되게 받지 않는다."라고 읊었다.

— 소강절

소강절의 「무명공전(無名公傳)」에서 인용하였다. 이 전기는 자신의 삶을 가상의 인물에 가탁하여 서술한 것으로, 『성리대전서(性理大全書)』 권13에 실려 있다. 낙양에 거처하며 호를 무명공(無名公)이라 짓고서 삶의 지향과 처신의 방향을 밝힌 글이다. 글의 취지는 천명을 즐기고 운명을 알아서 헛된 명예에 흔들리지 않겠다는 다짐이다. 두 편의 시를 인용하여 뜻을 밝혔다. 인용한 대목에서는 다른 사람의 선행에는 기뻐하고 다른 사람의 악행에는 미워하는 태도를 평생토록 굳게 지키겠다고 하였다.

17

『近思錄』云: 遷善當如風之速, 改過當如雷之決.

선으로 옮겨 가기는 바람처럼 빨라야 하고
잘못을 고치기는 우레처럼 과감해야 한다.

— 『근사록』

『근사록』에는 나오지 않고 『주역』의 천선개과장(遷善改過章)을 설명한 『주자어류』 권72에 나온다. "결(決)"이 중간본에는 "촉(促)"으로 되어 있다.

18

子貢曰: 君子之過也, 如日月之食焉. 過也, 人皆見之; 更也, 人皆仰之.

군자의 허물은 일식이나 월식과 같다. 허물이 있으면 누구나 알아보고, 허물을 고치면 누구나 우러러본다.

—자공

약점과 오류를 은폐하려고만 하지 말고 드러내 놓고 고치는 게 더 낫다. 자공은 공자의 제자로, 『논어』「자장(子張)」에 나온 말이다.

19

知過必改, 得能莫忘.

잘못을 알아차리면 반드시 고치고

능력을 얻게 되면 절대 잊지 말라.

잘못을 저질렀음을 알아차리면 반드시 고치고, 기예와 재능을 얻으면 잊지 말고 훈련하여 제 것으로 만들어라. 배우는 과정에 있는 학생이 명심할 일이다. 『천자문(千字文)』의 문장으로, 나중에 『태공가교』 14단에 인용되었다. 저본에서는 18조와 합하여 수록하였으나, 흑구본과 중간본을 따라 독립된 조로 분절하였다.

20

子曰: 過而不改, 是謂過矣.

허물이 있어도 고치지 않으니, 그게 바로 허물이다.

—공자

허물을 고치면 허물이 사라지지만, 고치지 않으면 허물이 고착화되어 나중에는 고칠 수 없는 지경에 이른다. 그게 더 큰 허물이다. 출전은 『논어』 「위령공」이다.

21

『直言訣』曰: 聞過不改, 愚者若駑馬也. 駑馬自受鞭策, 愚人終受毀箠, 而不慚其駑也.

잘못한다는 말을 듣고서도 고치지 않다니 바보스럽기가 굼뜬 말과 같다. 굼뜬 말은 제 탓으로 채찍을 맞는데, 바보는 끝내 혼나고 회초리를 맞고도 굼뜬 말과 같음을 부끄럽게 여기지 않는다.

—『직언결』

잘못을 지적하는 말을 들으면 바로 고쳐야 옳다. 고치지 않는 사람은 날마다 채찍을 맞는 굼뜬 말과 다름이 없는 바보이다. 출전인 『직언결(直言訣)』은 둔황에서 출토된 『진언요결』이다. 『진언요결』의 준말인 『진언결(眞言決)』에서 "진(眞)" 자를 "직(直)" 자로, "결(決)" 자를 "결(訣)" 자로 잘못 쓴 것이다. 『진언요결』은 권1, 권3, 권4가 현재 전한다. 이 책을 다수 인용한 둔황 사본인 『문사교림』과 『신집』에서는 『진언요결』을 『진언결』 또는 『요결』로 줄여서 표기하였다. 이 책은 유불도(儒佛道) 삼교의 격언을 간추려 불교의 진수를 설명한 통속적 권선서이다. 『명심보감』에서는 『직언결』에서 5개조를 뽑아 수록하였다. 이 글은 "잘못한다는 말을 듣고서 바로 고치지 않으면 바보이고, 채찍을 맞고서 바로 출발하지 않으면 굼뜬 말이다. 굼뜬 말은 종일토록 채찍으로 맞고, 바보는 종일토록 혼나고 맞는다. 혼나고 맞으면서도 부끄러워할 줄을 모르니 굼뜬 말보다도 더 못하지 않은가![聞過不卽改是愚人, 見鞭不卽行是駑馬, 駑馬終日受鞭策, 愚人終日被毁挫. 毁挫不知慚恥者, 甚於駑馬乎!]"라는 『진언요결』 권1의 내용을 뽑아 수록한 『문사교림』 147을 간추려 수록하였다. 문장을 매우 껄끄럽게 수정하였다. 『신집』 170은 『진언요결』 권1의 앞 두 구절만 초록하였다.

22

道吾惡者是吾師, 道吾好者是吾賊.

나의 나쁜 점을 말해 주는 사람이 내게는 스승이고
나의 좋은 점을 말해 주는 사람이 내게는 도적이다.

칭찬하는 말이 듣기 좋은 게, 나쁜 점을 지적하는 말이 듣기 싫은 게 사람 마음이다. 듣기 싫은 말이라도 듣고 고치면 올바른 길로 이끄는 스승의 말이 되고, 듣기 좋은 말이라도 듣고서 자만과 안일에 빠지면 패망으로 이끄는 원수의 말이 된다. 더 나은 사람이 되기 위해서는 듣기 좋은 말보다 듣기 싫은 말을 받아들여 자신을 성찰하는 자세가 필요하다. 송대의 속담으로, 송 태종(宋太宗, 재위 976년~997년)이 아들인 송 진종(宋眞宗, 재위 997년~1022년)에게 말해 준 것이라고도 한다.

23

子曰: 三人行, 必有我師焉. 擇其善者而從之, 其不善者而改之.

세 사람이 길을 가도 반드시 나의 스승이 있다. 그중 좋은 것을 가려내 따라 행하고, 나쁜 것을 가려내 고친다.

—공자

출전은 『논어』「술이」이다.

24

『景行錄』云: 寡言擇交, 可以無悔吝, 可以免憂辱.

말을 줄이고 친구를 가려 사귀면 후회와 괴로움이 없어지고, 근심과 치욕에서 벗어날 수 있다.

—『경행록』

25

太公曰: 勤爲無價之寶, 愼是護身之符.

근면함은 값을 따질 수 없는 보배이고
신중함은 몸을 지켜 주는 부적이다.

—『태공가교』

근면함은 부를 가져다주고, 신중함은 위험에서 지켜 준다. 『태공가교』 23단에 "근면함은 값을 따질 수 없는 보배이고, 배움은 명월이라는 신비한 보물이다. 신중함은 바닷속 용궁에 보관된 보물이요, 참을성은 몸을 지켜 주는 부적이다.[勤是無價之寶, 學是明月神珠; 愼是龍宮海藏, 忍是護身之符.]"로 나온다. 『신집』 263에도 유사한 내용이 있다.

26

『景行錄』云: 寡言則省謗, 寡慾則保身.

말을 줄이면 비방을 덜고
욕심을 줄이면 몸을 보전한다.

—『경행록』

27

太公曰: 多言不益其體, 百藝不忘其身.

말이 많은 것은 몸에 이롭지 않고
온갖 기예는 몸에 해롭지 않다.
—『태공가교』

말 많은 사람을 싫어하고 말없이 기술을 발휘하는 사람을 선호하는 옛사람의 시각을 잘 보여 준다. 뒤 구절인 "백예불망기신(百藝不忘其身)"이 『태공가교』 18단에는 "백기불방기신(百伎不妨其身)"으로 되어 있는데, 뜻이 비슷하다. "방(妨)"이 적합하여 그에 따라 번역하였다.

28

『景行錄』云: 保生者寡慾, 保身者避名. 無欲易, 無名難.

삶을 보전하려는 사람은 욕심을 줄여야 하고
몸을 보전하려는 사람은 명예를 피해야 한다.
욕심을 버리기는 쉬워도

명예를 버리기는 어렵다.

—『경행록』

건강하게 오래 살고자 하면 욕심을 줄여야 하고, 큰일을 겪고 목숨까지 잃는 횡액을 당하지 않으려면 분에 넘치는 명예를 추구하지 말아야 한다. 욕심 가운데 가장 질긴 욕망이 명예욕이다. 온갖 욕심을 버리기는 쉽지 않으나, 그래도 노력하면 버릴 수 있다. 하지만 명예욕은 버리기 어려워 끝내 제 목숨까지 내놓는 결과를 낳는다.

29

『景行錄』云: 務名者, 殺其身; 多財者, 殺其後.

명예를 얻으려 애쓰는 사람은 자신을 망치고
재물을 많이 모으는 사람은 후손을 망친다.

—『경행록』

30

老子曰: 慾多傷神, 財多累身.

욕심이 많으면 넋을 상하게 하고
재물이 많으면 몸을 지치게 한다.
—노자

『노자』의 "황금과 보옥이 집에 가득하여도, 그 보배를 지킬 수 없다.[金玉滿堂, 莫之能守.]"라는 구절에 붙인 하상공의 주석이다. 『신집』 181에 실린 글을 인용하였다.

31

胡文定公曰: 人須是一切世味淡薄方好, 不要有富貴相.

세상의 모든 권력과 욕망에 담박하여야 좋다. 부유하고 귀티 나는 모습을 갖추려고 애쓸 이유가 없다.
—호안국

호안국(胡安國, 1074년~1138년)은 남송의 유학자로, 자는 강후(康

侯), 호는 무이(武夷), 시호는 문정(文定)이다. 정자를 사숙하고 『춘추』를 정밀하게 연구하여 『춘추호씨전(春秋胡氏傳)』을 저술하였다. 『소학』 「가언」에 실려 있는 격언이다.

32

李端伯師說: 人於外物奉身者, 事事要好. 只有自家一個身與心, 却不要好. 苟得外物好時, 却不知道自家身與心, 已自先不好了也.

사람들은 몸을 받드는 물건에는 이것저것 좋은 것을 바라면서 하나밖에 없는 자기 몸과 마음에는 도리어 좋은 것을 바라지 않는다. 좋은 물건을 얻고 나면 자기 몸과 마음에 좋지 않은 영향을 끼쳤다는 점을 알아차리지 못한다.

— 이단백이 기록한 스승 정자의 말씀

이단백(李端伯)은 북송의 유학자 이유(李籲)로, 단백은 그의 자이다. 정자의 제자로 스승의 말을 기록하여 「사설(師說)」이라 이름하고 『이정전서(二程全書)』에 편입하였다. 『근사록』 「경계(警戒)」에도 실려 있다.

33

『呂氏童蒙訓』曰: 攻其惡, 無攻人之惡. 蓋曰改其惡, 日夜且自點檢, 絲毫不盡, 則慊於心矣, 豈有工夫點檢他人耶?

자신의 나쁜 점이나 고치고, 남의 나쁜 점을 고치려 들지 말라. 날마다 나쁜 점을 고치려고 밤낮으로 저 자신을 점검하되, 털끝만치라도 흠결이 있다면 마음에 흡족하지 못할 테니 어느 겨를에 남을 점검하겠는가?

—『여씨동몽훈』

『여씨동몽훈(呂氏童蒙訓)』은 『동몽훈』으로 줄여 쓰기도 한다. 송나라 학자 여본중(呂本中, 1084년~1145년)이 아동교육용으로 저술한 책이다. 여본중은 흔히 동래선생(東萊先生)으로 부른다. 유가에 뿌리를 둔 교훈적 격언이 다수 보인다. 주요 내용은 『소학』「가언」에 실려 전한다.

34

子曰: 君子有三戒, 少之時, 血氣未定, 戒之在色; 及其壯也, 血氣方剛, 戒之在鬥; 及其老也, 血氣既衰, 戒之在得.

군자에게는 경계해야 할 것이 세 가지 있다. 젊을 때는 혈기가 안정되지 않아서 성욕을 경계해야 하고, 장년이 되어서는 혈기가 한창 왕성하므로 남과의 경쟁을 경계해야 하며, 늙어서는 혈기가 쇠약해져 탐욕을 경계해야 한다.

—공자

『논어』「계씨」에 나오는 공자의 가르침으로, 사람의 생애 주기에 따라 경계할 점을 안내하였다. 혈기는 생명을 지탱하는 피와 기운인데 생애 주기에 따라 변화가 생기고, 그에 따라 사람의 성정과 욕구에 차이가 난다. 젊을 때는 혈기가 안정되지 않아서 성욕이 지나치게 강하기 쉽고, 장년 때는 혈기가 왕성하여 남과 경쟁하여 이기려는 욕망이 강해져 다툼과 갈등이 많아진다. 늙어서 혈기가 쇠약할 때는 오히려 탐욕을 더 부리는 경향이 있다.

35

孫眞人「養生銘」: 怒甚偏傷氣, 思多大損神. 神疲心易役, 氣弱病相縈. 勿使悲歡極, 當令飮食均. 再三防夜醉, 第一戒晨嗔.

화를 크게 내면 기운을 많이 해치고
생각이 너무 많으면 정신을 크게 해친다.
정신이 피로하면 마음이 쉽게 휘둘리고

기운이 허약하면 병이 몸을 휘감는다.
슬픔과 기쁨에 너무 빠지지 말고
먹고 마심에 고루 균형을 맞춰라.
밤중에는 취하지 않도록 거듭 조심하되
새벽에는 화내지 않도록 가장 경계하라.

—손사막, 「양생명」

몸을 잘 다스려 신체를 건강하게 유지하라는 잠언이다. 과로와 과식, 과음 및 지나친 분노와 흥분을 자제하는 절제된 생활을 양생의 방법으로 제시하였다. 손사막(孫思邈, 581년~682년)은 당나라 때의 명의로, 『구당서(舊唐書)』「손사막 열전」에 행적이 나온다. 그의 「양생명(養生銘)」은 각종 의서에 두루 실려 있다.

36

『景行錄』云: 節食養胃, 清心養神. 口腹不節, 致疾之因; 念慮不正, 殺身之本.

음식을 절제하여 위장을 튼튼히 하고
마음을 맑게 가져 정신을 튼튼히 하라.
입과 배를 절제하지 못하면 병을 부르는 원인이 되고
생각과 기호가 바르지 않으면 몸을 망치는 근본이 된다.

—『경행록』

37

子曰: 君子食無求飽, 居無求安.

군자는 배불리 먹기를 추구하지 않고, 편안히 거처하기를 추구하지 않는다.

—공자

그것이 할 일을 방해하기 때문이다. 출전은 『논어』「학이」이다.

38

『脈訣』曰: 智者能調五臟和.

지혜로운 자는 오장이 조화를 이루도록 몸조리를 잘한다.

—『맥결』

『맥결(脈訣)』은 육조(六朝)시대의 고양생(高陽生)이 진(晉)나라 때의 명의인 왕숙화(王叔和)의 이름을 빌려 지은 저술이다. 진맥하는 법을 논하였다. "지혜로운 자는 오장이 조화를 이루도록 몸조리를 잘하고, 자연스럽게 많은 사람의 병을 살펴서 찾아낸다.[智者能調五

髒和, 自然察認諸家病.]"라는 글을 축약하였다.

39

喫食少添鹽醋, 不是去處休去. 要人知重勤學, 怕人知後莫做.

음식을 먹으려면 소금과 식초를 조금만 치고
가야 할 데가 아니라면 아예 가지를 말라.
남이 알아주기를 바라면 부지런히 공부하고
남이 알아볼까 두려우면 뒤로 물러나 아무 일도 하지 말라.

송대의 화본(話本) 소설 『합동문자기(合同文字記)』 등에 수록된 속담이다.

40

若欲不知, 除非莫爲.

남들이 알아보지 않기를 바란다면
아무 일도 하지 않는 게 가장 낫다.

41

老子曰: 欲人不知, 莫若無爲; 欲人不聞, 莫若不言.

남들이 알아채지 않기를 바란다면
아무 일도 하지 않는 게 가장 낫고
남들이 듣지 않기를 바란다면
아무 말도 하지 않는 게 가장 낫다.
— 노자

아무리 비밀스럽게 일을 꾸며도 결국은 세상에 알려지게 마련이므로, 조심하고 신중하라는 속담이다. 매승(枚乘)의 글 「오나라 왕에게 간언하는 편지[諫吳王書]」에 처음 나오고, 나중에 『문사교림』 120, 『신집』 158에 뽑아 실었다. 『노자』를 출전으로 밝혔으나, 오류이다. 어제본에서는 『노자』를 매승으로 바로잡아 제시하였다. 『진서』 「부견재기(苻堅載記)」에 앞 구절을 속담으로 인용하고 "소리는 아무리 작아도 남들 귀에 들리고, 사건은 드러내지 않아도 밝혀지게 되어 있다."라는 의미라고 풀이하였다. 저본에는 "남들이 듣지 않기를 바란다면[欲人不聞]"의 "듣지[聞]"가 "말하지[言]"로 되어 있으나, 오자이다. 다산(茶山) 정약용(丁若鏞, 1762년~1836년)은 1810년에 아들 정학유(丁學游, 1786년~1855년)에게 편지를 보내 이 글을 인용한 다음, "이 두 구절의 말을 평생토록 몸에 지니고 외운다면 위로는 하늘을 섬길 수 있고, 아래로는 집안을 보존할 수 있다. 천하의 재앙과 우환은, 천지를 뒤흔들며 자신을 죽이고 가문을 뒤엎는 죄악은 모두 비밀리에 벌이는 일에서 빚어진다. 일할 때와 말할 때 부디 이 말을 깊이 성찰하도록 하여라."라고 당부하였다.

42

『景行錄』云: 食淡精神爽, 觀清夢寐安.

먹는 것이 소박하면 정신이 상쾌하고
보는 것이 맑으면 꿈자리가 편안하다.

—『경행록』

기름지고 맛있는 진수성찬과 멋지고 드문 구경거리는 쾌락을 자극하고 마음을 흥분에 빠뜨린다. 입과 눈을 즐겁게 하는 감각적 쾌락을 마다하기는 쉽지 않지만, 쾌락은 지속하기 어렵고 마음이 들떠 밖으로 치닫게 한다. 늘 먹는 소박한 밥상과 늘 보는 편안한 일상은 맛나지도 않고 재미도 없으나, 정신은 맑고 꿈자리는 사납지 않다. "보는 것[觀]"이 초략본과 중간본, 어제본에는 "마음[心]"으로 수정되어 있는데, 내용상 통한다.

43

老子曰: 人能常清淨, 天地悉皆歸.

사람이 항상 맑고 깨끗하면
천지 모든 것이 그에게로 간다.
—노자

사람이 항상 청정함을 유지하면 천지의 모든 역량이 모두 그 사람에게로 모인다. 청정함은 도교 수련의 기본 원칙이다. 당나라 때 형성된 도교 경전 『청정경(清靜經)』에 나오는 말로 원문이 "정(淨)"이 "정(靜)"으로 되어 있다.

44

道高龍虎服, 德重鬼神欽.

도가 높으면 용과 범도 복종하고
덕이 두터우면 귀신도 흠모한다.

당나라 말엽의 승려 혜광(慧光)이 지은 네 구절의 송시(頌詩) 가운데 뒷부분으로, 『조당집(祖堂集)』 권9에 실려 있다. 앞 대목은 "마음이 고요하면 시름이 들어오기 어렵고, 걱정이 없으면 재앙이 침입하지 않는다.[心靜愁難入, 無憂禍不侵.]"이다. "복(服)"을 중간본에서 "복(伏)"으로 수정하였다.

45

蘇黃門曰: 衣冠佩玉, 可以化強暴; 深居簡出, 可以却猛獸; 定心寡欲, 可以服鬼神.

의관과 패옥만 갖춰 입어도 우악스럽고 사나운 자를 교화할 수 있고
깊은 산에서는 밖으로 나가지만 않아도 맹수를 피할 수 있으며
마음을 가라앉혀 욕심을 줄이기만 해도 귀신을 누를 수 있다.
— 소철

소철(蘇轍, 1039년~1112년)이 「진론(秦論)」에서 한 말이다. 소철은 북송의 문인이자 정치가로, 소식(蘇軾, 1037년~1101년)의 아우이며 당송팔대가(唐宋八大家)의 한 사람이다. 「진론」은 패권을 추구해 이웃 나라를 침략한 시황제(始皇帝, 재위 기원전 221년~기원전 210년)의 정책을 비판적으로 분석한 글이다.

46

荀子曰: 積土成山, 風雨興焉; 積水成淵, 蛟龍生焉; 積善成德, 而神明自得, 聖心循焉.

흙을 쌓아 높은 산을 이루면 비바람이 일어나고
물을 가둬 깊은 못을 이루면 이무기가 자라듯이
선을 쌓아 후덕한 사람이 되면 신통한 지혜가 절로 얻어지고 성인다운 마음이 따라온다.

—『순자』「권학」

47

性理書云: 修身之要: 言忠信, 行篤敬, 懲忿窒慾, 遷善改過.

몸을 닦으려면 다음 행동이 중요하다. 말은 성실하고 미덥게 하며, 행동은 신중하고 공손하게 한다. 분노를 제어하고 탐욕을 자제하며, 착한 길로 옮겨 가고 허물을 고친다.

—『백록동서원학규』

수신(修身)의 요점을 네 가지로 간명하게 요약하여 제시하였다.

『백록동서원학규(白鹿洞書院學規)』는 주자가 백록동서원을 재건하고 학생을 가르치면서 만든 규약이다. 학교와 학문의 핵심 취지를 밝힌 글로 『성리대전』 및 『주자대전(朱子大全)』 같은 성리서와 『거가필용(居家必用)』 및 『사림광기』 같은 유서에 실려 전한다.

48

『景行錄』云: 凡修身爲學, 不在文字言語中, 只平日待人接物便是. 取非其有謂之盜, 欲非其有謂之賊.

수신과 학습은 문자와 언어 사이에 있지 않고
그저 사람과 어울리고 물건을 다루는 평상시 활동에 있다.
제 소유가 아닌 물건을 가져가는 사람을 도둑이라 하고
제 소유가 아닌 물건을 욕심내는 사람을 도적이라 한다.

—『경행록』

49

太公曰: 修身莫若敬, 避強莫若愼.

자신을 수양하는 길은 공경함보다 나은 게 없고

횡포한 자를 피하는 길은 조심함보다 나은 게 없다.

—『태공가교』

『태공가교』와 『신집』 159에 실려 있다. 반소(班昭)의 『여계(女誡)』「경신(敬愼)」에도 유사한 글이 나온다. 『여계』에서 횡포한 자는 성폭력을 시도하는 자를 뜻한다.

50

『景行錄』云: 定心應物, 雖不讀書, 可以爲有德君子.

차분한 마음으로 일과 사물에 응대하는 사람이라면 비록 글을 읽지 않았다고 해도 덕이 있는 군자라 할 수 있다.

—『경행록』

들뜬 마음을 차분히 가라앉히고 평정심을 유지하는 사람은,

어떤 상황이라도 흔들림이 없이 일을 처리하고 사물을 마주한다. 그런 사람이라면 설령 책 한 권 읽지 않았다고 해도 덕이 있는 군자로 인정할 수 있다. 공부의 목적은 평정심을 잃지 않는 데 있기 때문이다.

51

『禮記』曰: 君子姦聲亂色, 不留聰明; 淫樂慝禮, 不接心術; 惰慢邪僻之氣, 不設於身體, 使耳目鼻口心知百體, 皆由順正以行其義.

군자는 간사한 소리와 어지러운 빛깔을 귀와 눈에 머물게 하지 않고, 음란한 음악과 사특한 예절을 마음에 접하지 않으며, 나태하고 비뚤어진 기운이 신체에 닿지 않게 한다. 귀와 눈과 코와 입과 마음과 지각 그리고 몸 전체가 모두 순조롭고 올바른 길을 따라 의롭게 움직이도록 한다.

—『예기』「악기(樂記)」

52

『景行錄』云: 古人修身以避名, 今人飾己以要譽. 所以古人臨大節而不奪, 今人見小利而易守. 君子人則無古今, 無治無亂, 出則忠, 入則孝, 用則智, 舍則愚.

옛사람은 자신을 수양하며 명예를 피하였으나, 지금 사람은 자신을 잘 꾸며 명예를 추구한다. 그러니 옛사람은 큰일에 닥쳐서 절의를 잃지 않았으나, 지금 사람은 작은 이익을 보고도 지조를 바꾼다. 옛날이든 지금이든 치세이든 난세이든 가리지 않고, 군자다운 사람이라면 세상에 나가서는 충성하고 집에 들어와서는 효도하며, 쓰이면 지혜를 발휘하고 버림받으면 바보스럽게 지낸다.

—『경행록』

53

老子曰: 萬般求法, 不如修身; 千種多般, 不如禁口.

만 가지 진리를 구하기보다 차라리 자신을 수양하고
천 가지 다양한 대책을 내놓기보다 차라리 입을 다물어라.

—노자

둔황에서 출토된 「어떻게 도를 닦느냐는 양 무제의 질문에 답한 시[答梁武帝問如何修道]」의 "천 가지로 지혜가 많아도 입을 다무는 것보다는 못하고, 만 가지로 진리를 구해도 마음 살피는 것에는 미치지 못한다.[千種多知, 不如禁口; 萬般求法, 不及看心.]"라는 구절에서 나온 속담이다. 어제본에서는 출전을 속언으로 밝혔는데, 내용은 조금 다르다. 현재 전하는 『노자』에는 나오지 않는다.

54

太公曰: 身須擇行, 口須擇言.

몸은 행동을 가려서 해야 하고
입은 말을 가려서 해야 한다.

—『태공가교』

55

『直言訣』曰: 治家治身者, 猶如[構屋]. 構屋者先固基址, 立身者先要其德行, 成家者先要其產業, 治家者須葺其房屋. 屋舍修可以庇人物, 立身可以奉神明, 全家可以安老幼, 治國可以保君子. 若基址不實, 屋必崩壞. 心行若虛, 身體危辱, 家必喪亡. 百姓離亂, 國必顚墜, 君臣何保? 家若喪亡, 長幼何托? 身若危辱, 神命何安? 摧崩房舍, 人物何庇? 成敗如斯, 熟可察也.

집안을 다스리고 자신을 다스리는 일은 집을 짓는 것과 같다. 집을 짓는 사람은 집터를 먼저 단단하게 다져야 하고, 세상에서 행세하려는 사람은 덕행을 먼저 닦아야 하며, 가정을 이루려는 사람은 생업을 먼저 마련하여야 하고, 집안을 다스리는 사람은 모름지기 방을 잘 지어야 한다. 집과 방이 잘 갖추어져야 사람을 보호할 수 있고, 세상에서 행세하여야 신명(神明)을 받들 수 있으며, 집안이 온전하여야 어른과 아이가 편안히 지낼 수 있고, 나라를 잘 다스려야 군자를 보전할 수 있다.

집터가 부실하면 집은 반드시 무너진다. 그렇듯이 마음과 행동이 허황하면 몸은 위태롭고 욕을 당하며, 집안은 반드시 망해서 없어진다. 백성이 흩어지고 혼란하면 나라는 반드시 기울고 무너지니 임금과 신하가 어떻게 보전되랴? 집안이 망해서 없어지면 어른과 아이가 어디에 의탁하랴? 몸이 위태롭고 욕을 당하면 신명이 어떻게 편안하랴? 집과 방이 무너지면 사람과 물건을 어떻게 보호하랴? 성공과 실패가 이와 같으니 깊이 살펴보아야 한다.

—『직언결』

자신과 가정, 나라를 튼튼하게 유지하는 선결 조건을 말한 글이다. 이를 집을 짓는 건축에 비유하여, 집의 기초를 튼튼히 다지고 그 기초 위에 방을 만들 듯이 자신과 가정, 국가의 기초를 튼튼히 다져야만 성공을 거두고 실패하지 않는다고 하였다. 현재 전하는 『진언요결』에는 나오지 않고, 『문사교림』 224에 전문이 실려 있다. 다만 글자와 문장에 차이가 크다. 『신집』 230에서는 앞의 네 구절만 간추려 실었다.

56

『警身錄』曰: 聖世獲生, 始覺寸陰勝尺璧. 豈不去邪從正·惜身重命? 如人未歷於事, 當明根葉之異·禍福之殊. 根葉者, 賢良篤行信爲本, 正直剛毅枝葉也. 父母己身性爲本, 妻子財物枝葉也. 一家之內糧爲本, 不急之物枝葉也. 免辱免刑仁爲本, 倚財靠力枝葉也. 疾病欲痊藥爲本, 信卜巫醫枝葉也. 萬事無過實爲本, 巧言粧飾枝葉也. 恩親賢良敬爲本, 私好之人枝葉也. 衣食飽煖業爲本, 浮蕩之財枝葉也. 爲官治訟法爲本, 恣意疑斷枝葉也. 是故有根無葉, 可以待時, 有葉無根, 甘雨所不能活也. 若務本業, 勤謹儉用, 隨時知足, 孝養父母, 誠於爭鬪, 守分安身, 遠惡近善, 知過必改, 善調五臟, 以避寒暑, 不必問命, 此眞福也.

태평한 세상에 태어나 짧은 시간이 값비싼 옥보다 소중함을 비로소 깨달았다. 사악함을 버리고 올바름을 따르며 몸을 아끼고 생명을 소중히 여기지 않을 수 있겠는가? 세상일을 두루 겪어 보지 못한 사람은 뿌리와 잎의 차이를, 화와 복의 다름을 분명히 알아야 한다. 뿌리와 잎은 이런 차이가 있다. 어질고 선량하며 독실한 행위에는 믿음이 뿌리이고, 정직함과 굳셈이 가지와 잎이다. 부모와 내 몸에는 성품이 뿌리이고, 처자식과 재물은 가지와 잎이다. 한집안 안에서는 양식이 뿌리이고, 긴요하지 않은 물건은 가지와 잎이다. 치욕과 형벌을 벗어나는 데는 어짊이 뿌리이고, 재물에 의지하고 세력에 기대는 것은 가지와 잎이다. 질병을 고치는 데는 약이 뿌리이고, 점을 치고 푸닥거리하여 치료하는 짓은 가지와 잎이다. 세상만사에서 잘못하지 않으려면 진실함이 뿌리이고, 교묘한 말과 겉치레는 가지와 잎이다. 현명한 사람과 가까이하려면 공경함이 뿌리이고, 사사로이 좋아하는 사람은 가지와 잎이다. 배불리 먹고 따뜻하게 입으려면 생업이 뿌리이고, 들떠서 허황하게 얻은 재물은 가지와 잎이다. 관리가 되어 송사를 다스리려면 법이 뿌리이고, 자의적 판단은 가지와 잎이다. 이런 까닭에 뿌리가 있고 잎이 없으면 때가 오기를 기다릴 수 있으나, 잎이 있고 뿌리가 없으면 단비가 내려도 살릴 수 없다.

본업에 힘을 써서 부지런히 일하고 검소하게 생활하라. 시대 형편을 따라 만족할 줄 알고, 부모에게 효도하여 봉양하라. 다투거나 싸우지 말고 분수를 지키고 몸을 편안히 하라. 악을 멀리하고 선을 가까이하며, 허물을 알아차리면 반드시 고쳐라. 오장육부를 조화롭게 다스리고 무더위와 큰 추위를 피하라. 이렇게 한다면 굳이 앞날의 일을 점치지 않아도 좋으니, 이야말로 참된 복이다.

—『경신록』

삶에서 무엇이 근본이고 무엇이 지엽인지를 구분하여 행동하고, 어떻게 하는 것이 화를 부르고 어떻게 하는 것이 복을 부르는지 분간하여 행동할 것을 충고하였다. 『경신록』은 이 1개조만이 출전으로 나오는데, 지은이와 지은 시기는 미상이다. 『치가절요』 하권 「질병」에서 "질병을 낫게 하는 데는 약이 뿌리다."라는 구절을 인용하여 치료의 근본과 지엽을 설명하였다.

57

『景行錄』云: 禍莫大於從己之欲, 惡莫甚於言人之非.

자기 욕망을 실컷 즐기는 것보다 더 큰 재앙은 없고
남의 잘못을 말하는 것보다 더 심한 악행은 없다.

—『경행록』

58

子曰: 君子欲訥於言, 而敏於行.

군자는 말을 유창하게 하지는 못해도 행동은 민첩하게 하려 한다.

— 공자

말하기는 쉬워도 행동하기는 어렵기에 어진 사람도 말을 아끼고 행동을 앞세운다. 출전은 『논어』 「이인」이다.

59

武蘇曰: 一言之益, 重於千金; 一行之虧, 毒如蛇蝎.

유익한 말 한마디는 천금보다 무게가 나가고
비뚤어진 행동 하나는 뱀이나 전갈처럼 해독이 크다.
— 무소

『신집』 250에는 무후가 한 말로 실려 있는데, 내용은 조금 다르다.

60

『近思錄』云: 懲忿如救火, 窒慾如防水.

불을 끄듯이 타오르는 분노를 잠재우고
물을 막듯이 솟구치는 욕망을 없애라.
—『근사록』

끓어오르는 분노를 가라앉히고 솟구치는 욕망을 막아야 평정한 마음을 유지하고 올바른 판단을 할 수 있다. 주자가 한 말로 손괘(損卦)를 풀이한 『주자어류』 권72에 나온다. 저본에서 출전을 『근사록』

으로 밝힌 것은 오류이다. "구화(救火)"가 저본에는 "고인(故人)"으로 되어 있으나 오류이다. 흑구본과 중간본에 따라 바로잡았다.

61

『夷堅志』云: 避色如避讐, 避風如避箭. 莫喫空心茶, 少食中夜飯.

원수를 피하듯 성관계를 피하고
화살을 피하듯 바람을 피하라.
빈속에는 차를 마시지 말고
한밤에는 식사를 적게 하여라.
—『이견지』

일상생활에서 피하고 주의하면 좋을 금기를 건강을 유지하는 양생법으로 제시하였다. 출전은 원나라 때 나온 『호해신문이견속지(湖海新聞夷堅續志)』로, 남송 때 사람인 홍매(洪邁, 1123년~1202년)의 『이견지(夷堅志)』를 본떠 지은 책이다. 송대에 나온 호자(胡仔, 1110년~1170년)의 시화 『초계어은총화(苕溪漁隱叢話)』「송조잡기(宋朝雜記)」와 『사림광기』「양생경어(養生警語)」 등에 먼저 나온다. 시화에서는 이 구절이 송대 초엽의 유명한 인물이 지은 작품이며 인생길에 경계가 될 만한 좌우명이라고 하였다. 나중에는 양생법의 하나로 널리 쓰였다. 『박통사언해』 하권에 "옛사람이 이르되, 밤에 밥을 한 숟

갈 적게 먹으면, 아흔아홉 살까지 산다고 한다.[古人道, 夜飯少一口, 活到九十九.]"라는 원대의 속담을 인용하였는데, 마지막 구절을 뜻하는 속담이다.

62

利不苟貪終禍少, 事能常忍得身安. 頻浴身安頻慾病, 學道無憂學道難.

이익을 탐하지 않으면 끝내 화가 줄어들고
매사에 늘 참으면 몸이 편안해진다.
자주 씻으면 몸이 건강하나 자주 욕심내면 병이 나며
도를 배우면 걱정이 없으나 도를 배우기가 어렵다.

63

太公曰: 貪心害己, 利口傷身.

탐욕스러운 마음은 자기를 해치고
교묘한 말재주는 몸을 상하게 한다.
—『태공가교』

『태공가교』와 『신집』 236에 실려 있다.

64

『景行錄』云: 聲色者, 敗德之具; 思慮者, 殘生之本.

가무와 미색은 품행을 망치는 물건이고
잡념과 염려는 생명을 줄이는 근원이다.

—『경행록』

65

荀子曰: 無用之辨, 不急之察, 棄而勿治. 若夫君臣之義, 父子之恩, 夫婦之別, 則日切磋而不舍也.

쓸데없는 논쟁과 급하지 않은 추궁은 내버려 두고 하지 말라. 반면에 임금과 신하 사이의 의리와 아버지와 아들 사이의 은혜, 남편과 아내 사이의 분별은 버려두지 말고 날마다 토론하여야 한다.

—『순자』「천론(天論)」

66

子曰: 衆好之, 必察焉; 衆惡之, 必察焉.

다수의 사람이 좋아해도 반드시 살펴야 하고
다수의 사람이 미워해도 반드시 살펴야 한다.
— 공자

『논어』「위령공(衛靈公)」에 나오는 공자의 가르침으로, 다수의 판단을 맹목적으로 따라가면 그릇되게 판단할 수 있다는 위험성을 말하고 있다. 여론에 따른 평판은 조작되거나 왜곡되기 쉽다. 평판이 좋은 사람에게 위선이 숨어 있기도 하고, 평판이 나쁜 사람에게 진실한 가치가 숨어 있기도 하다. 현대 사회는 더 자주, 더 사악하게 여론과 평판을 조작하여 대중의 판단력을 흐려 놓는다. 냉정한 판단력이 있어야 평판에 휘둘리지 않는다.

67

太甲曰: '天作孽, 猶可違; 自作孽, 不可活.' 此之謂也.

『서경』「태갑(太甲)」에서 "하늘이 내린 재앙은 그래도 피할 수 있으나,

스스로 만든 재앙은 벗어날 수 없다."라고 하였으니 화를 스스로 불러들였음을 말한다.

『맹자』「공손추 상(公孫丑上)」에서 『서경』「태갑」을 인용하여 한 말을 전재하였다. 똑같은 구절이 『신집』 206에 나온다.

68

『景行錄』云: 聞善言則拜, 告有過則喜, 有聖賢氣象.

좋은 말을 듣고서 절을 하거나 잘못한 일을 지적당하고 기뻐한다면 성현의 기상이 보인다.

—『경행록』

다음 69조에 나오는 자로와 우(禹)임금의 행적을 두고 한 말이다.

69

子路聞過則喜，禹聞善言則拜.

잘못을 지적하는 말을 들으면 자로는 기뻐하였고
좋은 말을 들으면 우임금은 절을 하였다.

자로는 공자의 제자이고, 우임금은 중국사에서 첫 왕조 국가인 하(夏)나라의 시조이다. 이 말은 『맹자』 「공손추 상」에 나오는 문장을 다듬어 썼다.

70

節孝徐先生訓學者曰: 諸君欲爲君子，而使勞己之力，費己之財，如此而不爲君子，猶可也. 不勞己之力，不費己之財，諸君何不爲君子? 鄕人賤之，父母惡之，如此而不爲君子，猶可也. 父母欲之，鄕人榮之，諸君何不爲君子?

여러분은 군자가 되고 싶지 않은가? 힘을 많이 들이고 재물을 많이 써야 한다면, 그래서 군자가 되고 싶지 않다고 한다면 그래도 말은 된다. 하지만 힘을 들이지도 않아도 되고 재물을 쓰지 않아도 되는데 여러분은 어째서 군자가 되려고 하지 않는가? 고을 사람들이 업신여기고 부모가 싫어한다면, 그래서 군자가 되고 싶지 않다고 한다면 그래도 말은 된다. 하지만 부모가 바라고 고을 사람들이 영예롭게 여기는데도 여러분은 어째서 군자가 되려고 하지 않는가?

— 절효처사 서적의 「학생 훈계」

스승이 제자들에게 군자가 되라고 절절하게 권유한 글이다. 서적(徐積, 1028년~1103년)은 북송 때의 산양(山陽) 사람으로, 자는 중거(仲車)이고 시호는 절효처사(節孝處士)이다. 호원(胡瑗, 993년~ 1059년)에게 배웠는데, 효성과 후덕한 인품으로 이름이 높았다. 그가 한 훈계는 『소학』 「가언」에 실려 널리 알려졌다.

71

『論語』云: 夫子時然後言, 人不厭其言; 樂然後笑, 人不厭其笑; 義然後取, 人不厭其取.

적절할 때 말하니 남들이 그의 말을 싫어하지 않고
즐거울 때 웃으니 남들이 그의 웃음을 싫어하지 않으며
의로울 때 이익을 취하니 남들이 그가 취한 이익을 싫어하지 않는다.

—『논어』「헌문」

72

酒中不語眞君子, 財上分明大丈夫.

술을 마실 때는 말이 많지 않아야 진정한 군자이고
금전 거래에서는 계산이 분명해야 대장부이다.

원대 이후 희곡에 자주 나오는 성어로, 두 구절을 함께 쓰기도 하고 독립하여 쓰기도 한다. 술을 마시다 보면 해서는 안 될 말실수를 하기 쉬운데, 술을 마시면서도 허튼 말을 하지 않는다면 진정한 군자이다. 금전을 거래하면서 너그럽고 대범한 태도를 취하는 것을 대장부답다고 오해하는 이가 있다. 그러나 계산이 정확하지 않으면 끝에 가서는 친구 관계가 망가진다. 아리스토텔레스(기원전 384년~기원전 322년)도 『에우데모스 윤리학』에서 "훌륭한 계산이 훌륭한 친구를 만든다."라고 하였다.

73

『大學』云: 富潤屋, 德潤身.

부는 집을 윤택하게 하고

덕은 몸을 윤택하게 한다.

—『대학』

74

寧可正而不足, 不可邪而有餘.

올바르면서 가난하게 사는 것은 옳고
부정하면서 넉넉하게 사는 것은 옳지 않다.

부자가 되려고 노력하는 것은 좋으나, 올바른 방법으로 재물을 불려야 한다는 뜻이다. 검루(黔婁)는 춘추시대 노(魯)나라의 은사로, 몹시 가난하여 죽었을 때는 시신을 덮을 만한 이불조차 없었다. 증자가 조문하러 가서 보니, 시신을 덮은 베 이불이 짧아 머리를 덮으면 발이 나오고, 발을 덮으면 머리가 나왔다. 이에 "이불을 비스듬히 당겨서 덮으면 가릴 수 있다."라고 조언하니, 검루의 아내가 "이불을 비스듬히 당겨 넉넉하게 덮기보다는 차라리 반듯하게 덮어서 모자란 게 더 낫다.[斜而有餘, 不如正而不足也.]"라고 말하였다. 『열녀전』「노검루처(魯黔婁妻)」에 나온다.

75

『景行錄』云: 爲人要忠厚. 若刻愎大甚, 不肖之子應之矣.

사람은 됨됨이가 충직하고 후덕해야 한다. 만약 지나치게 각박하고 까다로우면 그 응보로 못난 자식이 나온다.

—『경행록』

"퍅(愎)"이 저본과 중간본 등에 "전(悛)"으로 쓰였으나, 오자로 보여 수정하였다.

76

德勝才爲君子, 才勝德爲小人.

덕망이 재주보다 나은 사람은 군자이고
재주가 덕망보다 나은 사람은 소인이다.

『자치통감』「주기(周紀)」에서 사마광이 "덕망이 재주보다 나으면 군자이고, 재주가 덕망보다 나으면 소인이다.[德勝才謂之君子, 才勝德謂之小人.]"라고 한 글에서 나왔다. 저본과 흑구본에는 "재주[才]"가

“재물[財]”로 되어 있으나, 중간본을 따라 수정하였다.

77

子曰: 良藥苦口利於病, 忠言逆耳利於行.

좋은 약은 입에는 써도 병에는 이롭고
충직한 말은 귀에는 거슬려도 행실에는 이롭다.
— 공자

출전은 『공자가어』 「육본」이다.

78

作福不如避罪, 避禍不如省非.

복을 짓는 것은 죄를 피하는 것보다 못하고
화를 피하는 것은 잘못을 줄이는 것보다 못하다.

79

萬事從寬, 其福自厚.

모든 일을 너그럽게 처리하면 복은 절로 두터워진다.

매사에 각박하게 굴지 않고 너그럽게 처리하는 사람에게는 자연스럽게 복이 쌓인다. 관대한 태도는 남에게 이익을 주고 주변에 생기를 돌게 하며, 결국에는 이익을 가져온다.

80

成人不自在, 自在不成人.

성공한 사람이 되려면 안일하게 살아서는 안 되고
안일하게 살아서는 성공한 사람이 될 수 없다.

안일하고 나태해서는 성공한 사람이 될 수 없으니 부지런히 노력하여야 한다. 송나라 때의 유명한 속담으로 나대경(羅大經)의 필기 『학림옥로(鶴林玉露)』 권9에 나온다. 주자는 짤막한 편지에서 이 속담을 인용하고 "이 말이 속되기는 하지만 정말 딱 절실한 말이므로 부디 노력하기 바란다."라고 하였다. 정조 때의 학자 이만운(李萬運, 1736년~1820년)은 아들에게 준 시에서 "쓰린 고생 맛보아야 달콤한 경지에 이르니, 산중에 머무르되 학업을 게을리 말라. 성공한 사람이 되려면 안일하게 살아서는 안 된다는, 진중하게 내려 준 주자의 편지첩을 잘 살펴보아라.[喫些辛苦方甜境, 留處山中莫惰業. 看取成人不自在, 晦翁珍重垂遺帖.]"라고 써서 아들을 훈계하였다.

81

孔子曰: 君子有三恕. 有君不能事, 有人而求其事, 非恕也; 有親不能報, 有子而求其孝, 非恕也; 有兄不能敬, 有弟而求其聽令, 非恕也. 士明於此三恕, 則可以端身矣.

군자에게는 세 가지 너그러움이 있다. 군주는 제대로 섬기지 못하면서 아랫사람에게는 복종하기를 요구하니 이는 너그러움이 아니다. 부모에게는 은혜를 갚지 못하면서 자식에게는 효도하기를 요구하니 이는 너그러움이 아니다. 형에게는 공손하지 않으면서 아우에게는 순종하기를 요구하니 이는 너그러움이 아니다. 선비가 이 세 가지 너그러움을 분명하게 이해한다면 처신을 똑바로 할 수 있다.

— 공자

저본 등에는 모두 공자가 그 제자인 자공으로 되어 있다. 『순자』

「법행(法行)」과 『공자가어』 「삼서(三恕)」를 근거로 수정하였다.

82

老子曰: 自是者不明, 自足者不彰, 自伐者無功, 自矜者不長.

저만 옳다는 사람은 사리에 어둡고

스스로 만족하는 사람은 돋보이지 않으며

제 자랑만 하는 사람은 성공하지 못하고

스스로 우쭐대는 사람은 크게 되지 못한다.

—『노자』 24장

83

劉會曰: 積穀帛者, 不憂飢寒; 抱道德者, 不畏凶邪.

곡식과 비단을 쌓아 둔 자는 배고픔과 추위를 걱정하지 않고

도리와 덕망을 품은 자는 흉악함과 사악함을 겁내지 않는다.

— 유회

물질을 갖추기는 쉬워도 인격을 갖추기는 어렵다. 세상 사람은 곡식과 비단을 축적하여 곤궁할 때를 대비할 줄은 알아도 도리와 덕망을 충실하게 갖추어 닥쳐올 곤경과 액운에 대비할 줄은 모른다. 『신집』 3에 유회의 글로 나온다. 본디 『진언요결』 권1에 나오는 말인데, 『문사교림』 52에서는 출전을 『진언결』로 옳게 밝혔다. 유회는 문헌에서 확인할 수 없는 인물로, 저본에는 도회(刀會)로 되어 있으나 오류이다. 『신집』에는 유회의 격언이 다수 실려 있고, 『명심보감』에도 3개조가 실려 있다. 『진언요결』은 불교의 윤리를 평이하게 설명한 당나라 때의 저술로, 『명심보감』에서는 격언 10개조를 이 책에서 초록하였다.

84

太公曰: 欲量他人, 先須自量. 傷人之語, 還是自傷. 含血噴人, 先汙其口.

남을 가늠하려면 먼저 자신을 가늠해 보라.
남을 해치는 말은 도리어 자신을 해친다.
피를 머금어 남에게 뿜으면 제 입술부터 더럽힌다.

—『태공가교』

"주제도 모르고 깝죽거린다."라는 속된 말이 있다. 함부로 남을 평가하고 남을 욕하다가는 된통 당할 수 있다. 남이 아니라 자기가 자기의 적이 된다. 피를 한입 머금고 남에게 뿜어 보라. 남을 더럽히기 전에 먼저 제 입술부터 더럽힌다. 『태공가교』와 『신집』 248에 나오는 내용을 축약하여 만든 잠언이다.

85

老子曰: 大辯若訥, 大巧若拙. 澄心清淨, 可以安神. 讒口多言, 自亡其身.

최고의 언변은 어눌해 보이고
최고의 기교는 서툴게 보인다.
마음을 맑게 가져 청정해지면 정신이 안정되지만
남을 헐뜯어 말이 많아지면 자신을 망가뜨린다.
—『노자』

현란한 언변과 기교를 발휘하고 능력을 과시하고 싶은 게 인간의 욕망이다. 그러나 말은 달변보다는 어눌한 것이, 기교는 능란하기보다는 서툰 것이 나을 때가 많다. 달변과 기교에 자만하다가 저 자신을 망가뜨리기 쉽다. 『노자』를 인용한 『신집』 166을 재인용하였다. 앞의 두 구절은 『노자』 45장의 글이나, 그 뒤의 글은 『노자』에 나오지 않는다.

86

太公曰: 貧而雖懶, 富而雖力.

게으름이 쌓여 가난해지고, 부지런함이 쌓여 부유해진다.

—『태공가교』

『태공가교』13단에는 "가난한 사람 중에는 게으른 자가 많고, 부자 중에는 부지런한 자가 많다.[貧人多懶, 富人多力.]"라는 조금 다른 문장으로 나온다. 우리 속담에 부지런한 부자는 하늘도 못 막는다고 했다.

87

孔子食不語, 寢不言.

공자는 식사할 때 대화를 나누지 않았고, 침상에서는 말을 하지 않았다.

출전은 『논어』「향당(鄕黨)」이다.

88

『論語』云: 寢不尸, 居不容.

공자는 침상에서 죽은 듯이 눕지 않았고, 평소에는 용모를 꾸미지 않았다.

—『논어』「향당」

89

荀子云: 良農不爲水旱不耕, 良賈不爲折閱不市, 士君子不爲貧窮怠乎道體.

훌륭한 농부는 홍수나 가뭄이 든다고 하여 농사를 그만두지 않고
훌륭한 장사꾼은 밑진다고 하여 매매를 그만두지 않으며
선비와 군자는 가난하다고 하여 진리 추구를 게을리하지 않는다.

—『순자』「수신」

90

孟子曰: 飮食之人, 則人賤之矣, 爲其養小以失大也.

먹을 것 밝히는 자를 사람들은 천하게 여기니, 사소한 입맛을 추구하느라 큰일을 놓치기 때문이다.

—『맹자』「고자 상」

91

凡戱無益, 惟勤有功.

그저 놀기만 하면 이로움이 없고
근면함만이 성공을 가져온다.

놀기에만 힘쓰면 그 어떤 이익도 거두지 못하고, 근면하게 일해야 끝에 가서 좋은 결과를 가져온다. 널리 알려진 격언으로 남송의 학자 왕응린(王應麟, 1223년~1296년)이 엮은 『삼자경(三子經)』에 나오는 "근면하면 성공을 거두고, 놀기만 하면 이익이 없다.[勤有功, 戱無益.]"가 있다. 척계광(戚繼光, 1528년~1588년)이 지은 병서 『기효신서(紀效新書)』에서는 "상말에 '근면함만이 성공을 가져온다.'라고 하였다. 직업의 귀천이나 기술의 높낮이를 따질 것 없이, 상인이 근면하면 부를 이루고, 농부가 근면하면 풍작을 거두며, 장인이 근면하면 기계가 정밀해져 살림이 넉넉해지고, 선비가 근면하면 덕망이 커지고 학업이 충실하다. 아무리 낮은 직책에 있는 사람이라도 하는 일에 근면하면 일을 완수하여 이름이 드러난다."라고 하여 근면함만이 성공의 결과를 가져온다고 하였다.

92

太公曰: 瓜田不納履, 李下不整冠.

참외밭에서는 신을 고쳐 신지 말고
자두나무 아래에서는 갓을 바로잡지 말라.
—『태공가교』

삼국시대 위(魏)나라의 문인 조식(曹植, 192년~232년)이 지은 악부시(樂府詩) 「군자행(君子行)」은 "군자는 일이 벌어지기 전에 막고, 의심받을 행동은 하지 않는다. 참외밭에서는 신을 고쳐 신지 않고, 자두나무 아래에서는 갓을 고쳐 쓰지 않는다.[君子防未然, 不處嫌疑間. 瓜田不納履, 李下不整冠.]"라는 유명한 구절로 시작된다. 『문선(文選)』과 『악부시집(樂府詩集)』 등에 실려 전한다. 의심받기 딱 좋은 행동을 하지 말라는 잠언이다. 저본에는 "불납(不納)"이 "물섭(勿躡)"으로 되어 있는데, 의미가 통하기는 하나 널리 알려진 원전을 근거로 수정하였다.

93

孟子曰: 愛人不親反其仁, 治人不治反其智, 禮人不答反其敬.

사람을 사랑해도 가까워지지 않으면 내가 어진지를 반성하고
사람을 다스려도 잘 다스려지지 않으면 내가 지혜로운지를 반성하며
사람을 예우해도 답례하지 않으면 내가 그를 존중하는지를 반성한다.

—『맹자』「이루 상」

94

『景行錄』云: 自滿者敗, 自矜者愚, 自賊者忍.

스스로 만족해하는 사람은 실패하고
스스로 우쭐대는 사람은 어리석으며
스스로 해치는 사람은 잔인하다.

—『경행록』

95

太公曰: 家中有惡, 外已知聞; 身有德行, 人自稱傳.

집안에 나쁜 일이 있으면 밖에서 벌써 알아차리고
사람에게 덕행이 있으면 남들이 알아서 칭송한다.

—『태공가교』

96

人非賢莫交, 物非義莫取, 忿非善莫舉, 事非是莫說.

謹則無憂, 忍則無辱, 靜則常安, 儉則常足.

사람은 어질지 않으면 사귀지 말고
물건은 의롭지 않으면 취하지 말라.
착하지 않은 분노는 일으키지 말고
옳지 않은 일은 주장하지 말라.
삼가면 근심이 없고
참으면 치욕이 없다.
조용하면 늘 편안하고
검소하면 늘 넉넉하다.

두 가지 주제의 격언을 하나의 격언으로 묶었다. 흑구본과 중간본도 마찬가지이다. 각각 『사림광기』 「처기경어(處己警語)」와 『거가필용』 「성심잡언」에 따로 실려 있고, 주제도 문체도 달라서 "삼가면 근심이 없고[謹則無憂]" 이후를 별개의 격언으로 구별하는 것이 옳다. 어제본에서는 출전을 『경행록』으로 밝혔다.

97

『曲禮』曰: 敖不可長, 慾不可從, 志不可滿, 樂不可極.

오만함을 키워서는 안 되고
욕심을 마음껏 부려서는 안 되며
뜻을 다 채워서는 안 되고
쾌락을 극도로 누려서는 안 된다.

—『예기』「곡례」

98

『素書』云: 行足以爲儀表, 智足以決嫌疑, 信可以守約, 廉可以分財.

행동은 사람들에게 본보기가 되어야 하고
지혜는 의혹을 명확히 분별하여야 한다.
믿음성이 있어 약속을 잘 지킬 수 있어야 하고
청렴하여 재물을 공정하게 나눌 수 있어야 한다.

—『소서』「정도(正道)」

99

『景行錄』云: 心可逸, 形不可不勞; 道可樂, 身不可不憂. 形不勞, 則怠惰易蔽; 身不憂, 則荒淫不定. 故逸生於勞而常休, 樂生於憂而無厭. 逸樂者, 憂勞其可忘乎?

마음이 편안하더라도 몸에는 수고함이 있어야 하고
도를 즐기더라도 몸에는 걱정함이 있어야 한다.
몸이 수고하지 않으면 나태함에 빠지기 쉽고
몸에 걱정함이 없으면 향락에 빠져 제멋대로다.
그러니 편안함은 수고함에서 나와야 항상 느긋하고
즐거움은 걱정함에서 나와야 지겹지 않다.

편안하고 즐겁다고 수고함과 걱정함을 잊어야 되겠는가?

—『경행록』

마음이 편안한 것과 도를 즐기는 것은 인생에서 누리는 흔치 않은 쾌락이다. 그러나 그 쾌락을 오래 유지하려면 다른 조건이 필요하다. 나태함에 빠지지 않도록 몸을 항상 움직여 수고하여야 하고, 향락에 빠져 방종하지 않도록 일정한 걱정거리가 있어야 한다. 프랑스의 문인 보브나르그(Vauvenargues) 후작이 『성찰과 잠언(Réflexions et Maximes)』에서 "정신의 활기를 간직하기 위해서는 몸의 활력을 유지해야 한다."라고 한 잠언과 같은 취지이다. 편안함과 수고함, 즐거움과 걱정 사이에는 적절한 긴장 관계가 유지되어야 한다.

100

心無諂曲, 與霹靂同居.

마음이 아첨을 좋아하지 않고 비뚤어지지 않았다면, 벼락과 함께 지내도 좋다.

옛날에는 흔히 죄를 지은 자에게 하늘이 벼락을 때린다고 하였다. 심보가 고약하거나 비뚤어져서 벼락 맞을 짓을 하지 않았다면, 그 벼락과 친구처럼 지내도 아무 문제가 없다는 말이다. 널리 사용된 속담으로, 조선 후기의 문인 이상수(李象秀, 1820년~1882년)는 『일반록(一半錄)』에서 "마음에 부끄러움이 없다면, 벼락과도 함께 지낼 수 있다.[心無愧怍, 霹靂可與同居.]"라고 하였다.

101

『景行錄』云: 耳不聞人之非, 目不視人之短, 口不言人之過, 庶幾君子.

귀로는 남의 잘못을 듣지 않고
눈으로는 남의 흉을 보지 않으며
입으로는 남의 허물을 말하지 않아야 군자답다.

—『경행록』

남의 결함은 잘 보이나 내 결함은 안 보인다. 로마의 철학자 세네카(Seneca, ?~65년)는 『분노에 대하여(De Ire)』에서 "우리는 눈에는 남의 흉을, 등에는 우리의 흉을 담고 있다."라고 하였다. 우리 속담에도 "노구솥이 가마솥보고 검다고 한다."와 "똥 묻은 개가 겨 묻은 개 나무란다."라는 말이 있다.

102

門內有君子, 門外君子至; 門內有小人, 門外小人至.

문안에 군자가 있으면 문밖에서 군자가 찾아오고
문안에 소인이 있으면 문밖에서 소인이 찾아온다.

군자다운 사람에게는 군자가 꾀고, 소인다운 사람에게는 소인이 꾄다.『거가필용』「성심잡언」에 나오는 속담이다.

103

太公曰: 一行有失, 百行俱傾.

한 가지 행동이 잘못되면 온갖 행동이 다 어그러진다.
—『태공가교』

104

『素書』云: 短莫短於苟德, 孤莫孤於自恃.

얻지 말아야 할 것을 얻은 것보다 더 짧게 가는 것은 없고
제 능력을 믿고 오만한 자보다 더 외로운 사람은 없다.
—『소서』「본덕종도(本德宗道)」

원문의 "덕(德)"은 "득(得)"과 같아서 얻는다는 뜻이다.

105

老子曰: 鑑明者, 塵埃不能汙; 神清者, 嗜慾豈能膠矣?

맑은 거울을 먼지가 더럽히지 못하니
맑은 정신에 탐욕이 어찌 달라붙으랴?
—노자

맑으면 거울에 먼지가 들러붙지 못하듯이, 현명한 사람의 맑은 정신에는 탐욕과 정욕이 달라붙을 수 없다. 『신집』 19를 재수록한 글로, 현재 전하는 『노자』에는 나오지 않는다. 『문사교림』 49에서는

“제 능력을 믿고 오만한 자보다 더 외로운 사람은 없다.[孤莫孤於自恃.]”라는 104조의 격언을 쓴 안중근(安重根, 1879년~1910년)의 글씨. 비단에 먹으로 쓴 글씨로, 보물로 지정되었다. 개인 소장. 1910년 2월에 중국 뤼순 감옥에서 사형 집행을 한 달 앞두고 쓰고 손바닥 도장을 찍었다.

『태공가교』에 나오는 말로 인용하였고, “기(豈)”를 “불(不)”로 썼다.

106

『書』云: 不矜細行, 終累大德.

사소한 행동을 조심하지 않으면 끝에 가서는 큰 덕망에 해를 끼친다.

—『서경』「여오(旅獒)」

107

子曰: 君子泰而不驕, 小人驕而不泰.

군자는 의젓할 뿐 교만하지 않고

소인은 교만할 뿐 의젓하지 않다.

—공자

출전은 『논어』「자로」이다.

108

荀子云: 聰明聖智, 不以窮人; 齊給速通, 不爭先人; 剛毅勇敢, 不以傷人. 不知則問, 不能則學, 雖能必讓, 然後爲德.

총명하고 지혜롭더라도 그 점을 이용해 남을 곤경에 빠뜨리지 않고
민첩하고 영특하더라도 그 점을 이용하여 남을 앞지르지 않으며
굳세고 용감하더라도 그 점을 이용하여 남을 해치지 않는다.

모르는 게 있으면 남에게 묻고, 못하는 게 있으면 남에게 배운다. 설령 능력이 있어도 반드시 남에게 양보하니 그렇게 하여야 후덕한 사람이다.

—『순자』「비십이자」

109

『賢士傳』曰: 色不染, 無所穢; 財不貪, 無所害; 酒不貪, 無所觸. 不輕他自厚, 不屈他自安, 心平則無怨惡.

욕정에 물들지 않으면 몸을 더럽힐 일이 없고
재물을 탐내지 않으면 해를 입을 일이 없으며
음주를 탐하지 않으면 남과 부딪힐 일이 없다.

남을 경시하여 자신을 높이지 않고
남을 굴복시켜 자신을 편하게 하지 않으니
마음이 평화로우면 원망도 미움도 없어진다.
—『현사전』

『현사전(賢士傳)』을 인용한 『신집』 367을 재인용하였다. 『현사전』은 누가 언제 지은 책인지 미상이다. 문장은 많이 수정하였다.

110

老子曰: 聖人積德不積財. 執道全身, 執利招害.

성인은 덕망을 쌓을 뿐 재물을 쌓지 않는다.
도리에 집착하면 몸이 온전하고, 이익에 집착하면 해를 부른다.
—노자

『신집』 242를 재인용하였다. 원출전은 『노자』 하상공 주로, 앞 구절은 「현질(顯質)」의 "성인은 재물을 쌓아 두지 않는다.[聖人不積.]"에 대한 주석이고, 뒤 구절은 「수미(守微)」의 "집착하는 자는 재물을 잃는다.[執者失之.]"에 대한 주석이다.

111

蔡伯喈曰: 喜怒在心, 言出於口, 不可不愼也.

기쁨과 분노가 마음속에서 들끓으면 입에서 말이 솟구쳐 나오니 삼가지 않아서는 안 된다.

— 채옹

말이 한번 입 밖으로 나가면 엎어진 물과 같아, 도로 담을 수 없다. 입 밖으로 나간 말은 재앙으로 변하여 돌아오기도 한다. 그래서 입은 환난의 관문이자 몸을 망치는 창고라고 하니 조심할 일이다. 채옹(蔡邕, 133년~192년)은 후한 말기의 학자로, 자는 백개(伯喈)이다. 학문과 글씨에 뛰어나 명성이 높았다. 저서로는 『독단(獨斷)』과 문집 『채중랑집(蔡中郎集)』이 있다. 이 글은 채옹의 저서에는 나오지 않고 『신집』 160에 나온다.

112

衛伯曰: 寬惠博愛, 養身之基; 好問勤學, 立身之本.

은혜를 두루 베풀고 사람을 널리 사랑함은 자신을 수양하는 기반이고 묻기를 좋아하고 부지런히 배움은 세상에서 자신을 세우는 근본이다.

— 위백

『문사교림』 권상과 『신집』 133에서 인용한 격언으로, 두 책에는 "무게 있고 근엄함은 사람의 큰 절도요, 겸손하고 공경함은 신중한 행동의 근본이다. 은혜를 두루 베풀고 사람을 널리 사랑함은 자신을 수양하는 기반이고, 묻기를 좋아하고 부지런히 배움은 세상에서 지혜를 세우는 근본이다.[矜莊嚴恪, 人之大節; 謙恕恭敏, 愼行之本; 寬惠博愛, 養身之基; 好問勤學, 立智之始.]"로 나온다. 문장과 글자에 차이가 많고, "위백(衛伯)"이 "위백유(衛伯儒)"로 되어 있다. 다른 문헌에서는 확인할 수 없는 인물이다. "호문근학(好問勤學)"이 저본 등에는 "근학자(勤學者)"로 되어 있으나, 문맥과 앞의 인용문에 따라 수정하였다.

113

子曰: 身居富貴而能下人者, 故何人而不與富貴? 身居人上而能愛敬者, 何人而不敢愛敬? 身居權職, 所行嚴肅者, 何人而不敢畏懼也? 發言而古, 動止合規, 何人敢違命者也?

부귀한 처지에 있으면서 남에게 몸을 낮추는 사람이면 누군들 그의 부귀를 인정하지 않겠는가? 남보다 높은 자리에 있으면서 남을 사랑하고 공경하는 사람이면 누군들 사랑하고 공경하지 않겠는가? 힘센 자리에 있으면서 의젓하게 처신하는 사람이면 누군들 경외하지 않겠는가? 말을 꺼내면 예스럽고 하는 행동마다 법도에 맞다면 누가 그 말을 어기겠는가?

— 공자

공자의 어록이나, 출전이 분명하지 않다.

114

『顔氏家訓』曰: 借人典籍, 皆須愛護, 先有缺壞, 就爲補治, 此亦士大夫百行之一也.

남에게 책을 빌리면 어떤 책이든 아끼고 소중히 다루어야 한다. 빌리기 전에 이미 해지거나 찢어졌다면 보수해 준다. 이것이 사대부의 올바른 품행 가운데 하나이다.

—『안씨가훈』「치가(治家)」

책이 귀하고 값이 비싸서 소중히 여기던 시대의 윤리이다. 자기 책은 물론이고 남의 책이면 더욱 소중히 여겨 다루는 것이 공부하는 사람의 자세이다.『안씨가훈』은 북제의 학자 안지추가 자손을 경계한 교훈서이다. 총 2권 20편으로, 가족 윤리와 대인 관계, 경제생활의 주제를 다양한 체험과 풍부한 사례를 들어 설명하였다.『치가절요』 하권 「차환(借還)」에서 인용하여 책을 빌리고 잘 간직했다가 돌려주는 일을 설명하였다.

115

宰予晝寢, 子曰: "朽木不可雕也, 糞土之牆, 不可杇也."

제자인 재여가 한낮에 (여자와) 침실에 들어가니 공자가 "썩은 나무로는 조각할 수 없고, 썩은 흙담에는 흙손질할 수 없다."라며 꾸짖었다.

『논어』 「공야장」에 나오는 유명한 내용이다. 주자는 낮잠을 잔 재여(宰予)를 꾸짖었다고 풀이하였으나, 겨우 낮잠 좀 잤다고 심하게 꾸중했다니 이해하기 어렵다. 일본의 유학자 오규 소라이(荻生徂徠, 1666년~1728년)는 대낮에 여성의 공간인 내실로 들어갔다고 풀이하였는데, 그 해석이 합리적이다. 『홍길동전(洪吉童傳)』 첫대목에 홍길동의 아버지 홍 판서가 낮잠을 자다가 태몽을 꾸고 내실로 들어가 부인에게 혼나는 장면이 연상된다.

116

紫虛元君誡諭心文: 福生於清儉, 德生於卑退. 道生於安靜, 命生於和暢. 患生於多慾, 禍生於多貪. 過生於輕慢, 罪生於不仁. 戒眼莫看他非, 戒口莫談他短, 戒心莫恣貪嗔, 戒身莫隨惡伴. 無益之言莫妄說, 不干己事莫妄爲. 默默默, 無限神仙從此得; 饒饒饒, 千災萬禍一齊消. 忍忍忍, 債主冤家從此盡; 休休休, 蓋世功名不自由. 尊君王, 孝父母, 敬尊長, 奉有德, 別賢愚, 恕無識. 物順來而勿拒, 物旣去而勿追. 身未遇而勿望, 事已過而勿思. 聰明多暗昧, 算計失便宜. 損人終自失, 倚勢禍相隨. 戒之在心, 守之在氣. 爲不節而亡家, 因不廉而失位. 勸君自警於平生, 可歎可驚而可畏. 上臨之以天鑑, 下察之以地祇. 明有王法相繼, 暗有鬼神相隨. 惟正可守, 心不可欺. 戒之戒之!

복은 맑고 검소한 데서 오고, 덕은 자신을 낮추고 물러서는 데서 온다. 도는 편안하고 고요한 데서 생기고, 운명은 온화하고 화창한 데서 풀린다. 고난은 욕심이 많은 데서 일어나고, 재앙은 탐욕이 많은 데서 일어난다. 허물은 남을 업신여기는 교만에서 생기고, 죄는 남에게 어질지 않은 태도에서 생긴다.

눈을 단속하여 남의 잘못을 보지 말고, 입을 단속하여 남의 단점을 말하지 말라. 마음을 단속하여 탐내거나 화내지 말고, 몸가짐을 단속하여 나쁜 친구를 따르지 말라. 보탬이 안 되는 말을 함부로 꺼내지 말고, 저와 관련이 없는 일에 함부로 끼어들지 말라.

침묵하고 침묵하고 또 침묵하라! 한량없는 신선 세계가 열린다.

너그럽고 너그럽고 또 너그러워라! 천 가지 재앙과 만 가지 화가 일제히 소멸한다.

참고 참고 또 참아라! 빚쟁이와 원수가 그날로 사라진다.

멈추고 멈추고 또 멈춰라! 세상을 뒤덮을 공훈과 명성은 뜻대로 되지 않는다.

군주를 높이고, 부모에게 효도하고, 어른을 공경하고, 후덕한 사람을 받들고, 현자와 어리석은 자를 분별하고, 무지한 자에게 관대하라. 순순히 다가오는 일은 물리치지 말고, 이미 떠난 일은 뒤쫓지 말라. 만나지 못한 좋은 기회를 바라지 말고, 이미 지나간 일은 되새기지 말라. 총명한 사람은 어두운 구석이 많고, 계산이 빠른 사람은 잇속을 차리다가 이익을 잃는다. 남에게 손해를 끼치면 끝내 저도 손해를 보고, 권세에 기대다가는 화가 이어진다. 마음은 늘 경계하도록, 성질내지 않도록 자신을 단속한다. 절약하지 않으면 집안을 망치고, 청렴하지 않으면 지위를 잃는다.

평생토록 자신을 경계하라고 그대에게 권하노니, 탄식하고 놀라고 두려워할 일이다. 위에서는 하늘이 거울처럼 내려다보고 있고, 아래에서는 땅의 신령이 살펴보고 있다. 밝은 곳에서는 나라의 법령이 그대를 따르고, 어두운 곳에서는 귀신이 그대를 따른다. 오로지 올바른 도리를 지키고 양심을 속여서는 안 된다. 경계하고 또 경계하라.

— 자허원군 「마음가짐을 경계한 글[誡諭心文]」

자허원군(紫虛元君)은 중국 도교 신앙에서 떠받드는 중요한 인물의 하나이다. 진(晉)나라 때 여성 도사인 위화존(魏華存, 251년~334년)의 별칭으로, 남악부인(南嶽夫人) 또는 위부인(魏夫人)이라고도 한다. 상청파(上淸派) 도교의 제일가는 도사로 추앙받는다. 자허원군의 경계문으로 널리 알려진 글이나, 그 출전은 명확하지 않다. 항상 몸가짐과 마음가짐에 힘쓰고 행동을 조심하여 복을 누리도록 하라는 취지의 내용이다.

117

孟子曰: 世俗所謂不孝者五: 惰其四肢, 不顧父母之養, 一不孝也; 博奕好飮酒, 不顧父母之養, 二不孝也; 好貨財, 私妻子, 不顧父母之養, 三不孝也; 從耳目之欲, 以爲父母戮, 四不孝也; 好勇鬪狠, 以危父母, 五不孝也.

세상에서 이른바 불효에는 다섯 가지가 있다. 팔다리를 놀리지 않고서 부모를 돌보지 않는 것이 첫 번째 불효이다. 장기 두고 바둑 두고 술을 즐겨 마시면서 부모를 돌보지 않는 것이 두 번째 불효이다. 재물을 좋아하고 처자식을 사랑하면서 부모를 돌보지 않는 것이 세 번째 불효이다. 귀와 눈으로 욕망을 추구하면서 부모를 욕되게 하는 것이 네 번째 불효이다. 용맹을 뽐내 사납게 싸워서 부모를 위태롭게 하는 것이 다섯 번째 불효이다.

–『맹자』「이루 하」

6

본분 지키기

안분편 安分篇

본분을 지키려는 마음과 처신을 다룬 격언을 모은 장이다. 탐욕을 부리거나 현재의 처지에 만족하지 못하는 사람에게 주는 경계와 당부의 말이 많다. 낮은 자리에서 곤궁하게 지낸다고 하여 불만을 품은 사람도 많고, 더 높은 자리와 더 큰 부귀와 더 큰 성취를 꿈꾸면서 안달복달하는 사람도 많다. 6장에서는 그런 사람이 영위하는 삶의 불행을 말한다. 현재의 삶을 자기 본분에 적합한 자리로 여겨 만족하는 태도를 행복의 길로 제시하였다. 현세와 현재에서 행복을 찾으려는 민중의 행복관을 보여 준다. 모두 18개조가 실려 있다.

I

『景行錄』云: 知足可樂, 務貪則憂.

만족할 줄 알면 즐겁게 지내고
탐욕을 부리면 걱정이 많다.

—『경행록』

가진 것이 많다고 꼭 즐거운 것은 아니다. 가진 것이 적어도 만족하면 더 많이 가진 자보다 즐거울 수 있다. 이미 가진 것을 지키고, 거기에 더해 더 많이 가지려 하면 근심과 걱정에 사로잡히고, 욕구대로 되지 않아 오히려 덜 가진 자보다 불행해진다. 고대 그리스의 철학자 에피쿠로스도 『쾌락』에서 "작은 것에 만족하지 않는 사람을 만족시킬 수 있는 것은 아무것도 없다."라고 말하였다. 없이 지내도 만족할 줄 아는 사람이 걱정 많은 부자보다 낫다는 말이 그래서 나온다.

2

知足者, 貧賤亦樂; 不知足者, 富貴亦憂.

만족할 줄 아는 사람은 가난하고 미천해도 즐겁고
만족할 줄 모르는 사람은 부유하고 귀해도 걱정이 많다.

가난한 사람이 불행하고 부유한 사람이 즐거운 것이 상식이다. 하지만 가난해도 만족하면 즐겁고, 부유해도 걱정이 많으면 불행하다. 벤저민 프랭클린(Benjamin Franklin, 1706년~1790년)이 『가난한 리처드의 달력(Poor Richard's Almanack)』에서 "만족은 가난한 이를 부자로 만들고, 불만족은 부자를 가난한 이로 만든다."라고 말한 이유이기도 하다. 이 글은 『성심잡언』에 나오는 잠언이다.

3

知足常足, 終身不辱; 知止常止, 終身無恥.

만족할 줄 알아 늘 만족하면 한평생 굴욕당할 일이 없고
멈출 줄 알아 늘 절제하면 한평생 부끄러울 일이 없다.

만족할 줄을 알고 멈출 줄을 알아야 굴욕과 부끄러운 일을 겪지 않는다. 『노자』 44장에서는 "만족할 줄 알면 욕된 일이 없고, 멈출 줄 알면 위태롭지 않아서 오래오래 잘 지낼 수 있다."라고 하였고, 46장에서는 "탐욕보다 더 무거운 죄는 없고, 만족할 줄 모르는 것보다 더 큰 재앙은 없다. 따라서 만족할 줄 아는 데서 오는 넉넉함이 항구적 만족이다."라고 했다. 이 잠언은 『노자』의 말에 뿌리를 두고 만들어졌는데, 『성심잡언』과 『사림광기』 「처기경어」 등에 나온다.

4

將上不足, 比下有餘.

위쪽과 견주면 부족하지만
아래쪽과 견주면 넉넉하다.

남과 비교할 필요는 없으나 굳이 비교하자면, 나보다 나은 사람보다는 못해도 나보다 모자란 사람보다는 낫다. 만족하며 살고자 한다면, 나은 사람하고 비교하기보다는 모자란 사람하고 비교하는 게 하나의 방편이다. 모자란 사람에 비하면 나도 꽤 잘난 사람이다. 조선 선조 때의 명신 이원익(李元翼, 1547년~1634년)은 좌우명을 써서 "남에게는 원망이 없도록 하고, 나에게는 악행이 없도록 하라. 뜻과 행실은 위쪽과 나란히 하고, 분수와 행복은 아래쪽에 견주어라.[無怨於人, 無惡於己. 志行上方, 分福下比.]"라고 해서 나보다 모자란 사람을 보면서 주어진 삶에 만족하라고 권하였다. 이 속담은 진(晉)나라 사람 장화(張華, 232년~300년)의 「메추라기 노래[鷦鷯賦]」에 출전을 두고 있다.

5

若比向下生, 無有不足者.

아래쪽과 견주며 살면, 부족하게 여길 것이 없다.

6

『擊壤詩』云: 安分身無辱, 知幾心自閑. 雖居人世上, 却是出人間.

본분을 지키니 몸에는 욕된 일이 없고
세상 낌새를 아니 마음은 절로 한가롭다.
인간 세상에 머물고 있기는 해도
인간 세상을 훌쩍 벗어나 산다.

—『이천격양집』

제 본분을 알고서 잘 지키는 사람에게는 굴욕당할 일이 생기지 않고, 세상 돌아가는 낌새를 먼저 아는 사람은 불안에 떨지 않고 대비를 잘한다. 다만 본분을 지키고 낌새를 안다는 것은 참 어려운 일이다. 그렇게 처신한다면 세상에 머물고 있다고 해도 세상을 초탈한 사람일 것이다. 소강절의 시 「안분음(安分吟)」으로, 『이천격양집』에 실려 있다.

7

『神童詩』云: 壽夭莫非命, 窮通各有時. 迷途空役役, 安分是便宜.

장수하고 요절함은 운명 아님이 없고
곤궁하고 형통함은 주어진 때가 있다.
길을 잃고 부질없이 허둥대느니
분수 지켜 사는 것이 몸에 이롭다.
—『신동시』

수명은 운명에 영향을 받고, 처지는 때에 따라 달라진다. 억지로 안 되는 것이라면 분수를 지켜 사는 게 낫다. 『신동시(神童詩)』는 신동으로 유명한 북송의 왕수(汪洙)가 지은 시에 다른 아동의 시를 뽑아 만든 시선집이다. 이해하기 쉬운 통속적이고 짧은 시가 많아 아동에게 가르치는 글로 널리 읽혔다.

8

子曰: 富與貴, 是人之所欲也. 不以其道得之, 不處也. 貧與賤, 是人之所惡也, 不以其道得之, 不去也.

부귀는 누구나 바라는 것이지만, 올바르게 얻어진 것이 아니라면 누리지 말라. 빈천은 누구나 싫어하는 것이지만, 올바르게 얻어진 것이 아니라도 벗어나려고 안달하지 말라.

— 공자

출전은 『논어』 「이인」이다.

9

子曰: 不義而富且貴, 於我如浮雲.

옳지 않게 누리는 부귀는 나에게 뜬구름과 같다.

— 공자

출전은 『논어』 「술이」이다.

10

老子曰: 知其榮, 守其辱.

영예로움이 좋은 줄 알지만
낮은 자리를 지킨다.

—『노자』 28장

11

荀子云: 自知者不怨人, 知命者不怨天. 怨人者窮, 怨天者無志. 失之己, 反之人, 豈不亦迂哉! 榮辱之大分, 安危利害之常體, 先義而後利者榮, 先利而後義者辱. 榮者常通, 辱者常窮. 通者常制人, 窮者常制於人, 是榮辱之大分也.

자신을 잘 아는 사람은 남을 원망하지 않고, 운명을 잘 아는 사람은 하늘을 원망하지 않는다. 남을 원망하는 사람은 곤경에 처한 자이고, 하늘을 원망하는 사람은 의지가 없는 자이다. 자기에게 잘못이 있는데도 남에게 잘못을 돌리니 물정에 어둡지 않은가?

영예와 치욕의 큰 구분은, 그리고 안위(安危)와 이해(利害)의 일반적 실정은 이렇다. 의로움을 앞세우고 이로움을 뒤로 물리는 사람은 영예로우나, 이로움을 앞세우고 의로움을 뒤로 물리는 사람은 욕되다. 영예로운 사람은 늘 일이 잘 풀리지만 욕된 사람은 늘 곤경에 처하고, 일이 잘 풀리는 사람은 늘 남을 제어하지만 곤경에 처한 사람은 늘 남에게 제어를 당한다. 이것이 영예와 치욕의 큰 구분이다.

—『순자』「영욕(榮辱)」

I2

命合喫麤食, 莫思重羅麵.

거친 밥이나 먹을 운명이라면
고운 밀가루 국수는 꿈도 꾸지 말아라.

옛날에 곱게 빻은 흰 밀가루는 고급 음식 재료였다. 그 밀가루로 만든 국수를 먹을 처지인지, 그저 거친 음식이나 먹을 처지인지는 운명에 이미 정해져 있다. 저승에는 한 사람이 평생 먹을 음식 종수를 적은 '인간식료부(人間食料簿)'가 있다고 하였다. 둔황에서 출토된 장편시 「어른이 세상 사람에게 권하는 시[夫子勸世詞]」에 "그저 거친 밥이나 먹을 처지이니, 고운 밀가루 국수는 꿈도 꾸지 말아라.[只合喫粗餐, 莫想重羅麵.]"라는 구절에서 나와 후대에는 속담으로 널리 사용되었다.

13

量其所入，度其所出.

들어오는 재물을 헤아려서 나가는 재물을 조절한다.

버는 돈보다 적게 써라. 수입에 맞추어 절약하는 데서 검소한 생활은 시작된다. 남송의 명신 양만리(楊萬里, 1127년~1206년)가 「가훈」에서 검소한 생활을 권하면서 한 말이다. 원나라 문인 왕운(王惲, 1227년 또는 1228년~1304년)의 「검훈(儉訓)」에도 나온다.

14

子曰：君子固窮，小人窮斯濫矣.

군자는 곤궁해도 끝까지 잘 견디나, 소인은 곤궁하면 선을 넘어 행동한다.

—공자

출전은 『논어』 「위령공」이다.

15

省喫省用省求人.

먹을 것을 줄이고

씀씀이를 줄이며

남에게 빌리는 것을 줄여라.

16

汪信民嘗言: 人常咬得菜根, 則百事可做.

사람이 풀뿌리를 씹을 수만 있다면 그 어떤 일도 잘할 수 있다.

—왕신민

궁핍이 극한에 이르러 풀뿌리를 씹어 먹으며 굶주린 창자를 채운다. 그래도 좌절하지 않고 버티는 사람이라면 무슨 일을 하든 결국에는 뜻을 이룰 수 있다. 왕신민(汪信民, 1071년~1110년)은 송나라 사람으로, 『소학』「선행」의 맨 끝에 인용된 이 잠언은 사람들에게 깊은 감명을 주었다.

17

『中庸』云: 素富貴, 行乎富貴; 素貧賤, 行乎貧賤; 素夷狄, 行乎夷狄; 素患難, 行乎患難.

지금 부귀하면 부귀한 처지에 알맞게 행동하고
지금 빈천하면 빈천한 처지에 알맞게 행동한다.
지금 오랑캐이면 오랑캐 처지에 알맞게 행동하고
지금 환난을 겪으면 환난의 처지에 알맞게 행동한다.

—『중용』

18

子曰: 不在其位, 不謀其政.

그 자리에 있지 않으면 그 자리의 일을 꾀하지 않는다.

—공자

낮은 지위에 있는 사람이 높은 지위의 정무를 논하지 말라는 뜻으로, 『논어』「태백」에 나오는 공자의 어록이다. 17조의 네 가지 처신은 마치 공자의 이 어록을 실천한 사례인 듯하다. 흔히 처지에 맞게 네 일이나 잘하고 남의 일에 주제넘게 참견하지 말라는 말로 쓰인다.

7

본심의 보존

존심편 存心篇

본심을 잃지 않고 살아가는 인생 문제를 다룬 장이다. 인간의 마음은 밖으로는 물질의 유혹에 흔들리기 쉽고, 안으로는 온갖 욕망에 사로잡히기 쉽다. 본심을 지키며 살기 위해서는 마음의 긴장을 풀지 말아야 하고, 항상 자신을 성찰하는 삶을 살아야 한다. 과도한 욕심을 줄이고 쓸데없는 일과 복잡한 인간 관계를 줄여서 느긋하고 낙천적으로 인생을 살도록 노력하여야 한다. 특히 남의 인생에 끼어들어 참견하거나 훈수 두지 않는 태도와 남의 마음을 헤아려 보고 남을 배려하는 행동이 소중하다. 인생의 즐거움을 누리며 인간답게 사는 삶의 여러 조건을 설명하여 귀 기울일 만한 잠언이 많다. 5장 다음으로 많은 83개조의 잠언이 실려 있다.

I

『景行錄』云: 坐密室, 如通衢; 馭寸心, 如六馬, 可免過.

밀실에 앉아서도 사통팔달 큰 거리에 있듯이 처신하고, 한 치의 마음을 제어하되 썩은 새끼줄로 여섯 마리 말을 몰듯 조심한다면 잘못에서 벗어날 수 있다.

—『경행록』

보는 눈이 많을 때는 조심하다가 혼자 있을 때는 못 하는 짓이 없다. 혼자 있을 때라도 도리에 어그러짐이 없고 언행을 삼가야 잘못을 저지르지 않는다. 마음을 제어하기란 보통 어렵지 않다. 항상 썩은 새끼줄로 여섯 마리 말을 몰듯이 조심하여야 잘못을 저지르지 않는다. 『서경』「오자지가(五子之歌)」에서 "나는 만백성을 다스릴 때 마치 썩은 새끼줄로 여섯 말을 모는 것처럼 두려움을 느낀다. 윗자리에 있으니 조심하지 않을 수 있겠는가?"라고 했다. 영조(英祖, 재위 1724년~1776년) 때의 양명학자 저촌(樗村) 심육(沈錥, 1685년~1753년)은 1713년의 입춘날에 이 잠언을 초당에 써 놓고는 "말이 진부하기는 하지만, 실제로는 우리들이 마땅히 실천해야 할 말이다."라고 하였다.

2

「游定夫錄」: 心要在腔子裏.

마음은 요컨대 몸뚱이 안에 두어야 한다.

—『이정전서』「유정부 록」

외적 유혹과 내적 욕망에 휩쓸리지 않도록 마음을 수양해야 한다는 말로 『이정전서』에 나오는 정자의 어록이다. 제자인 유정부(游定夫, 1053년~1123년)가 스승의 말을 기록하였다.

3

『素書』云: 務善策者無惡事, 無遠慮者有近憂.

좋은 계책을 세우려 애쓰는 사람에게는 나쁜 일이 없고
먼 앞날을 걱정하지 않는 사람에게는 가까운 근심이 있다.

—『소서』「원시」

4

有客來相訪, 如何是治生. 但存方寸地, 留與子孫耕.

어떤 손님이 나를 찾아와
어떻게 살아야 좋냐고 묻더라.
"그저 본심을 잘 가꾸어 살고
자손에게 물려줘 가꾸게 하라!"

어떻게 인생을 살아야 할까? 한평생 마음이라는 땅을 잘 가꾸며 살고, 늙으면 자손에게 물려주어 이어서 가꾸게 하면 된다. 당나라 이래 널리 알려진 시로, 뒤 구절만 독립하여 속담처럼 쓰기도 한다. 지은이는 문헌에 따라 하수부(何水部), 하지장(賀知章), 풍도, 왕범부(王梵夫), 속어(俗語) 등 제각각이다. 상추(項楚, 1940년~)는 『왕범지시교주(王梵志詩校注)』에 실린 「"但存方寸地, 留與子孫耕"考」에서 당나라 때의 백화시인(白話詩人) 왕범지(王梵志)의 작품으로 고증하였다. 저본에는 "단(但)" 자가 "항(恒)" 자로 되어 있으나, 흑구본과 중간본 등을 근거로 수정하였다.

5

『擊壤詩』云: 富貴如將智力求, 仲尼年少合封侯. 世人不解靑天意, 空使身心半夜愁.

부귀를 지혜와 능력으로 얻게 된다면
공자는 젊은 나이에 제후 자리 올랐겠지.
세상 사람들 하늘의 뜻을 알지도 못하고
부질없이 밤새도록 자기 속만 태우누나.

—『이천격양집』

부귀가 지혜롭고 능력이 출중하다고 얻어지는 물건이라면 공자는 젊은 나이에 벌써 제후 자리에 올라 부귀를 누렸을 것이다. 하지만 공자는 평생 부귀를 누리지 못했고, 오히려 지혜도 능력도 도덕성도 없는 이들은 부귀를 마음껏 누렸다. 과연 하늘이 나에게 부여한 인생은 무엇일까? 사람들은 자기가 가야 할 인생의 방향은 생각하지 않고 무조건 부귀를 얻을 고민으로 쓸데없이 속만 태우니 어리석다. 소강절이 지은 「부귀(富貴)」라는 작품으로 널리 알려졌으나, 현재 전하는 『이천격양집』에는 나오지 않는다.

6

范忠宣公誡子弟曰: 人雖至愚, 責人則明; 雖有聰明, 恕己則昏. 爾曹但當以責人之心責己, 恕己之心恕人, 不患不到聖賢地位也.

아주 어리석은 사람도 남을 책망하는 데는 눈이 밝고, 아주 총명한 사람도 자신을 용서하는 데는 어둡다. 너희는 남을 책망하는 마음으로 자신을 책망하고, 자신을 용서하는 마음으로 남을 용서해라. 그렇게 했는데도 성현의 위치에 오르지 못한다? 그 점은 걱정하지 않아도 된다.

— 범순인, 「자제에게 준 훈계」

사람은 본능적으로 자기에게 관대하고 남에게는 엄격하다. 똑같은 행위를 하고도 '내로남불(내가 하면 로맨스, 남이 하면 불륜)'의 태도를 보인다. 실패하면 남 탓이고, 성공하면 내 탓이다. 이런 자기 위주 편향(self-serving bias)의 심리를 극복하여 남과 나의 처지를 바꿔서 볼 줄 알아야 훌륭한 사람이다. 성현이 따로 없고, 그런 사람이 성현이다. 범순인(范純仁, 1027년~1101년)은 북송 중기의 학자이자 명재상이다. 증손자 범공칭(范公偁, 1126년~1158년)의 『과정록(過庭錄)』에는 그의 훌륭한 행적을 묘사한 대목이 나오는데, 거기에 이 훈계가 실려 있다. 외손자인 최예(崔豫)가 장안현위(長安縣尉)가 되어 자기의 능력을 자부하고 남을 잘 책망한다는 말을 듣고서 편지를 보내 이처럼 훈계하였다. 『송명신언행록(宋名臣言行錄)』과 『소학』 등 여러 문헌에도 실려서 명언으로 이름이 높다.

7

將心比心, 便是佛心.

나의 마음으로 남의 마음을 헤아려 보는 것, 그게 바로 부처의 마음이다.

나의 마음으로 남의 마음을 헤아려 본다는 "장심비심(將心比心)"은 송대의 성어로 『주자어류』에 나온다. 처지를 바꾸어 생각하는 역지사지(易地思之)와 같은 말이다. 마음에서 마음으로 전하는 불교의 이심전심(以心傳心)과 비슷한 취지로 읽을 수 있다.

8

以己之心, 度人之心.

나의 마음으로 남의 마음을 헤아려 보라.

출전은 『중용집주』이다.

9

『素書』云: 博學切問, 所以廣知; 高行微言, 所以修身.

넓게 배우고 꼼꼼히 따져 물으면 지식을 넓힐 수 있고
고상하게 행동하고 삼가서 말하면 처신을 잘할 수 있다.

—『소서』「구인지지」

10

子曰: 篤信好學, 守死善道.

독실하게 믿어 배우기를 좋아하고
죽음을 무릅쓰고 도를 실천한다.

— 공자

출전은 『논어』「태백」이다.

11

子曰: 聰明睿智, 守之以愚; 功被天下, 守之以讓; 勇力振世, 守之以怯; 富有四海, 守之以謙.

총명함과 지혜는 아둔함으로 지키고
천하를 뒤덮을 공훈은 겸양으로 지키고
세상을 뒤흔드는 용기는 소심함으로 지키고
천하를 소유한 부는 겸손함으로 지킨다.
— 공자

최상의 지식과 공훈, 용기와 부를 소유한 사람이 사업이나 지위, 명예를 잃지 않고 튼튼히 지켜 내는 방법은 무엇일까? 더 많이 조심하고 겸손하여 교만에 빠지지 않도록 자신을 제어하는 것이다. "높은 자리에 있으면 떨어질 것을 걱정하고, 가득 채우고 있으면 넘칠 것을 경계하라.[居高思墜, 持滿戒溢.]"라고 하였으니, 높이 올라갈수록 자신을 더 바짝 조여야 바닥으로 떨어지지 않는다. 『공자가어』「삼서」와 『순자』「유좌」에 공자의 말로 나온다.

12

子貢曰: 貧而無諂, 富而無驕.

가난하더라도 아첨함이 없어야 하고
부유하더라도 교만함이 없어야 한다.
— 자공

출전은 『논어』「학이」이다.

13

子曰: 貧而無怨難, 富而無驕易.

가난하면서 원망하지 않기는 어려워도
부유하면서 교만하지 않기는 쉽다.
— 공자

출전은 『논어』「헌문」이다.

14

邵康節問陳希夷求持身之術. 希夷曰: 快意事不可做得, 便宜處不可再往.

소강절이 진희이 선생에게 처신의 방법을 여쭈었다. 진희이 선생이 이렇게 말씀하였다. "마음에 통쾌한 일을 하여서는 안 되고, 잇속을 차릴 곳에는 다시 가서는 안 된다."

진희이(陳希夷)는 진단(陳摶)으로, 송나라 초기의 도사이다. 진희이와 소강절은 생존 시기가 달라 만날 수 없다. 소강절의 아들 소백온(邵伯溫, 1057년~1134년)의 필기 『소씨문견록(邵氏聞見錄)』에서는 소강절이 진희이가 한 말을 외워서 들려주었다고 썼다. 그 때문에 어제본에서는 첫 문장을 삭제하였다. 송나라 때의 명재상 조변(趙抃, 1008년~1084년)의 「조청헌공좌우명(趙清獻公座右銘)」에도 뒤 구절과 똑같은 격언을 싣고 "얻고 잃는 것이 무상하므로 일이 이루어지기를 기약할 수 없다.[得失無常, 事不可必.]"라는 설명을 덧붙였다. 조변의 좌우명은 송나라 진록(陳錄)이 편찬한 권선서 『선유문(善誘文)』에 실려 전한다.

15

得意處, 早回頭.

뜻을 이룬 곳에서는 서둘러 고개를 돌려라.

뜻을 이룬 곳에 오래 머물면 갈등과 불만이 불거져 나오기 쉽다. 성공에 안주하여 결과를 즐기지 말고 서둘러 돌아서 나오라. 『사림광기』「존심경어」에 나온 말이다.

16

聰明本是陰騭助, 陰騭引入聰明路. 不行陰騭使聰明, 聰明反被聰明誤.

총명함은 본래 음덕을 베푼 결과이니
음덕이 사람을 총명한 길로 이끈다.
음덕을 베풀지 않고 총명함만 발휘하면
총명해 봤자 총명한 탓에 몸을 그르친다.

17

風水人間不可無, 全憑陰騭兩相扶. 富貴若憑風水得, 在生郭朴也難圖.

인간 세상에 풍수가 없을 수 없으나
음덕이 함께 도와야 혜택을 온전히 본다.
풍수의 힘만으로 부귀를 얻는 일은
곽박이 다시 태어나도 꾀하기 어렵다.

부귀를 얻으려고 풍수와 술수의 고수를 찾아다닌다. 그러나 풍수의 시조인 곽박(郭璞, 276년~324년)도 그 술수로 부귀를 얻지는 못했다. 송나라의 응준(應俊)이 편찬한 계몽서 『금당유속편(琴堂諭俗編)』「정상복(正喪服)」에서 예상서(倪尙書)가 지은 시로 인용하였는데, 글자에는 차이가 있다. 『금당유속편』은 송대 지방관이 민중을 교화하기 위해 편찬한 계몽서이다. 곽박은 동진(東晉) 시대 학자로, 풍수의 시조로 불린다. 풍수지리서의 고전 『금낭경(金囊經)』을 지었다.

18

古人形似獸，心有大聖德．今人表似人，獸心安可測?

옛사람은 생김새가 짐승과 닮았어도
마음은 성인의 큰 덕망을 갖추었다.
오늘날 사람은 거죽은 사람 꼴이나
마음은 짐승이니 그 속을 어찌 알랴?

겉모습은 번듯한 사람 꼴을 하고 있으나 속은 짐승보다 못한 이들로 넘쳐난다. 친구로 사귈 만한 사람 하나 없으니 유감이다. 당나라 때의 저명한 시인 맹교(孟郊, 751년~814년)가 지은 시 「벗의 선택[擇友]」이다.

19

有心無相，相逐心生；有相無心，相隨心滅．

마음에는 있고 관상에는 없으면
관상이 마음을 따라서 생겨나고
관상에는 있고 마음에는 없으면

관상이 마음을 따라서 사라진다.

관상 보기의 기본 원칙을 말한 속담이다. 옛날부터 관상가들이 즐겨 말한 16자 명언으로, 얼굴에 나타난 관상보다 마음에 깃들인 관상, 곧 심상(心相)이 더 중요하다는 관상의 원리를 담았다. 송나라 사람 오처후(吳處厚)가 『청상잡기(青箱雜記)』에서 관상을 논한 속담으로 인용한 이후 널리 알려졌다.

20

三點如星象, 橫鉤似月斜. 披毛從此得, 作佛也由他.

마음 심(心) 점 세 개는 별과도 같고
가로지른 한 획은 초승달을 닮았다.
털에 덮인 짐승도 여기에서 생겨나고
부처가 되는 길도 여기에서 시작한다.

마음을 어떻게 다스리느냐에 따라 사람은 짐승도 되고 부처도 된다. 『사림광기』 「선교류(禪教類)」에 나오는 요선사(了禪師)의 칠언시 「오심송(悟心頌)」을 오언시로 개작하였다. 원래의 시는 다음과 같다. "겉으로 보면 마음 심(心) 세 개 점이 별처럼 펼쳐졌고, 그 속에는 가로지른 한 획이 있어 초승달을 닮았다. 미혹되면 털 덮인 짐승이 여

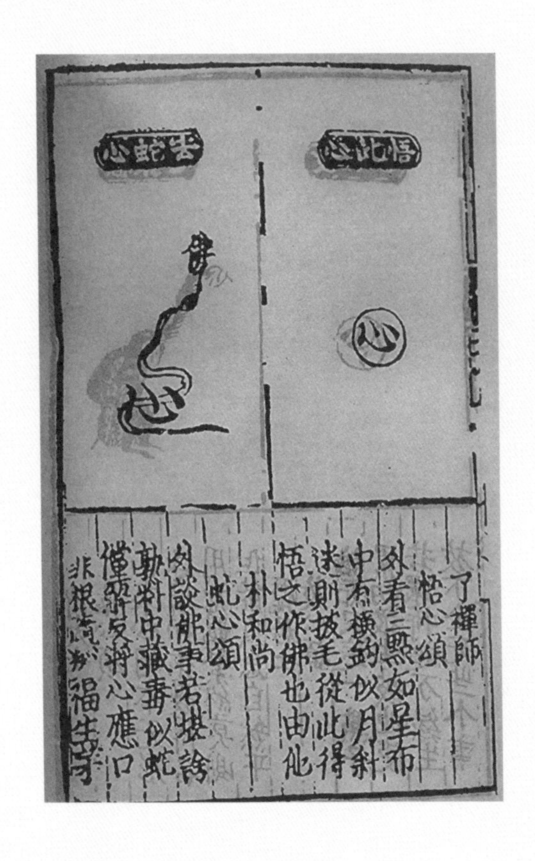
悟此心

了禪師
悟心頌
外看三點如星布
中有横鈎似月斜
迷則披毛從此得
悟之作佛也由他

朴和尚
蛇心頌
外設能事若堪誇
勤料中藏毒似蛇
僅解反將心應口

『사림광기』 속집 권3 「선교류」에 실린 시와 그림. 원나라 말엽의 목판. 이 유서(類書)에 요선사의 칠언시 「오심송」을 싣고 마음 심(心) 자의 모양을 그렸다.

기에서 생겨나고, 깨달으면 부처가 되는 길도 여기에서 비롯된다.[外看三點如星布, 中有橫鉤似月斜. 迷則披毛從此得, 悟之作佛也由他.]"

21

『大學』云: 所謂誠其意者, 毋自欺也. 如惡惡臭, 如好好色.

이른바 "뜻을 성실하게 가진다."라는 말은 자신을 속이지 않는 태도를 말한다. 나쁜 냄새를 싫어하듯이 악행을 미워하고, 아름다운 이성을 좋아하듯이 선행을 좋아한다.

—『대학』

22

道經云: 用誠似愚, 用默似訥, 用柔似拙.

어수룩한 사람처럼 성실하게 살고
어눌한 사람처럼 침묵을 지키고
서툰 사람처럼 부드럽게 처신한다.

—『옥추보경』

어수룩하고 말 잘 못하고 일에 서툰 듯한 처신이 겉으로는 멋지지 않으나 실제로는 큰 이익을 가져온다. 『옥추보경(玉樞寶經)』은 도교 경전으로, 『도장(道藏)』에 실려 있다. 송나라 때 이름을 알 수 없는 도사가 편찬한 책으로 알려졌다. 조선에서도 널리 읽혔다. 저본에서 출전을 도경(道經)으로 밝혔는데, 이는 특정한 책명이 아니라 도교 경전임을 표시한다. 이 책에서는 출전을 실제 책명으로 밝혔다.

23

人皆道我拙, 我亦自道拙. 有耳常如聾, 有口不會說. 休自逞豪傑, 橫竪有一跌. 喫跌教君思, 返不如我拙.

남들 모두 내가 어수룩하다고 하고
나도 또한 내가 어수룩하다고 한다.
귀가 있어도 귀먹은 듯 지내고
입이 있어도 말할 줄을 모른다.
호걸이라 우쭐대며 뽐내지 말라!
나대다가 크게 한번 거꾸러진다.
넘어진 뒤 그대는 생각해 보라!
어수룩한 나보다 한참 못났으리라.

잘난 척하고 나대는 이보다 어수룩한 이가 나을 수 있다. 원문에서 5구의 "휴(休)"가 흑구본과 중간본에는 "이(你)"로 되어 있다. 그러면 "네가 호걸이라 뽐낸다면"으로 번역되는데, 그래도 의미가 통한다.

24

百巧百成，不如一拙.

온갖 꾀를 부려 온갖 일을 이루어도 한결같이 어수룩한 것만 못하다.

짧게 보면 재주 가진 사람이 많은 것을 이루지만, 길게 보면 꾸준하게 제 길을 묵묵하게 가는 사람이 큰 것을 이룬다. 『사림광기』「처기경어」에 나오는 속담이다. 후대에는 "온갖 꾀를 부려도 한결같이 어수룩한 것만 못하다.[百巧不如一拙.]"라는 속담으로 많이 쓰였다.

25

未來休指望，過去莫思量.

오지 않은 미래에 너무 큰 희망을 품지 말고

이미 지나간 과거에 너무 미련을 두지 마라.

26

常將有日思無日, 莫待無時思有時.

넉넉한 때에는 곤궁해질 때를 염려해야 하지만
곤궁해진 때에는 넉넉했던 때를 회상하지 말라.

여유롭게 살 때는 혹시 닥칠 곤궁할 때를 염려하고 대비하여야 한다. 그래야 곤궁해지지 않는다. 그래도 곤궁하게 살 때는 넉넉했던 옛날을 회상하지 않는 게 좋다. 더 견디기 힘들어진다. 『사림광기』「치가경어」에 나오는 속담으로, 나중에는 소설 등에 자주 쓰였다.

27

有錢常記無錢日, 安樂常思患病時.

돈이 있을 때는 돈이 없던 날을 항상 기억하고

몸이 건강할 때는 병을 앓던 때를 항상 생각한다.

부유해진 뒤에는 가난했던 때를 항상 기억하여야 가난으로 되돌아갈 생활을 하지 않고, 건강을 되찾은 뒤에는 병을 앓던 때를 항상 생각하여야 건강을 해치는 일을 다시 하지 않는다. 『사림광기』 「치가경어」에 나오는 속담이다.

28

『素書』云: 薄施厚望者不報, 貴而忘賤者不久.

적게 베풀고 많이 바라는 사람은 보상받지 못하고
귀해진 뒤 천할 때를 잊은 사람은 오래가지 못한다.
—『소서』

남에게는 인색하게 베풀면서 많이 얻기만 바라다니 욕심이 지나치다. 그런 사람에게 후하게 보상할 사람은 없다. 성공하여 귀한 신분이 되자 언제 그런 적 있느냐는 듯이 처신한다. 개구리 올챙이 적 생각을 하지 않는 이에게 행운은 오래가지 않는다. 『소서』 「준의(遵義)」와 당나라 사람 조유(趙蕤, 659년~742년)가 쓴 제왕학의 고전 『장단경(長短經)』에 나오는 격언이다.

29

求人須求大丈夫, 濟人須濟急用無.

남에게 도움을 구하려면 대장부에게 구하고
남을 돕고자 하면 다급히 필요할 때 도와라.

출전은 『사림광기』「결교경어」이다.

30

施恩勿求報, 與人勿追悔.

은혜를 베풀고 보답받기를 바라지 말고
남에게 주고 되돌아서 후회하지 말라.

은혜를 베풀고 보답을 받으려 하거나 후회하지 말라. 선행을 한 것으로 이미 보상을 받았다고 여기고 선행 자체를 즐겨라. 철학자 세네카는 「루킬리우스에게 보낸 편지(Epistulae Morales ad Lucilium)」에서 "선행에 대한 보상은 그것을 했다는 데 있다."라고 했다. 이 격언은 『성심법언』과 『사림광기』「응세경어(應世警語)」에 나온다.

31

寸心不昧，萬法皆明.

한 치의 마음이 어둡지 않으면, 만 가지 법에 모두 밝다.

원나라 말엽에 널리 알려진 속담으로, 마음이 지혜로우면 온갖 이치를 다 알 수 있다는 말이다. 고려 말에 편찬된 중국어 학습서 『박통사(朴通事)』 하권에 "촌심(寸心)이 어둡지 아니하면, 만법(萬法)이 다 밝으니라"라는 상말로 나온다.

32

孫思邈言: 膽欲大而心欲小, 智欲圓而行欲方.

담력은 크게 가지고 마음가짐은 세심하여야 하며
지혜는 원만하고 행동은 반듯하여야 한다.
—손사막

대담함과 세심함, 지혜와 행동은 서로 양립하기 어려운 성향이다. 담력 있고 배포가 큰 사람은 거칠고 엉성하기 쉬우니 꼼꼼하고 신중한 마음가짐으로 그 단점을 보완하는 게 좋다. 지혜가 많은 사람은 실천력이 부족할 수 있으니 반듯한 행동으로 보완하는 게 좋다. 손사막은 당나라 때의 저명한 의원으로, 민간의 의료법 등을 채택하여 『천금요방(千金要方)』 등을 편찬하였다. 이 격언은 본디 『회남자(淮南子)』 「주술훈(主術訓)」에 나온 말로, 나중에 『구당서』 「손사막전」과 『소학』 「가언」, 『근사록』 등에 실려 널리 알려졌다.

33

念念有如臨敵日, 心心常似過橋時.

항상 적군과 대치하고 있듯이 닥칠 위험을 생각하고
항상 외나무다리를 건너듯이 마음을 써야 한다.

하루하루가 전쟁이고 위기이다. 위험한 길이 이어진 인생길에서는 하루도 마음 편히 지낼 수 없으니, 경계하고 조심하라고 당부한다. 『사림광기』 「처기경어」에 나오는 격언이다.

34

『景行錄』云: 誠無悔, 恕無怨, 和無讐, 忍無辱.

성실하면 후회가 없고
관대하면 원망이 없고
온화하면 원수가 없고
인내하면 욕됨이 없다.

—『경행록』

35

懼法朝朝樂, 欺公日日憂.

법을 무서워하면 아침마다 즐겁고
대중을 속이면 날마다 걱정스럽다.

법을 두려워하는 까닭에 법을 어기는 행동을 하지 않으면 죄를 지을 일이 없으므로, 언제나 마음이 편안하다. 반면에 많은 사람을 기만하면 제풀에 처벌이 두려워 언제나 불안에 떤다. 송나라 이래의 속담으로 「조청헌공좌우명」과 『사림광기』 「위리경어(爲吏警語)」

등 많은 문헌과 소설, 희곡에 나온다.

36

小心天下去得, 大膽寸步難移.

조심하면 천하 어디든 잘 다니지만
대담하면 한 발짝도 옮기기 어렵다.

글자 그대로 보면 "대담하면 천하 어디든 잘 다니지만, 조심하면 한 발짝도 옮기기 어렵다.[大膽天下去得, 小心寸步難移.]"처럼 반대로 써야 뜻이 통할 듯하다. 실제로 명대의 소설집 『박안경기(拍案驚奇)』 등에서 패러디하여 그렇게 쓰기도 한다. 그러나 이 속담은 신중하고 조심스럽게 일하면 어떤 일을 하든 순조롭지만, 거칠게 덤벼들면 덤벙대기나 할 뿐 아무 일도 이루지 못한다는 말로 널리 쓰인다. 『박통사언해』 중권에 "상언에 이르되, 조심하면 반드시 이긴다.[常言道, 小心必勝.]"라는 속담을 대화 중에 쓰는데, 비슷한 취지이다. 원대의 속담으로 원말명초의 희곡 『살구기(殺狗記)』 등에 나온다.

37

子曰: 思無邪.

생각에 사악함이 없다.

— 공자

출전은 『논어』 「위정」이다.

38

朱文公曰: 守口如瓶, 防意如城.

병 주둥아리를 막듯이 입을 지키고
성곽을 방어하듯이 사사로운 생각을 막아라.

— 주자

병의 입구를 막아 물이 새지 않게 하듯이 입에서 허튼 말이 나오지 못하게 하고, 적의 공격으로부터 성곽을 방어하듯이 사악하고 그릇된 욕망이 가슴을 자극하지 못하게 한다. 주자가 공부 방법론을 밝힌 「경재잠(敬齋箴)」에 실려 있는 말이다. 이 말은 유래가 오랜 잠언으로, 주자가 인용하여 썼다. 당나라 승려 도세(道世)가 편찬한 『제경요집(諸經要集)』의 「택교부(擇交部)」에서 먼저 사용하였고, 북송의 명재상 부필(富弼, 1004년~1083년)도 좌우명으로 삼았다.

39

是非只爲多開口, 煩惱皆自強出頭.

시비는 단지 말을 많이 뱉어서 일어나고
번뇌는 모두 주제넘게 나서서 생긴다.

출전은 『사림광기』 「처기경어」이다.

40

『素書』 云: 有過不知者蔽, 以言取怨者禍.

잘못하고도 깨닫지 못하는 사람은 사리에 어둡고
말로 인해 원한을 사는 사람은 화를 자초한 것이다.

—『소서』 「준의」

41

『景行錄』云: 貪是逐物於外, 欲是情動於中.

탐욕은 밖에서 물질을 쫓는 욕구이고
욕망은 안에서 솟아나는 감정의 욕구이다.

—『경행록』

42

君子愛財, 取之有道.

군자는 재물을 사랑하되 도리에 맞게 취한다.

송대의 승려이자 시인인 혜홍(惠洪)이 『임간록(林間錄)』 4에서 한 말이다.

43

君子憂道不憂貧, 君子謀道不謀食.

군자는 도를 근심할 뿐 가난을 근심하지 않고
군자는 도를 꾀할 뿐 먹을 것을 꾀하지 않는다.

출전은 『논어』 「위령공」이다.

44

子曰: 君子坦蕩蕩, 小人長戚戚.

군자는 마음이 평탄하여 너그럽고
소인은 항상 근심하고 두려워한다.
— 공자

출전은 『논어』 「술이」이다.

45

量大福亦大, 機深禍亦深.

국량이 크면 받을 복도 크고
꿍꿍이속이 깊으면 입을 화도 깊다.

46

莫爲福首, 莫爲禍先.

가장 먼저 복을 받지도 말고
가장 먼저 화를 받지도 말라.

앞으로 나서지 말라. 남보다 먼저 복을 받으면 시기와 질투를 받고, 남보다 앞서면 화도 먼저 받는다. 『문자(文子)』「수허(守虛)」에 "남보다 먼저 복을 받지도 말고, 남보다 먼저 화를 받지도 말라.[不爲福始, 不爲禍先.]"라는 말에서 나왔다. 『사림광기』「처기경어」에도 나온다.

47

各人自掃門頭雪，莫管他家屋上霜.

저마다 제집 앞 눈이나 쓸고
남의 집 지붕 위 서리는 상관하지 말라.

자기가 할 일이나 하고 남의 일에 공연히 상관하지 말라는 말이다. 일이 생기면 구경하기만 좋아하고, 간여하기를 싫어하는 중국인의 심리를 잘 표현한 속담이다. 『사림광기』「처기경어」에 나오는 원나라 때 속담으로 희곡과 소설 등에 자주 등장한다.

48

早知今日，悔不當初.

이렇게 될 줄 진작에 알았더라면 그때 그렇게 하지 않았을 텐데.

그때 알았더라면 좋았을 것을, 일이 벌어지고 나니 후회만 남는다. 송나라 이후 유명해진 속담으로, 『고존숙어록(古尊宿語錄)』 등 선어록과 희곡, 소설 등에 많이 나온다.

49

心不負人，面無慚色.

남에게 미안한 짓을 하지 않았다면 얼굴이 화끈거리지 않는다.

남 부끄러운 짓을 했다면 얼굴이 화끈거린다. 양심의 가책을 표정은 감출 수 없다. 아리스토텔레스가 『수사학』에서 "부끄러움은 눈에서 드러난다."라고 한 말도 같은 뜻이다. 얼굴이 화끈거릴 부끄러운 짓을 하지 말아야 하는 이유이다. 당나라 이후 널리 알려진 속담이다. 『경덕전등록(景德傳燈錄)』과 『고존숙어록』 등에서 선승들이 자주 사용하였다.

50

『莊子』云: 求財恨不多, 財多害人己.

재물을 많이 구하지 못해 한탄하지만

재물이 많아지면 남도 해치고, 자기도 해친다.

—『장자』

재물을 많이 얻지 못해서 안달하지만, 재물이 많아진 다음에는 그 재물이 소유한 사람을 파괴하기 시작한다. 『신집』 337에서 뽑은 격언으로, 그 앞에는 "칼을 갈며 날카롭지 않다고 아쉬워하지만, 칼이 날카로우면 손가락을 벤다.[磨刀恨不利, 刀利傷人指.]"라는 글이 더 있다.

51

但存夫子三分禮, 不犯蕭何六律條.

공자의 예법을 열에 셋만 지켜도 소하가 만든 법을 범하지 않는다.

공자의 예절을 조금만 지켜도 국법을 어기지 않는다. 소하(蕭何, ?~기원전 193년)는 한나라 개국공신으로 진나라의 법을 개편하여 한나라의 법령 구장율(九章律)을 새로 제정하고 6척(尺) 죽간에 기록하였다. 다른 판본에는 "율(律)"이 "척(尺)"으로 되어 있다.

52

『說苑』云: 推賢擧能, 揚善抑惡.

현명한 사람을 추천하고 능력 있는 사람을 천거하며
좋은 사람을 드러내고 나쁜 사람을 억누른다.

—『설원』

『설원』은 전한 말엽의 유향(劉向, 기원전 77년~기원전 6년)이 지은 책으로, 춘추시대에서 한나라 초기까지 중요한 인물의 전기와 기이한 이야기를 분류하여 기록하였다. 다만 이 격언은 『설원』에는 나오지 않고 유향이 지은 『신서(新序)』에 나온다. "억(抑)"이 흑구본과 중간본에는 "엄(掩)"으로 되어 있다.

53

『景行錄』云: 休恨眼前田地窄, 退一步自然寬.

눈앞의 땅이 비좁다고 원망하지 말지니
뒤로 한걸음 물러서면 자연히 넓어진다.

—『경행록』

중간본에는 "퇴(退)" 앞에 "단(但)"을 넣어 칠언구로 만들었다.

54

人無百歲人, 枉作千年計.

사람 중에는 백 년 사는 사람이 없건마는
부질없이 천 년의 계획을 세우고 있구나.

기껏해야 백 년 사는 인생인데 천 년을 살 것처럼 무모한 일을 벌인다. 과욕을 부려 무너지지 않을 왕국을 만들려 하지 말라. 당나라 때의 백화시인 왕범지의 시로, 후대에는 작가가 불분명한 속담으로 널리 알려졌다. 왕범지의 시는 다음과 같다. "세상에는 백 년 사는 사람이 없건마는, 천 년을 살 듯이 억지 계획 세우누나. 쇠를 두들겨 문지방을 만드는 그때, 귀신이 보고서 손뼉 치며 웃고 있구나![世無百年人, 强作千年調. 打鐵作門限, 鬼見拍手笑.]"

55

兒孫自有兒孫福, 莫與兒孫作遠憂.

자손에게는 자손 몫의 복이 따로 있으니
자손 위해 앞날까지 근심하고 걱정하지 말라.

아들과 손자의 앞날을 걱정하는 부모와 어른들에게 지나치게 염려하지 말라는 당부이다. 송나라 이래 널리 사용된 격언이다. 송나라의 도사 서신옹의 『서신옹어록』 권1에는 "허둥지둥 세월은 강물처럼 흘러가니, 때에 맞춰 쉬엄쉬엄 나날을 보내라. 자손에게는 자손 몫의 복이 따로 있으니, 자손 위해 마소처럼 뼈 빠지게 일하지 말라.[汲汲光陰似水流, 隨時得過便須休. 兒孫自有兒孫福, 莫與兒孫作馬牛.]"라는 시가 있다.

56

世上無難事, 都來心不專.

세상에는 하기 어려운 일이 없거니와
(어려운 일이 있다면) 모두 마음을 그 일에 쏟지 않은 탓이다.

『사림광기』「선기경어(禪機警語)」에 실린 "세상에는 하기 어려운 일이 없거니와, (힘든 일이 있다면) 사람의 마음이 단단하지 않은 탓이다.[世上無難事, 人心自不堅.]"라는 격언과 비슷하다.

57

寧結千人意, 莫結一人緣.

천 명과 뜻을 모을지언정
한 명과 인연을 맺지 말라.

58

『景行錄』云: 語人之短不曰直, 濟人之惡不曰義.

남의 단점을 지적하고서 솔직하다 하지 말고
남의 악행을 도와주고서 의롭다고 하지 말라.

—『경행록』

59

忍難耐事，恕不明人.

견디기 어려운 일은 참아 내고
이치에 어두운 사람에게는 관대하라.

60

『景行錄』云: 規小節者，不能成榮名; 惡小恥者，不能立大功.

작은 절의에 얽매이는 사람은 빛나는 명성을 이루지 못하고
작은 치욕을 마다하는 사람은 위대한 공훈을 세우지 못한다.
—『경행록』

원래의 출전은 『사기』「노중련 열전」이다.

61

無求勝布施, 謹守勝持齋.

만족하여 바람이 없는 게 넓게 베푸는 것보다 낫고
삼가 본분을 지키는 게 계율을 지키는 것보다 낫다.

남에게 베풀고 계율을 지키면 좋은 일이나, 그렇다고 남의 시선을 의식하고 보상을 바라지는 말자. 내 처지에 만족하고 본분에 맞게 살면 그것으로 충분하다. 당나라 때의 『방거사어록(龐居士語錄)』과 조변의 「조청헌공좌우명」에 나오는 격언이다.

62

年輕莫勸鬪, 無錢莫請人.

나이가 젊으면 싸움을 말리지 말고
돈이 없으면 손님을 부르지 말라.

곤란을 겪을 수 있으니 젊을수록 남들의 분쟁에 끼어들어 참견해서는 안 되고, 돈이 없을 때는 손님을 초청해서는 안 된다. "나이

[年]"가 저본에는 "수(守)"로 되어 있으나, 흑구본과 중간본을 따라 수정하였다.

63

寇萊公「六悔銘」: 官行私曲失時悔, 富不儉用貧時悔. 藝不少學過時悔, 見事不學用時悔. 醉後狂言醒時悔, 安不將息病時悔.

관리가 부정을 저지르면 자리를 잃었을 때 후회하고
부자가 아껴 쓰지 않으면 가난해졌을 때 후회하고
젊어서 기예를 배우지 않으면 시기가 지났을 때 후회하고
일을 보고 배워 두지 않으면 써먹을 때 후회하고
술에 취해 큰소리치면 깨어난 때 후회하고
건강할 때 쉬지 않으면 병들었을 때 후회한다.

— 구준, 「육회명(六悔銘)」

구준(寇準, 961년~1023년)은 북송 초기의 명신으로, 거란족의 침입을 막은 공훈을 세워 내국공(萊國公)에 봉해져 구래공(寇萊公)이라 불린다. 그의 유명한 좌우명은 『사림광기』「경세격언(警世格言)」에 "때를 놓치고 후회하는 여섯 가지[過時六悔]"라는 표제로 수록되어 널리 알려졌다. 기회를 놓치고 후회하는 일이 많으나, 누구나 공감할 만한 여섯 가지 일을 특별히 꼽았다. 천 년 전 격언이라도 공감할

말이다. 48조의 "이렇게 될 줄 진작에 알았더라면 그때 그렇게 하지 않았을 텐데."라는 격언이 있기는 하지만, 설령 알아도 하지 못하고 끝내 후회만 남기는 것이 인간이다.

64

孫景初安樂法: 麤茶淡飯飽即休, 補破遮寒暖即休. 三平二滿過即休, 不貪不妒老即休.

거친 차와 맛없는 밥이라도 배부르면 됐고
노닥노닥 기운 옷으로 추위를 막아도 따뜻하면 됐고
그럭저럭 평탄하게 살면서 삶을 보내면 됐고
탐내지 않고 질투하지 않으면서 늙으면 됐다.

— 손방, 「안락법(安樂法)」

인생을 안락하고 건강하게 사는 법을 명의가 알려 준다. 손방(孫昉)은 북송 때 태의(太醫)를 지낸 명의로, 자는 경초(景初)이고, 사휴거사(四休居士)라는 호를 썼다. 호를 사휴로 지은 이유를 밝힌 것이 이 잠언이다. 저명한 시인 산곡(山谷) 황정견(黃庭堅, 1045년~1105년)이 「사휴거사시서(四休居士詩序)」라는 글을 지어 그가 사는 법을 예찬했고, 나중에 『사림광기』 「경세격언」에서 '안락사휴(安樂四休)'라는 표제로 채록하였다.

65

『益智書』云: 寧無事而家貧, 莫有事而家富; 寧無事而住茅屋, 不有事而住金屋; 寧無病而食麤飯, 不有病而食良藥.

아무 일 없이 가난하게 살지언정
갖은 일 겪으며 부유하게 살지 마라.
아무 일 없이 초가집에서 살지언정
갖은 일 겪으며 고대광실에 살지 마라.
병 없이 거친 밥을 먹을지언정
병들어 좋은 약을 먹지 마라.

—『익지서』

대저택에 사는 부자가 초가집에 사는 가난뱅이보다 낫다. 다만 우환과 질병으로 고생하는 부자는 아니다. 병이 들어 값비싼 약을 먹는 부자보다는 차라리 병이 없이 거친 밥을 먹는 빈자가 낫다. “건장한 걸인이 병든 임금보다 행복하다.”라는 아르투어 쇼펜하우어(Arthur Schopenhauer, 1788년~1860년)의 말에 공감하게 된다. 『진언요결』 권1에 나오는 긴 글을 축약하고 다듬었다. 『신집』 239에서도 『진언요결』을 인용하여 소개하였다. 여기에는 “병 없이 초가집에 앉아 있을지언정 병들어 고대광실에 앉아 있지 마라. 병 없이 나무 침대에 누울지언정 병들어 옥 침대에 눕지 마라. 병 없이 푸성귀를 먹을지언정 병들어 진수성찬 먹지 마라. 병 없이 지팡이 짚고 다닐지언정 병들어 건장한 말을 타지 마라."라는 내용이 추가되어 있다.

66

心安茅屋穩, 性定菜羹香. 世事靜方見, 人情淡始長.

마음이 편안하면 오두막집도 살 만하고
심경이 안정되면 나물국도 향기롭다.
세상일은 평정하여야 바야흐로 보이고
인정은 담박하여야 비로소 오래 간다.

속이 편하면 초가삼간도 아늑하여 살 만하고, 나물국도 맛나게 먹는다. 욕망이 꿈틀대는 사람은 견디지 못할 처지도 잘만 견딘다. 평정심을 유지하여야 세상일도 더 잘 통찰할 수 있고, 마음이 담박하여야 인정도 더 오래 유지된다.

67

風波境界立身難，處世規模要放寬．萬事盡從忙裏錯，此心須向靜中安．路當平處更行穩，人有常情耐久看．直到始終無悔吝，纔生枝節便多端．

풍파 많은 세상이라 처신하기 어렵지만

처세하는 자세만은 느긋하게 가져야 한다.

온갖 일은 무엇이든 서두르다 잘못되니

이 마음은 모름지기 평정을 유지해야지.

평탄한 길 만나서야 지나가기 편하듯이

상식 가진 사람이면 오래 겪어도 보기 좋다.

처음부터 끝까지 후회할 일 없어야 하니

곁가지가 생긴 뒤론 성가신 일 많아진다.

풍파 많은 세상에서 느긋하고 평탄하게 살아가는 처세의 길을 안내한다. 송나라 시인 대복고(戴復古, 1167년~1248년)의 「처세(處世)」(『석병시집(石屛詩集)』 권5)라는 제목의 시인데, 몇 글자 차이가 있다.

68

子曰: 無欲速, 無見小利. 欲速則不達, 見小利則大事不成.

너무 서두르지 말고, 작은 이익에 안달하지 말라. 서두르면 목표에 이르지 못하고, 작은 이익에 안달하면 큰일을 이루지 못한다.

—공자

출전은 『논어』 「자로」이다.

69

子曰: 巧言亂德, 小不忍則亂大謀.

교묘하게 꾸며서 한 말은 덕망을 망가뜨리고
자잘한 것을 참지 못하면 큰 계획을 망친다.

—공자

출전은 『논어』 「위령공」이다.

70

『景行錄』云: 責人者不全交, 自恕者不改過.

남 탓을 잘하는 사람과는 관계를 지속하기 어렵고
자신에게 너그러운 사람은 잘못을 고치지 못한다.
—『경행록』

공자는 "자기는 무겁게 책망하고, 남은 가볍게 책망하라.[躬自厚, 而薄責於人.]"라고 하였다. 그래야 남들이 원망하지 않는다는 것이다. 그 반대로 한다면 질책을 당한 사람은 싫어하여 멀어질 테고, 자신은 잘못을 고치고 인격을 수양할 기회를 놓친다.

71

有勢不要當方承, 落得孩兒叫小名.

권세가 있다고 현지인이 떠받들게 하지 말라.
세력을 잃으면 아이들이 아명을 함부로 부른다.

권력과 부가 있다고 고향 사람들이 떠받들게 만들지 말라. 나중에 세력을 잃고 나면 아이들까지 네 아명을 함부로 불러 놀림감으로 삼는다. 권력은 무상한 것이다.

72

子曰: 恭則遠於患, 敬則人愛之, 忠則和於衆, 信則人任之.

남에게 공손하면 환난을 멀리 벗어나고
남을 존중하면 사람들이 사랑한다.
충심으로 대하면 많은 사람과 화합하고
신의가 있으면 사람들이 신임한다.
—공자

『공자가어』「현군(賢君)」에서 인용한 격언으로, 『설원』「경신」에도 나온다. 제자 안연이 송나라로 가면서 공자에게 처신의 길을 묻자 이렇게 말해 주었다. 네 가지 덕목은 개인의 처세를 넘어 나라에서 정치하는 데도 적용할 덕목이라고 공자는 덧붙였다. 이 72조는 저본에는 빠져 있으나, 흑구본과 중간본 등 명대의 간본과 청대 이후 간본 및 화각본에도 수록되어 있다. 초간본에 수록된 격언을 저본에서 실수로 빠뜨렸는지, 아니면 초간본에 없는 격언을 흑구본 등에서 추가하였는지 확실하지 않다. 역자는 저본에서 빠뜨렸다고 판단하고 추가하여 수록하였다.

73

子絶四: 毋意, 毋必, 毋固, 毋我.

공자는 네 가지를 전혀 하지 않았다. 억측하지 않았고, 기어이 하지 않았고, 고집을 부리지 않았고, 자기 생각만 앞세우지 않았다.

출전은 『논어』 「자한」이다.

74

子曰: 君子成人之美, 不成人之惡. 小人反是.

군자는 남이 좋은 일을 하도록 도울 뿐 나쁜 짓을 하도록 돕지는 않는다. 소인은 이와 반대로 한다.

— 공자

출전은 『논어』 「안연」이다.

75

孟子曰: 君子不怨天, 不尤人. 此一時也, 彼一時也.

군자는 하늘을 원망하지 않고 남을 탓하지 않는다. 하지만 그때는 그때이고 지금은 지금이다.

— 맹자

군자라 할지라도 하늘을 원망하고 남을 탓할 때가 있다. 『맹자』 「공손추 하(公孫丑下)」에서 "맹자가 제나라를 떠날 때 충우(充虞)가 가는 도중에 여쭈었다. '선생님께서는 기분이 언짢은 듯한 낯빛입니다. 전에 제가 선생님께 군자는 하늘을 원망하지 않고 남을 탓하지 않는다고 들었습니다.' 그 말에 맹자가 '그때는 그때이고, 지금은 지금이네.'라고 답하였다."라는 문장에서 나왔다.

76

子曰: 君子有三畏: 畏天命, 畏大人, 畏聖人之言. 小人不知天命而不畏也, 狎大人, 侮聖人之言.

군자에게는 세 가지 두려워하는 것이 있다. 천명을 두려워하고, 대인을 두려워하고, 성인의 말씀을 두려워한다. 소인은 천명이 무엇인지 몰라서 두려워하지 않고, 대인을 함부로 대하고, 성인의 말씀을 업신여긴다.

— 공자

출전은 『논어』「계씨」이다.

77

『景行錄』云: 夙興夜寐, 所思忠孝者, 人不知, 天必知之. 飽食暖衣, 怡然自衛者, 身雖安, 其如子孫何?

새벽에 일어나서 밤늦게야 잠자며 나라에 충성하고 부모에게 효도하려고 생각한다면, 그런 사람은 남들은 알아주지 않아도 하늘은 반드시 알아준다. 배불리 먹고 따뜻하게 입으며 희희낙락 자기만 챙긴다면, 그런 사람은 제 한 몸은 편안할지 몰라도 그 자손은 어떻게 되겠는가?

— 『경행록』

78

『景行錄』云: 以愛妻子之心事親, 則曲盡其孝; 以保富貴之策奉君, 則無往不忠; 以責人之心責己, 則寡過; 以恕己之心恕人, 則全交.

처자식을 사랑하는 마음으로 부모를 섬기면 효도를 충분히 잘하고
제 부귀를 지키는 계책으로 군주를 받들면 어디에서든 충성할 수 있다.
남을 책망하는 마음으로 자신을 책망하면 잘못이 줄어들고
자신에게 너그러운 마음으로 남에게 너그러우면 우정이 지속된다.

—『경행록』

자기의 행복과 이익을 추구하는 욕구는 인간에게 갖추어진 본능이다. 그 욕구를 이기주의라고 매도할 수만은 없다. 그렇다고 다른 사람의 복리를 해치면서까지 추구해도 좋다는 것은 아니다. 본능적 욕구를 자기만의 범위를 넘어서 부모에게, 국가에, 친구에게 점차 확장한다면 더 훌륭한 사람이다.

79

『景行錄』云: 爾謀不臧, 悔之何及? 爾見不長, 教之何益? 利心專則背道, 私意確則滅公.

네 계획이 나쁜 것을 후회한들 무슨 소용이고
네 소견이 짧은 것을 가르친들 무슨 보탬이 되랴?
이익에만 마음을 기울이면 도리를 배반하고
사정에만 뜻을 두면 공정함을 무너뜨린다.

—『경행록』

80

會做快活人, 凡事莫生事; 會做快活人, 省事莫惹事; 會做快活人, 大事化小事; 會做快活人, 小事化沒事.

즐겁게 사는 사람이 되려면 매사에 일을 만들지 말라.
즐겁게 사는 사람이 되려면 일을 줄이고 일을 일으키지 말라.
즐겁게 사는 사람이 되려면 큰일은 되도록 작은 일로 줄여라.
즐겁게 사는 사람이 되려면 작은 일도 줄여서 일이 아예 없게 하라.

81

孔子觀周, 入后稷之廟, 有金人焉, 三緘其口, 而銘其背曰: 古之愼言人也. 戒之哉! 無多言, 多言多敗;. 無多事, 多事多患. 安樂必戒, 無所行悔. 勿謂何傷, 其禍將長; 勿謂何害, 其禍將大. 勿謂不聞, 禍將及人. 焰焰不滅, 炎炎若何; 涓涓不壅, 終爲江河. 綿綿不絶, 或成網羅; 毫末不札, 將尋斧柯. 誠能愼之, 福之根也; 曰謂何傷, 禍之門也. 故強梁者不得其死, 好勝者必遇其敵. 君子知天下之不可上者故下之, 知衆人之不可先也, 故後之. 溫恭愼德, 使人慕之. 江海雖左, 長於百川, 以其卑也. 天道無親, 而能下人, 戒之哉!

공자가 주나라를 구경하다가 후직의 사당에 들어갔다. 금으로 만든 동상이 있었는데 그 입을 세 번 꿰매어 막고 등에는 다음 글을 새겨 놓았다.

"옛날에 말을 삼간 사람이니 경계할지어다. 말을 많이 하지 말라. 말을 많이 하면 실패가 잦아진다. 일을 많이 벌이지 말라. 일을 많이 벌이면 근심이 많아진다. 편안하고 즐겁게 지내더라도 반드시 경계하고 후회할 일을 하지 말라. 나쁠 게 뭐가 있냐고 말하지 말라. 재앙이 길게 이어진다. 무슨 손해가 나느냐고 말하지 말라. 재앙이 커진다. 아무도 듣지 않는다고 말하지 말라. 재앙이 남에게까지 미친다. 불씨가 가물가물할 때 끄지 않으면 활활 타오르는 불길을 어떻게 끄려 하는가? 물이 졸졸 흐를 때 막지 않으면 결국 큰 강을 이루고 만다. 실오라기가 이어질 때 끊지 않으면 나중에는 그물처럼 커지고, 나무가 싹이 틀 때 뽑지 않으면 나중에는 도끼 자루로 쓰게 된다. 신중하게 처리하면 복을 부르는 근본이 되나, 아무런 손해도 없다고 하면 재앙이 들어오는 문이 된다. 그래서 힘

공자가 후직의 사당에 들어가 금인명을 보면서 제자들에게 말을 조심하라고 경계하는 그림. 작자 미상의 『공부자성적도(孔夫子聖蹟圖)』 중 「금인명배(金人銘背)」. 조선 1742년, 국립중앙박물관 소장.

세고 못된 자는 제명에 죽지 못하고, 이기기를 좋아하는 자는 반드시 적수를 만난다. 군자는 하늘 아래에서 윗자리에 서면 안 됨을 알기에 자신을 낮추고, 여러 사람보다 앞자리에 서면 안 됨을 알기에 남의 뒤로 물러난다. 온화하고 공손하며 신중하고 덕을 갖추어 남들이 우러러 흠모하게 한다. 장강과 바다는 낮은 곳에 있어도 모든 시내의 우두머리가 된다. 자기를 낮추기 때문이다. 하늘의 도는 그 누구도 편애하지 않고 남에게 자신을 낮추나니, 경계할지어다."

『설원』「경신」과 『공자가어』「관주(觀周)」에 나오는 글이다. 후직(后稷)은 주나라 왕조의 전설적인 시조로, 농업을 관장하는 신으로 숭배되었다. 이 글은 이른바 금인명(金人銘)으로, 말을 조심하고 일을 줄이며 겸손하라고 경계하였다.

82

生事事生, 省事事省.

일을 만들면 일이 생기고
일을 덜면 일이 줄어든다.

일에 치여 살지 않으려면 일을 줄여야 한다. 일은 만들면 만들수록 늘어나 일에 치여 삶이 버겁다. 일은 덜면 줄일 수 있고, 일을 줄이면 마음은 홀가분하고 삶은 여유가 있다. 원나라 때의 속담으로 원나라 초엽의 도사 이도순(李道純)이 『도덕회원(道德會元)』에서 인용하였다. 이후에 오징(吳澄, 1249년~1333년)은 「이안도자설(李安道字說)」에서 이 속담을 인용하여 도를 즐기는 방법을 말하였다. "속담에 '일을 만들면 일이 생기고, 일을 덜면 일이 줄어든다.'라고 하였다. 사람이 세상일을 몽땅 끊지는 못하나, 줄이는 것은 할 수 있다. 일을 줄이면 마음이 일에 휩쓸리지 않고 안정된다. 이것이 도를 편안히 즐기는 방법이다."라고 하였다.

83

柔弱, 護身之本; 剛強, 惹禍之因.

여리고 약함은 몸을 보호하는 근본이고
굳세고 강함은 재앙을 부르는 원인이다.

8

성질 참기

계성편 戒性篇

성질을 함부로 부리지 말고 화를 참고 견디라고 충고한 격언을 모은 장이다. 화를 돋우는 일로 가득한 세상에서 인내는 꼭 필요한 성품의 하나이다. 혈기를 참지 못하고 화를 불쑥 터뜨리면 속은 잠깐 시원할지 모르나, 흔히는 새로운 우환이 생긴다. 근심거리를 새로 만들지 않으려면 참을성 있는 성품을 가져야 걱정이 없다. 툭하면 화를 내는 성질을, 남과 잘 다투는 어리석은 행동을 경계하였다. 도가와 불교에 뿌리를 둔 잠언과 구전 속담에서 인용한 내용이 다수를 차지한다. 모두 15개조가 실려 있다.

I

『景行錄』云: 人性如水. 水一傾則不可複, 性一縱則不可反. 制水者, 必以堤防; 制性者, 必以禮法.

사람의 성질은 물과 같다. 물을 한번 쏟으면 도로 담을 수 없듯이, 성질을 한번 실컷 부리면 되돌이킬 수 없다. 물을 제어하려면 제방을 쌓아야 하듯이 성질을 제어하려면 예법이 꼭 필요하다.

—『경행록』

화가 난다고 발끈하여 성질을 부리고 나면 저지른 말과 행동을 다시 거둬들일 수 없다. 후회해 본들 이미 바닥에 쏟아진 물이다. 최소한의 예의를 지키려고 노력하여야 폭발하는 성질을 제어할 수 있다. 요한 볼프강 괴테(Johann Wolfgang von Goethe, 1749년~1832년)는 『잠언과 성찰(Maximen und Reflexionen)』에서 "세상이 원하는 것은 감정이 아니라 예의이다."라고 하였다.

2

忍一時之氣，免百日之憂.

한때의 끓는 혈기를 참으면 백날 겪을 근심에서 벗어난다.

자잘한 일에 핏대를 세우거나 충동적으로 분노를 표출한다면 분노 조절 장애가 아닌지 의심해 볼 일이다. 그런 질환 정도는 아녀도 화를 잘못 내고 나면 두고두고 후회한다. 1분만 참으면 10년이 평온하다. 혈기를 참으면 삶이 편안하다.

3

得忍且忍，得戒且戒. 不忍不戒，小事成大.

참을 일이 생기면 참고
삼갈 일이 생기면 삼가라.
참지 않고 삼가지 않으면
작은 일이 큰일이 된다.

참아야 할 일은 참고 삼갈 일은 삼가야 작은 일이 큰일로 번지지 않는다. 심기가 조금만 상해도 분노하고 자존심을 조금만 건드려도 다투면, 일이 걷잡을 수 없게 벌어져 큰 손해를 입거나 패가망신하기도 한다. 이방헌의 『성심잡언』에 수록된 잠언인데, 팽중강(彭仲剛, 1143년~1194년)은 「분노와 다툼의 경계[戒忿爭]」에서 속어라고 하며 인용하였다. 『사림광기』「처기경어」 등 원나라 때의 다양한 저술에 등장한다.

4

一切諸煩惱, 皆從不忍生. 臨機與對境, 妙在先見明. 佛語在無諍, 儒書貴無爭. 好條快活路, 世上少人行.

일체의 갖가지 괴로움은
무엇이든 참지 않는 데서 생겨난다.
어떤 고비나 실제 상황이 닥치면
앞을 미리 내다보는 안목이 필요하다.
부처 말씀은 다툼의 번뇌를 없애고
유가 경전은 다투지 않음을 중시한다.
즐겁게 살아갈 좋은 길이 거기 있어도
세상에는 그 길로 가는 이가 드물다.

5

忍是心之寶，不忍身之殃．舌柔常在口，齒折只爲剛．思量這忍字，好箇快活方．片時不能忍，煩惱日月長．

참음은 마음에 보배이고
참지 않음은 몸에 재앙이다.
혀는 부드럽기에 늘 입속에 있으나
이는 단단하기에 하릴없이 부러진다.
참을 인(忍), 이 글자를 헤아려 보니
즐겁게 살아갈 멋진 처방이다.
한순간 참아 내지 못하면
번뇌는 날로달로 불어나리라.

참으면 즐거운 나날이 기다리고, 참지 못하면 근심과 번뇌의 나날이 기다린다. 베르길리우스(Vergilius, 기원전 70년~기원전 19년)는 서사시 『아이네이스(Aeneis)』에서 "행복한 날들을 위하여 견디고 조심하라."라고 하였다. 조단이 1408년에 완성한 격언집 『야행촉』에서는 앞의 3조와 함께 『경행록』에 실려 있는 말로 인용하였다.

6

愚濁生嗔怒, 皆因理不通. 休添心上焰, 只作耳邊風. 長短家家有, 炎涼處處同. 是非無實相, 究竟摠成空.

어리석은 자가 성내고 노여워하니
모두가 이치를 모르는 탓이다.
마음에 불을 더 보태지 말고
귓가를 스치는 바람이거니 여겨라.
잘나고 못난 것은 어느 집에나 있고
환대하고 박대하기는 어느 곳이나 같더라.
옳거나 그르거나 참모습이 아니니
결국에는 모든 게 헛것이 된다.

어리석은 자는 분노하지만, 지혜로운 자는 분노하지 않는다. 사람을 분노하게 만드는 불공정과 옳고 그름, 환대와 박대는 사람이 살아가는 현실 세계의 본질이다. 화를 몹시 낸다고 하여 본질이 바뀌지 않는다. 가치가 전도된 세상의 현실은 근본적으로 헛것이니 화를 유발하는 온갖 소리를 귓가를 스치는 바람이거니 여기는 게 지혜로운 처신이다. 원나라 때부터 널리 알려진 시이다.

7

子張欲行, 辭於夫子. "願賜一言, 爲修身之美." 夫子曰: "百行之本, 忍之爲上." 子張曰: "何爲忍之?" 夫子曰: "天子忍之, 國無害; 諸侯忍之, 成其大; 官吏忍之, 進其位; 兄弟忍之, 家富貴; 夫妻忍之, 終其世; 朋友忍之, 名不廢; 自身忍之, 無患禍." 子張曰: "不忍何如?" 夫子曰: "天子不忍, 國空虛; 諸侯不忍, 喪其軀; 官吏不忍, 刑法誅; 兄弟不忍, 各分居; 夫妻不忍, 令子孤; 朋友不忍, 情意疏; 自身不忍, 患不除." 子張曰: "善哉善哉! 難忍難忍! 非人不忍, 不忍非人."

제자 자장이 먼 길을 떠날 때 공자에게 하직 인사를 올리며 "한마디 말씀을 내려 주셔서 제가 잘 수양할 수 있게 해 주십시오."라고 부탁하였다. 공자가 "온갖 처신에는 참는 게 으뜸가는 근본이니라."라고 했다. 자장이 "어째서 참아야 하는지요?"라고 되물었다. 공자가 이렇게 말했다. "천자가 참으면 나라에 해가 없고, 제후가 참으면 더 큰 나라를 이룬다. 관리가 참으면 지위가 올라가고, 형제가 참으면 집안이 부귀해진다. 부부가 참으면 평생을 해로하고, 친구끼리 참으면 우정을 잃지 않는다. 사람은 누구나 참으면 우환이 없어진다." 이에 자장이 "참지 않으면 어떻게 되는지요?"라고 물었더니 공자가 말했다. "천자가 참지 않으면 나라가 비고, 제후가 참지 않으면 몸을 잃는다. 관리가 참지 않으면 형벌로 죽임을 당하고, 형제가 참지 않으면 뿔뿔이 흩어진다. 부부가 참지 않으면 자식이 고아가 되고, 친구끼리 참지 않으면 사이가 서먹서먹해진다. 사람은 누구나 참지 않으면 우환이 끊이지 않는다." 그 말을 듣고 자장이 말하였다. "훌륭하고 아름다운 말씀입니다. 참기란 어렵고도 어렵습니다. 사람다운 사람이 아니면 참지 못하고, 참지 못하면 사람다운 사람이 아닙니다."

참았을 때와 참지 않았을 때의 결과는 정반대로 나타난다. 크게는 제왕과 관리에서부터 작게는 형제, 부부, 친구 사이와 자기 자신에게까지 큰 차이를 낳는다. 참지 않고 혈기를 부리면 어떤 지위에 있든지 큰 문제를 일으키고 손해를 입는다. 일상의 모든 행동에서 인내심을 길러야 하는 이유이다. 참지 않으면 사람답지 못한 사람이 될 수 있으니, 사람다운 사람으로 살기 위해서는 참을성이 있어야 한다. 공자와 제자의 문답으로 이루어진 이 글은 둔황에서 출토된 격언집 『잡초』에 나온다. 문장과 글자에는 차이가 있다.

8

忍耐在(心).

인내를 마음에 새겨야 한다.

저본에는 "인내재(忍耐在)"로만 되어 있어서 불충분한 문장이다. 다른 글자가 들어가야 문장이 되기에 적합한 글자로 채워 풀이하였다. 마음속으로 항상 인내를 다짐한다는 뜻으로 보았다.

9

『景行錄』云: 屈己者能處衆, 好勝者必遇敵.

자신을 굽히는 사람은 많은 사람과 잘 어울리고
남을 이기려 드는 사람은 반드시 적수를 만난다.
—『경행록』

실력이 있는데도 남에게 굽히는 겸손한 사람은 남도 그를 좋아하여 따르는 이가 많다. 지고는 못 사는 호승심이 강한 사람은 남을 많이 이겨 보았겠지만, 결국 자기보다 더 센 적수를 만난다. "많은 사람[衆]"이 저본과 흑구본에는 "무거움[重]"으로 되어 있으나, 『성심잡언』과 중간본을 따라 수정하였다.

10

張敬夫曰: 小勇者, 血氣之怒也; 大勇者, 義理之怒也. 血氣之怒不可有, 義理之怒不可無. 知此, 則可以見性情之正而識天理人欲之分矣.

작은 용기는 혈기의 노여움이고, 큰 용기는 의리의 노여움이다. 혈기의 노여움은 있어서는 안 되고, 의리의 노여움은 없어서는 안 된다. 이 점을 안다면 성정의 올바름을 볼 수 있고, 천리와 인욕의 차이도 분간할 수 있다.

— 장식

의로운 일에 노여워하는 하는 것은 옳으나, 혈기를 부려 노여워하는 것은 옳지 않다. 장식(張栻, 1133년~1180년)은 송나라 때의 저명한 유학자로, 자는 경부(敬夫)이고, 호는 남헌(南軒)이다. 호상학파(湖湘學派)의 대표적 인물로, 주자 및 여조겸(呂祖謙, 1137년~1181년)과 함께 학문을 논하여 동남삼현(東南三賢)으로 불렸다. 이 글은 주자가 편찬한 『맹자집주』「양혜왕 하(梁惠王下)」의 주석에 나온다.

II

惡人罵善人, 善人總不對. 善人若還罵, 彼此無智慧. 不對心清涼, 罵者口熱沸. 正如人唾天, 還從己身墜.

악인이 선인에게 욕을 하여도
선인은 절대로 맞서지 마라.
선인이 맞서서 함께 욕하면
이나 저나 지혜 없긴 마찬가지다.
맞서지 않는 이는 마음 맑아도
욕한 이는 부글부글 입이 끓는다.

하늘 향해 침을 뱉는 바보 얼굴에
침이 도로 떨어짐과 다름이 없다.

남에게 욕을 얻어먹고도 화를 내지 않기는 몹시 힘들다. 불경 『사십이장경(四十二章經)』에 나오는 어려운 일 스무 가지 가운데 하나이다. 그러나 욕을 하면 욕을 한 사람의 입이 더러워질 뿐, 욕을 얻어먹은 사람이 더러워지지는 않는다. 남 욕하면 결국은 제 욕이 될 뿐이다. 하늘에 대고 침 뱉는다는 말은 『사십이장경』에 나오는 것으로, "악인이 현자를 해치는 짓은 마치 하늘을 향해 침을 뱉는 것과 같다. 침이 하늘에 닿지도 않고 도로 자기에게 떨어진다.[惡人害賢者, 猶仰天而唾, 唾不至天, 還從己墮.]"라고 하였다. 송나라의 승려 시인 자수회심(慈受懷深, 1077년~1132년)이 당나라의 시승(詩僧) 한산(寒山)의 시를 본떠 지은 작품집인 『의한산시(擬寒山詩)』의 74수이다. 자수회심의 시는 한산의 시와 함께 간행되어 널리 읽혔는데, 우리나라에서도 일찍부터 간행되어 알려졌다. 『명심보감』에는 그의 시를 세 편 수록하였다.

12

我若被人罵, 佯聾不分說. 譬如火燒空, 不救自然滅. 嗔火亦如是, 有物遭他爇. 我心等虛空, 聽你翻唇舌.

내가 설령 남에게 욕을 먹어도
귀먹은 척 옳고 그름 가리지 않네.
그런 욕은 허공 태우는 들불과 같아
끄지 않아도 저절로 꺼지게 마련.
노여움의 불길도 이와 같아서
상대가 있어야만 타오르는 법.
내 마음은 허공과 다르지 않아
네 입술 나불대는 소리만 들려.

앞의 11조와 마찬가지로 남에게 욕설을 들었을 때 대처하는 지혜를 시로 썼다. 옳으니 그르니 맞서서 따져 봐야 의미 없다. 핏대를 올리며 노여워하는 사람을 더 자극하여, 말벌을 건드린 것처럼 더 불타오른다. 맞서지 않고 무시하면 제풀에 잦아든다. 프랑스 속담에 "잘 견디는 자가 늘 승자이다."라고 하였다. 한산의 시를 본떠 지은 자수회심의 시로, 『의한산시』 106수이다.

13

老子曰: 上士無爭, 下士好爭.

상등의 선비는 다투기를 즐기지 않으나

하등의 선비는 다투기를 즐긴다.

—노자

출전은 『청정경』이다.

14

凡事留人情, 後來好相見.

매사에 인정을 조금 남겨 두면, 나중에 좋은 낯으로 볼 수 있다.

사이가 틀어지면 말이 험악해지고 낯빛이 사나워져 다시는 보지 못할 관계로 헤어진다. 살다 보면 다시 맞대면할 일이 생길 텐데 그때는 무슨 낯으로 볼 건가? 다시는 안 볼 사람처럼 극단적인 모진 말로 관계를 끊어 놓는 짓은 어리석다. 당시의 속담으로 널리 쓰였다. 후대에는 "헤어질 때 정을 조금 남겨 두면, 오랜 뒤에라도 좋게 만날 수 있다.[人情留一線, 久後好相見.]"라는 속담으로 널리 쓰인다.

15

或問晦庵曰: “如何是命?” 先生曰: “性是也. 凡性格不通, 不近人情者, 薄命之士也.”

어떤 사람이 주자에게 “운명이란 무엇입니까?”라고 물었다. 선생의 답은 이랬다.

“성품이 바로 운명이지. 무릇 성격이 앞뒤 꽉 막히고 인정에 어긋나는 사람은 운명이 기구한 사람이야.”

9

부지런히 배우기

근학편 勤學篇

배움의 의의와 가치를 역설한 격언을 모은 장이다. 공자를 비롯한 유학자가 배움을 권유한 어록을 많이 뽑아 실었다. 또한 『태공가교』 등 통속적 계몽서에 실린, 배움에 열의를 가지라고 당부한 잠언도 다수이다. 옛사람의 배움에 대한 열망과 그 시대의 공부법을 엿볼 수 있다. 모두 22개조가 실려 있다.

1

子夏曰: 博學而篤志, 切問而近思, 仁在其中矣.

폭넓게 배우고 독실하게 기억하며, 절실하게 묻고 가까운 일부터 생각하면, 어짊이 그 가운데 있을 것이다.

— 자하

출전은 『논어』 「자장」으로, 공자의 제자인 자하가 한 말이다. 공자에게서 학문에 조예가 있다는 평을 들은 제자답게 배움의 자세를 다음과 같이 뚜렷하게 제시하였다. 하나만을 고집하지 않고 두루 넓게 배우고, 배운 것은 잊지 않고 독실하게 기억한다. 두루뭉술 묻지 말고 절실하게 꼬치꼬치 질문할 것이며, 인간의 삶과 밀착한, 가까운 일부터 고민한다. 바로 이것이 유학이 지향한 배움의 근원적 자세이다.

2

『禮記』曰: 博聞強識而讓, 敦善行而不怠, 謂之君子.

견문이 넓고 기억력이 좋은데도 겸손하고, 독실하게 선을 실천하면서도 게으름을 피우지 않는다. 그런 사람을 군자라고 한다.

—『예기』「곡례」

3

子曰: 敏而好學, 不恥下問.

두뇌가 명석하더라도 스승에게 배우기를 즐겨야 하고, 아랫사람에게 묻기를 부끄러워하지 않아야 한다.

—공자

출전은 『논어』「공야장」이다.

4

性理書云: 爲學之序, 博學之, 審問之, 謹思之, 明辨之, 篤行之.

배움에는 순서가 있다. 폭넓게 배우고, 상세히 따져 묻고, 신중하게 생각하고, 명료하게 분별하고, 독실하게 실천한다.

—『백록동서원학규』

5

莊子云: 人之不學, 若登天而無術. 學而智遠, 若披祥雲而覩青天, 如登高山而望四海.

사람이 배우지 않는 것은 하늘을 올라가려고 하면서 방법을 찾지 않는 것과 같다. 배워서 지혜가 깊어지면 상서로운 구름을 헤치고 푸른 하늘을 보는 것과 같고, 높은 산에 올라서 천하를 내려다보는 것과 같다.

— 장자

배움은 하늘을 오르는 방법이다. 배운 사람은 구름을 헤치고 푸른 하늘도 볼 수 있고, 높은 산에 올라 사해도 내려다볼 수 있다. 배우지 않으면 하늘을 오를 길이 없다. 현재 전하는 『장자』에는 나오지 않고 다른 출전은 알 수 없다.

6

莊子云: 不登峻嶺, 不知天高; 不履深崖, 豈知地厚? 人不遊於聖道, 焉可謂賢?

험준한 산에 올라 보지 않으면 하늘이 높은 줄 모르고, 깊은 벼랑 위에 서 보지 않으면 대지가 두터움을 모른다. 그러니 성인의 도에 노닐지 않은 사람을 어떻게 현명하다고 하겠는가?

— 장자

높고 깊은 학문의 세계를 접해야 하는 이유를 밝혔다. 『장자』를 인용한 『신집』 433을 재인용하였다. 출전은 유주(劉晝, 514년~565년)의 저술 『유자(劉子)』의 「숭학(崇學)」으로, 배움의 의의를 설명하고 있다. 11장 15조에 실린 『순자』의 권학문과 매우 유사하다.

7

『禮記』云: 玉不琢, 不成器; 人不學, 不知義.

옥은 가공하지 않으면 옥그릇을 이루지 못하고
사람은 배우지 않으면 의로움을 알지 못한다.

— 『예기』

원석에 들어 있는 옥은 쪼아서 가공하여야 귀중한 옥기(玉器)가 된다. 재능이 있는 사람이라도 배우지 않으면 무엇이 옳은 길인지 모른다. 사람은 배워야 능력을 발휘할 수 있는 인재로 성장한다. 『예기』「학기」에 나오는데, "의로움[義]"이 "도(道)"로 되어 있다.

8

太公曰: 人生不學, 冥冥如夜行.

사람으로 태어나 배우지 않으면 밤길을 가듯이 어둡다.

—『태공가교』

공부한 사람은 해가 뜬 낮을 사는 사람이고, 공부하지 않은 사람은 어둠이 짙은 밤을 사는 사람이다. 깜깜한 밤길을 가듯 헤매는 사람이 되지 않으려면 배워야 한다. 이 말은 『태공가교』와 『신집』 427, 『잡초』 등에 나온다. 『태공가교』에는 "나이 어려 배우는 것은 해가 뜰 때의 햇살과 같고, 나이 젊어 배우는 것은 중천에 뜬 햇볕과 같으며, 나이 늙어 배우는 것은 해가 질 때의 석양과 같다. 사람으로서 배우지 않으면 밤길을 가듯 어둡다.[小而學者, 如日出之光; 長而學者, 如日中之光; 老而學者, 如日暮之光. 人而不學, 冥冥如夜行.]"라고 하였다. 나이가 어떻든 배우는 사람은 대낮같이 밝은 그 사람만의 빛을 발산한다.

9

韓文公曰: 人不通古今, 馬牛而襟裾.

사람이 고금의 역사를 꿰뚫지 못하면
사람 옷을 입은 마소와 다름없다.
— 한유

한유(韓愈, 768년~824년)는 당나라 때의 저명한 문인이다. 「성남에서 독서하는 아들에게[符讀書城南]」라는 시를 지어 아들을 훈계하면서 고금 역사를 폭넓게 알아야 사람 구실을 한다고 하였다.

10

人不知學, 譬如牛羊.

사람이 배울 줄 모르면 소나 양과 같다.

11

朱文公曰: 勿謂今日不學而有來日, 勿謂今年不學而有來年. 日月逝矣, 歲不我延. 嗚呼老矣, 是誰之愆?

오늘 배우지 않아도 내일이 있다고 하지 말고
올해 배우지 않아도 내년이 있다고 하지 말라.
세월은 흘러가서 나를 기다려 주지 않으니
아! 그대로 늙는다면 누구의 잘못인가?
— 주자

출전은 『고문진보』이다.

12

朱文公曰: 家若貧, 不可因貧而廢學; 家若富, 不可恃富而怠學. 貧若勤學, 可以立身; 富若勤學, 名乃光榮. 惟見學者顯達, 不見學者無成. 學者乃身之寶, 學者乃世之珍. 是故學者乃爲君子, 不學則爲小人. 後之學者, 各宜勉之.

집안이 가난하여도 가난 탓에 배우기를 포기해서는 안 되고, 집안이 부유하여도 부유함을 믿고 배우기를 게을리해서는 안 된다. 가난하여도 부지런히 배우면 세상에 나가 행세할 수 있고, 부유하여도 부지런히 배우면 이름이 더 빛난다. 배운 사람이 세상에 드러난 것은 봤어도 배운 사람이 뜻을 이루지 못한 것은 보지 못하였다. 배우면 자신도 보배가 되고, 배우면 세상에도 보배가 된다. 이런 까닭에 배우면 군자가 되고, 배우지 않으면 소인이 된다. 후세에 배우는 사람은 제각기 노력할 일이다.

— 주자

13

徽宗皇帝「勸學」: 學也好, 不學也好. 學者如禾如稻, 不學者如蒿如草. 如禾如稻兮, 國之精糧, 世之大寶. 如蒿如草兮, 耕者憎嫌, 鋤者煩惱. 他日面牆, 悔之已老.

배워도 좋고 배우지 않아도 좋다.
그러나 배운 사람은 낟알 같고 벼 같지만
배우지 않은 사람은 쑥 같고 잡초 같다.
낟알 같고 벼 같은 이여!
나라에는 곱게 찧은 양식이요, 세상에는 보배로다.
쑥 같고 잡초 같은 이여!
밭갈이하는 자가 미워하고 밭매는 자가 괴로워한다.
훗날 담벼락을 마주 본 듯이 무지하여도
뉘우친들 이미 늙어버렸다.

— 휘종 황제, 「권학」

「권학(勸學)」이 저본에는 「근학(勤學)」으로 되어 있으나, 흑구본과 중간본을 따라 수정하였다.

14

『直言訣』曰: 造燭求明, 讀書求理. 明以照暗室, 理以照人心.

초를 만들어 밝음을 구하고
책을 읽어 진리를 찾는다.
촛불은 어두운 방을 비추고
진리는 사람의 마음을 밝게 비춘다.
—『직언결』

촛불을 켜서 어두운 방을 밝히듯이 책을 읽어 진리를 찾는다. 『진언요결』 권1에 나오는 "초를 만드는 것은 밝음을 구하기 위함이고, 경서를 읽는 것은 진리를 찾기 위함이다. 밝음은 어두운 방을 밝게 비추고, 진리는 어두운 마음을 밝게 비춘다.[造燭者爲求其明, 讀經者爲求其理, 明以照暗室, 理以照暗心.]"라는 구절을 다듬어 만든 격언이다. 『신집』 267에도 비슷하게 나온다.

15

劉通曰: 蠶質合絲, 待繰方出. 人情懷知, 須學乃成.

누에의 자질이 명주실에 잘 맞아도
고치를 켜야 명주실을 뽑고
사람의 천품이 지혜를 품고 있어도
배워야만 지혜를 완성한다.

—유통

훌륭한 자질과 천품이 있어도 배워야 쓸모 있는 사람이 된다. 『신집』 서문에서 뽑은 격언이다. 유통(劉通)은 문헌에서 확인되지 않는 인물이다.

16

『禮』曰: 獨學無友, 則孤陋寡聞.

학우가 없이 혼자서 공부하면
고루하고 견문이 적다.

—『예기』「학기」

17

書是隨身本，才是國家珍.

서책은 몸에 휴대할 근본이고
인재는 국가의 보배이다.

둔황에서 출토된 아동교육용 학습서로 『수신보(隨身寶)』가 있다. 항시 몸에 휴대하고 다니며 학습해야 할 보물같은 물건이라는 뜻이다. 글에서 "수신(隨身)"을 "수신(修身)"으로 보면 문맥이 더 매끄럽기는 하다.

18

『論語』云：學如不及，猶恐失之.

배움의 기회를 놓칠까 안달하고, 배운 것도 잃어버릴까 조바심을 내어야 한다.

—『논어』

『논어』「태백」에서 공자가 한 말이다. 1장 「끊임없는 선행」 46조에서 공자는 “선행을 보거든 기회를 놓칠까 안달하며 서둘러 행하고”라는 비슷한 말을 하였다. 선행의 기회처럼 배움의 기회가 우리 앞에 항상 있는 것은 아니다. 공부할 좋은 기회가 생겼을 때 그 기회를 잃지 말고 서둘러 배우려고 노력하여야 한다.

19

學到老, 不會到老.

늙을 때까지 공부하니 늙은 줄도 몰랐다.

당시에 널리 알려진 속담인데, 누가 한 말인지는 알 수 없다. 이 말에서 파생된 속담이 “늙도록 활동하고, 늙도록 배운다.[活到老, 學到老.]”이다. 늙어 죽을 때까지 배움은 끝이 없다는 뜻으로, 현대 중국에서는 평생 학습의 명구로 널리 사용한다.

20

『論語』云: 好仁不好學, 其蔽也愚; 好直不好學, 其蔽也絞; 好信不好學, 其蔽也賊; 好勇不好學, 其蔽也亂; 好剛不好學, 其蔽也狂.

어짊을 좋아하되 배우기를 좋아하지 않으면 그 폐단은 어리석음이요, 강직함을 좋아하되 배우기를 좋아하지 않으면 그 폐단은 성급함이요, 신의를 좋아하되 배우기를 좋아하지 않으면 그 폐단은 도적질이요, 용기를 좋아하되 배우기를 좋아하지 않으면 그 폐단은 난동질이요, 강인함을 좋아하되 배우기를 좋아하지 않으면 그 폐단은 경솔함이다.

—『논어』

『논어』「양화(陽貨)」에 나오는 글을 축약하여 제시하였으나, 착오가 있어 바로잡고서 번역하였다.

21

子曰: 弟子入則孝, 出則悌, 謹而信, 汎愛衆而親仁. 行有餘力, 則以學文.

제자들은 집에 가서는 효도해야 하고, 밖에 나와서는 공손해야 하며, 행동을 삼가고 믿음이 가게 말해야 하고, 남을 두루 사랑하되 어진 사람과 가까워져야 한다. 일하고 남은 힘이 있으면 글을 배워야 한다.

—공자

출전은『논어』「학이」이다.

22

諸葛武侯「戒子書」曰: 君子之行, 靜以修身, 儉以養德. 非澹泊, 無以明志; 非寧靜, 無以致遠. 夫學須靜也, 才須學也. 非學, 無以廣才; 非靜, 無以成學. 滔慢則不能研精, 險躁則不能理性. 年與時馳, 意與歲去, 遂成枯落, 悲歎窮廬, 將復何及也?

군자는 조용하게 몸을 닦고, 검소하게 덕망을 기른다. 담박하지 않으면 뜻을 분명히 펼칠 수 없고, 차분하지 않으면 원대한 일을 이룰 수 없다. 배우려면 모름지기 조용하여야 하고, 재능을 갖추려면 모름지기 배워야 한다. 배움이 아니면 재능을 넓힐 길이 없고, 조용함이 아니면 배움을 이룰 길이 없다. 방탕하고 게으르면 전념하여 깊이 배울 수 없고, 거칠고 조급하면 성정을 닦아 기를 수 없다. 나이는 시간과 더불어 내달리고, 의지는 세월과 함께 사라진다. 끝내 초목처럼 시들고 떨어져서 낡은 오두막에 처박혀 슬퍼하며 탄식한들 되돌아갈 수 있으랴?

— 제갈량, 「아들을 경계한 글[戒子書]」

부지런히 배우라고 아들을 훈계한 제갈량의 글로, 『예문유취(藝文類聚)』와 『태평어람(太平御覽)』, 『소학』「가언」 등에 실려 전한다.

10

자녀 교육

훈자편 訓子篇

자녀 교육의 의의를 밝히고 교육의 방법을 제시한 격언을 모은 장이다. 자녀가 가정과 사회에서 부모와 어른에게 배우도록, 스승을 찾아 배우도록 부모는 여러 형태의 교육 환경을 만들어 주어야 한다. 자녀 교육보다 중요한 일이 없다면서 교육을 부모의 중요한 의무로 여겼다. 그 방법으로는 엄한 교육을 중시하여 매를 들어서라도 인성과 습관을 바로잡아 주어야 한다고 하였다. "예쁜 아이에게는 매를 많이 들고, 미운 아이에게는 밥을 많이 주어라."라는 속담을 비롯해 여러 조에서 엄한 교육을 강조하였다. 한편 물질적 유산보다 교육과 기술 습득을 통해 스스로 살아갈 방법을 자녀에게 유산으로 물려주라는 생각도 흥미롭다. 모두 17개조가 실려 있다.

I

司馬溫公曰: 養子不教父之過, 訓導不嚴師之惰. 師嚴父教兩無外, 學問不成子之罪. 煖衣飽食居人倫, 視我笑談如土塊. 攀高不及下品流, 稍遇賢材無與對. 勉後生, 力求誨. 投明師, 莫自昧. 一朝雲路果然登, 姓名亞等呼先輩. 室中若未結親姻, 自有佳人求匹配. 勉旃汝等各早修, 莫待老來空自悔.

자식을 기르되 가르치지 않으면 부모의 잘못이고
훈계하여 이끌되 엄하지 않으면 스승의 태만이다.
부모는 가르치고 스승은 엄하여 둘 다 잘못이 없는데도
학문을 이루지 못했다면 자식의 잘못이다.
옷 잘 입고 음식 잘 먹고 남과 잘 어울리면서
선생하고 담소하기는 하찮게 여긴다.
높은 수준에 오르지는 못하고 밑바닥에 머무니
현명한 인물을 조금 만나더라도 상대하지 못한다.
후생들이여! 가르침을 힘써 구하고
훌륭한 스승을 찾아 무지에서 벗어나라!
하루아침에 높은 지위에 훌쩍 오르면
명망 있는 선배와 이름을 나란히 한다.
혼인하여 가정을 이루지 못했더라도
멋진 사람 나타나 짝이 되기 원하리라.
학생들은 제각기 공부를 서두르고
늙은 뒤에 부질없이 후회할 일 하지 말라.

—사마광

청주본 『명심보감』에서는 권학문(勸學文)을 다수 수록하여 9장에서는 9조에 한유, 11조에 주자가 지은 권학시를 수록하였고, 12조에 주자의 「근학문(勤學文)」, 13조에 휘종의 「권학문」을, 10장에서는 사마광의 「권학가」, 유영의 「권학문」, 백거이의 「면자문」을 수록하였다. 그중에서 사마광의 「권학가」, 한유와 주자의 권학시, 유영과 백거이의 권학문은 『고문진보(古文眞寶)』에 실려 있다. 『고문진보』는 송나라 말엽의 학자인 황견(黃堅)이 편찬한 시문 선집으로, 한국과 일본에서 문장을 익히는 대표적 교재로 널리 읽혔다. 『명심보감』에도 권학문이 여덟 편이나 실려 있고, 절반 넘게 글이 겹친다.

2

柳屯田「勸學」: 父母養其子而不教, 是不愛其子也. 雖教而不嚴, 是亦不愛其子也. 父母教而不學, 是子不愛其身也. 雖學而不勤, 是亦不愛其身也. 是故養子必教, 教則必嚴, 嚴則必勤, 勤則必成. 學則庶人之子爲公卿, 不學則公卿之子爲庶人.

부모가 자식을 기르되 가르치지 않으면
자식을 사랑하지 않는 것이고
가르치더라도 엄하지 않으면
그 또한 자식을 사랑하지 않는 것이다.

부모가 가르치는데 자식이 배우지 않으면
자식이 저 자신을 사랑하지 않는 것이고
배우더라도 부지런하지 않으면
그 또한 저 자신을 사랑하지 않는 것이다.
그러니 자식을 기르려면 반드시 가르쳐야 하고
가르치려면 반드시 엄하게 하여야 한다.
엄하게 가르치면 반드시 부지런히 배워야 하고
부지런히 배우면 반드시 성공을 거둔다.
배우면 서민의 자식도 정승과 판서가 되고
배우지 않으면 정승과 판서의 자식도 서민이 된다.

— 유영, 「권학문」

자식을 사랑한다면 잘 가르쳐야 하고, 또 엄하게 가르쳐야 한다. 자식이 부모의 엄한 가르침을 잘 따라 부지런히 배운다면 누구든지 성공할 수 있다. 유영(柳永, 987년~1053년)은 북송의 문인으로, 사(詞)를 잘 지었다. 관직이 둔전원외랑(屯田員外郎)에 이르러 흔히 유둔전(柳屯田)이라 부른다. 그가 지었다고 전하는 「권학문」은 『고문진보』와 『명심보감』 두 곳에 실려 있는데, 유영의 다른 작품집에는 나오지 않는다. 『치가절요』 상권 「훈자(訓子)」에서 1조와 2조의 두 대목을 인용하여 자녀 교육에 힘쓰라고 하였다.

3

白侍郎「勉子文」：有田不耕倉廩虛，有書不教子孫愚．倉廩虛兮歲月乏，子孫愚兮禮義疏．若惟不耕與不教，是乃父兄之過歟．

밭 있어도 갈지 않으면 곡식 창고가 비고
책 있어도 가르치지 않으면 자손이 어리석다.
창고가 비면 생활이 궁핍해지고
자손이 어리석으면 예의를 못 차린다.
밭도 갈게 하지 않고, 책도 가르치지 않는다면
그야말로 부모와 어른의 잘못이다.

— 백거이, 「자식을 훈계한 글[勉子文]」

농사든 공부든 어리고 젊을 때 배워서 삶의 기반을 닦도록 하는 것이 어른의 책무이다. 백거이(白居易, 772년~846년)의 문집에는 실리지 않은 글로, 『고문진보』 전집(前集)에 백거이의 「권학문」으로 실려 있다.

4

『景行錄』云: 賓客不來門戶俗, 詩書無教子孫愚.

손님이 찾아오지 않으면 집안이 저속해지고
글을 가르치지 않으면 자손이 어리석어진다.

—『경행록』

손님이 찾아오고, 자녀가 글을 배우는 가정이 좋은 가정이다. 첫 구절은 위진(危稹, 1158년~1234년)이 지은 「접객편(接客篇)」의 마지막 시구로, 남송 사람 유극장(劉克莊, 1187년~1269년)의 『후촌시화(後村詩話)』에 전한다. "손님을 맞이하네, 손님을 맞이하네. 높은 분도 맞이하고, 낮은 분도 맞이하네. 큰 놈은 착하게 차를 잘도 내오고, 작은 놈은 달려와서 인사를 잘도 하네. 집사람이 삼단 같은 머리를 자르지 않으니, 나는 『당서(唐書)』를 전당포에 맡기고 음식을 장만해야지. 『당서』는 맡겼다가 되찾아 오면 되지만, 손님이 찾아오지 않으면 집안이 저속해지네.[接客接客, 高亦接, 低亦接. 大兒穩善會傳茶, 小兒踉蹡能作揖. 家人不用翦髻雲, 我典唐書充饌設. 唐書典了猶可贖, 賓客不來門戶俗.]" 익살스러운 시의 마지막 구절을 3조의 백거이 글귀와 엮어 새 잠언으로 만들었다.

5

莊子曰: 事雖小, 不作不成; 子雖賢, 不教不明.

아무리 작은 일이라도 도모하지 않으면 이루지 못하고
아무리 똑똑한 자식이라도 가르치지 않으면 사리에 밝지 못하다.
— 장자

작은 일이라고 가볍게 여기고 손을 대지 않으면 그 어떤 일도 이뤄지지 않는다. 작은 일부터 최선을 다해야 한다. 똑똑하고 재능이 있다고 해도 가르치지 않으면 견문이 트이지 않고 능력을 발휘하지 못한다. 똑똑할수록 가르쳐야 한다.

6

『漢書』云: 黃金滿籯, 不如教子一經; 賜子千金, 不如教子一藝.

황금 바구니를 자식에게 남겨 주는 것이 한 권의 경서를 가르치는 것만 못하고
천금을 자식에게 물려주는 것이 한 가지 기예를 가르치는 것만 못하다.
— 『한서』

유산으로 재물을 물려주는 것이 대물림의 오랜 통념이다. 하지만 잘 배운 기술 하나가 막대한 유산보다 낫다. 옛날에도 재물을 물려주느니 많은 교육과 뛰어난 기술을 물려주는 게 더 나은 대물림이라고 여겼다. 두 개의 속담을 하나로 합한 격언이다. 앞 구절은 『한서(漢書)』 「위현전(韋賢傳)」에서 인용하였다. 한나라 때의 학자이자 승상인 위현(韋賢)이 네 아들을 두었는데, 막내아들 위현성(韋玄成, ?~기원전 36년)은 특히 경서에 밝아 벼슬이 승상에 이르자 이런 속담이 유행하였다. 뒤 구절은 둔황 출토 사본인 『태공가교』와 『신집』 262, 『잡초』 등에 나오는 속담으로 앞 구절과 짝을 맞췄다. 원나라 학자 공제(孔齊)는 『지정직기(至正直記)』에서 "날마다 일천 문(文)의 돈을 주는 것이 한 가지 기예로 몸을 보전하는 것만 못하다.[日進千文, 不如一藝防身.]"라는 속담을 인용했다. 그러고는 그 기예로 독서가 가장 낫다고 했고, 그다음은 힘을 쓰는 농사라고 했으며, 그다음은 장인과 장사라고 하였다.

7

至樂莫如讀書, 至要莫如教子.

책을 읽는 것보다 더 큰 즐거움은 없고
자식을 가르치는 것보다 더 중요한 일은 없다.

독서에 취미를 붙인 사람은 큰 즐거움을 누린다. 독서는 그 자체로 즐거운 일이지만, 동시에 지적 만족감과 사회적 성취감을 선물한다. 책을 읽는 사람은 자녀에게 공부의 본보기가 되어 그 선물을 다음 세대에 넘겨줄 수 있다. 한 가정에서 자녀 교육보다 더 앞세울 일은 없다. 『성심잡언』에 나오는 잠언이다.

8

公孫丑曰: 君子之不敎子, 何也? 孟子曰: 勢不行也. 敎者必以正, 以正不行, 繼之以怒, 則反夷矣. 夫子敎我以正, 夫子未出於正也. 則是父子相夷也. 父子相夷, 則惡矣. 古者易子而敎之. 父子之間不責善, 責善則離, 離則不祥莫大焉.

공손추(公孫丑)가 "군자는 자식을 직접 가르치지 않으니, 어째서 그렇습니까?"라고 물으니 맹자가 이렇게 대답하였다. "형편상 잘되지 않기 때문이다. 교육은 반드시 올바른 도리를 내세워야 한다. 올바른 도리로 가르치다가 잘되지 않으면 노여움이 뒤따르고, 노여움이 뒤따르면 서로를 해치게 된다. '아버지는 나에게 올바른 도리를 가르치면서, 정작 아버지는 올바른 도리를 행하지 않는다.'라고 자식이 생각하면 이는 아버지와 자식이 서로를 해치는 것이다. 아버지와 자식이 서로를 해치면 몹시 안 좋다. 옛날에는 자식을 바꾸어서 가르쳤다. 아버지와 자식 사이에서는 더 잘하라고 다그치면 안 되니, 더 잘하라고 다그치면 사이가 벌어진다. 사이가 벌어지면 이보다 더 상서롭지 못한 일이 없다."

출전은 『맹자』「이루 상」이다.

9

呂滎公曰: 內無賢父兄, 外無嚴師友, 而能有成者, 鮮矣.

안으로 현명한 아버지와 어른이 없고 밖으로 엄한 스승과 벗이 없는데도 큰일을 이룬 사람은 드물다.

— 여희철

한 사람이 큰 인물로 성장하는 데에는 가정과 사회의 노력이 필요하다. 여희철(呂希哲, 1039년~1116년)은 북송 때의 유학자이자 명신이다. 형양군공(滎陽郡公)에 봉해져 여형공(呂滎公)이라 부른다. 『소학』「선행」에 실려 전한다.

10

太公曰: 男子失教, 長必頑愚; 女子失教, 長必麤疏.

사내아이가 배우지 못하면 커서 반드시 미련하거나 어리석고 여자아이가 배우지 못하면 커서 반드시 거칠거나 서툴다.

—『태공가교』

11

太公曰: 養男之法, 莫聽誑言; 育女之法, 莫教離母. 男年長大, 莫習樂酒; 女年長大, 莫令遊走.

사내아이는 거짓말을 하지 못하게 기르고
여자아이는 어머니 곁을 벗어나지 못하게 가르친다.
사내아이가 자라나면 음악과 술을 익히지 못하게 하고
여자아이가 자라나면 밖을 쏘다니지 못하게 한다.

—『태공가교』

12

嚴父出孝子, 嚴母出巧女.

엄한 아버지 밑에서 효도하는 아들이 나오고
엄한 어머니 밑에서 슬기로운 딸이 나온다.

가정교육은 엄하여야 한다. 사랑스럽다고 오냐오냐 받아만 주면 올바른 인성을 갖춘 아이로 성장하는 것을 방해한다. 엄한 부모의 교육 아래에 인성과 능력을 잘 갖춘 자녀가 나온다. 『사림광기』 「치가경어」에 나오는 격언이다.

13

憐兒多與棒, 憎兒多與食.

예쁜 아이에게는 매를 많이 들고
미운 아이에게는 밥을 많이 주어라.

당시의 속담이다. 중세 라틴어 속담에도 "자식을 사랑하는 이는 매로 다스린다."라고 하였다. 정조 때의 학자 이덕무(李德懋, 1741년~1793년)는 『사소절(士小節)』에서 당시 속담에 "미운 아이에게는 떡을 많이 주고, 예쁜 아이에게는 매를 많이 들어라.[憎兒多與餠, 愛兒多與打.]"라는 말이 있다고 하였다. 현대의 우리 속담 "귀한 자식 매 한 대 더 때리고, 미운 자식 떡 하나 더 준다."가 여기에서 나왔다.

14

憐兒無功, 憎兒得力.

애지중지 키운 아이는 보람이 없고
구박하여 키운 아이는 보답이 있다.

15

桑條從小鬱, 長大鬱不屈.

뽕나무 가지가 어릴 때 비뚤어지면
크게 자라서는 비뚤어졌어도 굽히지 않는다.

아이가 어릴 때 성품과 습관을 고쳐야지 나이 들어서는 고치기 어렵다. 당시 속담으로 나중에는 "뽕나무 가지가 어릴 때부터 꼿꼿하면, 크게 자라서도 비뚤어지지 않는다.[桑條從小直, 長大就不歪.]"라고 쓰기도 하였다. 『성심언(醒心諺)』이라는 시집에는 자녀가 어릴 때 버릇을 바로잡아야 한다는 시가 실려 있는데, 명나라 말엽의 정공원(程公遠)은 그 시에서 이 속담을 활용하였다. "세상의 자애로운 어머니가 안타까우니, 아이를 아끼다가 도리어 아이를 해치네. 뽕나무

가지가 어릴 때 비뚤어지면 지체하지 말지니, 크게 자라서는 고치기가 되레 어렵다. 엄한 아버지는 정성껏 가르치되 오냐오냐하지 말고, 엄한 스승은 꾸짖어 가르치되 뒤로 물러서지 말라. 매를 쳐서 좋은 사람 만들었을 때, 옛사람 말이 옳다는 것 드러나리라.[可嘆世間慈母, 惜兒反害其兒, 桑條從小鬱休遲, 長大却難懲治. 嚴父苦教莫護, 嚴師責訓休辭, 棒頭打出好人時, 方顯古人言是.]"

16

人皆愛珠玉, 我愛子孫賢.

사람은 누구나 보석을 사랑하지만
나는 현명한 자손을 사랑한다.

남들은 값비싼 보석을 아끼고 원하더라도 나는 자손이 현명하기를 소망한다. 왕매(王邁, 1184년~1248년)는 『구헌집(臞軒集)』에 실린 「애현당부(愛賢堂賦)」에서 이 시구를 인용하여 자손이 현명하기를 바라는 심경을 밝혔다. 보석이 많아 부자라 해도 자손이 현명하지 않으면 재물을 지킬 수 없지만, 자손이 현명하다면 없는 재물도 만들 수 있다. 나중에는 "황금이 많은 부자가 되기를 원치 않고, 자손이 현명하기만을 원한다.[不願金玉富, 但願子孫賢.]"와 같은 속담이 되어 널리 쓰였다.

17

『內則』曰: 凡生子, 擇于諸母與可者, 必求其寬裕慈惠, 溫良恭敬, 愼而寡言者, 使爲子師. 子能食食, 敎以右手, 能言, 男唯女俞, 男鞶革, 女鞶絲. 六年, 敎之數與方名. 七年, 男女不同席, 不共食. 八年, 出入門戶及卽席飮食, 必後長者, 始敎之讓. 九年, 敎之數日. 十年, 出就外傅, 居宿於外.

자녀를 낳으면 집안 부인이나 일을 맡길 만한 여인 가운데 적임자를 고른다. 반드시 너그럽고 인자하며 온화하고 공손하여 신중하고 말수가 적은 이를 찾아서 자녀의 스승으로 삼는다. 자녀가 음식을 먹을 때가 되면 오른손을 쓰도록 가르친다. 말을 배우면 사내아이는 빨리 대답하게 하고, 여자아이는 천천히 대답하게 하며, 사내아이는 가죽띠를 띠게 하고, 여자아이는 실띠를 띠게 한다. 여섯 살이 되면 셈법과 방위 이름을 가르치고, 일곱 살이 되면 남녀가 자리를 함께하여 앉지 않게 하고, 식기를 같이 쓰며 식사하지 않게 한다. 여덟 살이 되면 문을 출입하거나 자리에 앉고 음식을 먹을 때 반드시 어른보다 나중에 하게 하여 본격적으로 사양하는 예의를 가르친다. 아홉 살이 되면 날짜와 해를 세도록 가르치고, 열 살이 되면 집 밖으로 나가 스승에게 배우며 밖에서 머물게 한다.

—『예기』「내칙(內則)」

명심보감 하권

下卷

II

마음의 성찰

성심편 省心篇

인생에서 겪는 다양한 문제를 예민하게 포착하고, 현실 세계의 불편한 진실을 숨김없이 드러낸 격언과 잠언, 속담을 모은 장이다. 『명심보감』에서 가장 많은 격언이 수록되어 있는 장인데, 그만큼 책의 기본 취지를 반영하였다. 체계가 뚜렷하지는 않으나 비슷한 소재를 몇 개조씩 묶어서 배열하였다. 상권 5장, 7장의 주제와 함께 몸과 마음을 성찰하고 세상 인심을 파악하는 주제가 다수이다. 빈부와 재물, 사회생활과 가정 운영, 인심과 교우 관계, 배신과 선의 등 인생에서 겪는 수많은 생활 속 경험을 다룬다. 하지만 특정한 주제에 얽매이지 않고 다양한 인간사를 다루고 있다. 인정세태(人情世態)를 다채롭게 묘사한 잠언에서는 청언(淸言)의 분위기가 짙게 풍긴다. 구전 속담이 큰 비중을 차지하고, 촌철살인의 잠언은 문학적 색채가 짙다. 『명심보감』의 중심을 이루는 장이다. 모두 256개조가 실려 있다.

1

『資世通訓』: 陰法遲而不漏, 陽憲速而有逃.

숨어서 하는 하늘의 법 집행은 더디기는 하나 빠져나갈 구멍이 없고
드러내 놓고 하는 인간의 법 집행은 빠르기는 하나 도망갈 구멍이 있다.
—『자세통훈』

인간의 법망은 피할 수 있으나 하늘의 법망은 피할 수 없다. 약삭빠르게 법망을 피했다고 좋아하지 마라. 하늘의 법 집행자가 곧 찾아온다.『자세통훈(資世通訓)』「민용전장(民用前章)」에 나오는 격언이다. 이 책은 명나라의 홍무제(洪武帝, 재위 1368년~1398년)가 저술하여 1375년에 간행했는데,『명심보감』에서 인용한 책 가운데 가장 최신 저술이다.

2

陽網疎而易漏, 陰網密以難逃.

겉으로 드러난 인간의 법망은 성글어 빠져나가기 쉽고
속으로 숨겨진 하늘의 법망은 촘촘해 도망가기 어렵다.

3

『景行錄』云: 無瑕之玉, 可以爲國瑞; 孝悌之子, 可以爲家寶.

흠 없이 아름다운 보옥은 나라의 보배이고
효성스럽고 공손한 자식은 가정의 보배이다.

—『경행록』

4

『景行錄』云: 寶貨用之有盡, 忠孝享之無窮.

보석과 재물은 쓰다 보면 다 없어지지만
충성과 효도는 아무리 누려도 다함이 없다.

—『경행록』

유형의 자산이 소중하기는 해도 무형의 자산은 그보다 더 소중하다. 유형의 자산은 당장 쓸모가 있으나 한정이 있고, 무형의 자산은 인간다운 삶을 영위하는 기반이면서 아무리 써도 끝이 없다. 유형의 자산을 소중히 여기는 사람은 많고, 무형의 자산을 소중히 여기는 사람은 적다.

5

家和貧也好, 不義富如何? 但存一子孝, 何用子孫多?

가정이 화목하면 가난해도 좋으니
의롭지 않으면 부자인들 무엇 하랴?
효도하는 자식은 하나로도 충분하니
자손이 많은들 어디에 쓰랴?

옛날에는 행복의 지표가 수부귀다남(壽富貴多男)이었다. 오래 살고 부귀하며 자손이 많아야 행복한 가정이라고 보았다. 이 격언은 그런 지표의 허상을 꼬집는, 공감 가는 말이다. 의롭지 않은 부귀가 무슨 소용이냐, 가난해도 가정만 화목하면 된다고 하였고, 자손이 많은들 무슨 소용이냐, 자식 한 명만 효도해도 충분하다고 하였다. 원나라 때 속담으로 희곡 등에 자주 쓰였다.

6

父不憂心因子孝, 夫無煩惱是妻賢. 言多語失皆因酒, 義斷親疏只爲錢.

부모에게 근심이 없는 것은 자식이 효도하기 때문이고

남편에게 번뇌가 없는 것은 아내가 현명하기 때문이다.
말이 많아지고 말을 실수하는 것은 모두가 술 탓이고
의가 끊어지고 친척이 멀어지는 것은 오로지 돈 탓이다.

인생 주변에서 일어나는 일에는 대개 그럴 만한 이유가 있다. 자녀가 효도하면 부모가 근심하고 걱정할 일이 없고, 아내가 현명하면 남편이 괴롭지 않으니 부러운 일이다. 과음 탓에 말실수가 생기고, 금전 문제로 친척 사이에 의가 상하니 예방할 일이다.

7

『景行錄』云: 旣取非常樂, 須防不測憂.

분에 넘치는 즐거움을 누리고 있다면
예측하기 힘든 우환을 예방하여야 한다.
—『경행록』

인생에서 온갖 쾌락과 권력을 누리고 있다고 영원히 그러리라고 자만하지 말라. 큰 우환을 만나기 쉬우니 미리 조심하고 예방하는 것이 옳다. 자만을 경계하라는 취지에서 앞 구절을 "분에 넘치는 즐거움은 누리지 말라.[莫取非常樂]"로 쓰는 경우가 많다. 송대의 철리(哲理) 시인 소강절이 지은 「입추에 냇가에서 짓다[立秋日川上作]」의 일부이다. "부귀는 사랑하기 정말 어렵고, 가난은 시름을 잘도 자아낸다. 젊을 때 저지른 그릇된 일로 늙은 뒤에 부끄러움을 안기지 말라! 분에 넘치는 즐거움을 누린다면, 예측하기 어려운 우환을 예방해야지. 처음부터 끝까지 처신 잘하여, 오래도록 나라에 큰 어른 될 사람 그게 누굴까?[富貴固難愛, 貧寒易得愁. 休將少時態, 移作老年羞. 旣有非常樂, 須防不測憂. 誰能保終始, 長作國公侯.]"

8

樂極悲生.

즐거움이 절정에 이르면 슬픔이 생겨난다.

출전은 『사기』「골계 열전」이다.

9

得寵思辱, 居安慮危.

총애받고 있을 때는 치욕 당할 일을 생각하고

편안하게 지낼 때는 닥쳐올 위기를 염려하라.

총애는 치욕을 품고 있고, 편안함은 위기를 품고 있다. 두려워하며 염려할 일이다. 『음부경(陰符經)』에서는 "은혜는 해코지에서 나오고, 해코지는 은혜에서 나온다.[恩生於害, 害生於恩.]"라고 하였다. 총애와 치욕, 편안함과 위기의 양극단이 시소를 타듯이 엎치락뒤치락하며 인생에 파란을 일으킨다. 범입본은 『치가절요』 상권 「위기를 염려함[慮危]」에서 이 속담을 인용하고 지혜로운 대처를 당부하였다. 어제본에서는 출전을 『경행록』으로 밝혔다.

10

『景行錄』云: 榮輕辱淺, 利重害深.

영화가 가벼우면 욕됨이 얕고
이익이 무거우면 손해가 깊다.

—『경행록』

어떤 일을 하든 일의 비중에 상응하는 보상과 징벌이 따른다. 부귀영화를 누리지 못한 사람에게는 책임도 치욕도 뒤따르지 않는다. 반면에 권력을 누리고 큰 이익을 얻은 사람은 큰 위험과 큰 손해에 노출된다.

11

『景行錄』云: 盛名必有重責, 大巧必有奇窮.

큰 명성에는 반드시 무거운 책임이 따르고
큰 재능에는 반드시 기막힌 곤경이 들어 있다.
—『경행록』

12

『景行錄』云: 甚愛必甚費, 甚譽必甚毁. 甚喜必甚憂, 甚贓必甚亡.

큰 총애에는 반드시 큰 비용이 들고
큰 칭찬에는 반드시 큰 헐뜯음이 따른다.
큰 기쁨에는 반드시 큰 근심이 생기고
큰 뇌물에는 반드시 큰 패망이 따른다.
—『경행록』

세상에는 공짜가 없어, 누리는 만큼 그에 합당한 대가를 요구한다. 남보다 훨씬 큰 부귀영화를 누리려는 욕망이 있다면 그 값을 치를 준비를 미리 하는 게 좋다.

13

恩愛生煩惱, 追隨大丈夫. 亭前生瑞草, 好事不如無.

다정한 사랑은 번뇌를 낳고
대장부의 뒤를 좇아 따라다닌다.
정자 앞에 상서로운 풀 돋아났으나
좋은 일이라도 없는 게 차라리 낫다.

연인과의 사랑이 좋기는 하나 번뇌에 시달리게 하고, 상서로운 풀이 뜰에 돋아나 좋기는 하나 (찾아오는 구경꾼들이) 사람을 귀찮게 한다. 정말 좋은 것은 대개 상응하는 대가를 요구한다. 아무리 좋아도 괴로움을 낳는 일은 하지 않는 게 좋다. 1468년 3월 5일, 세조는 경상도 감사와 충청도 감사로 부임하는 신하들에게 "그대들에게 한 지방을 맡겼으니, 각각 그대들의 일을 삼가서 하라! 속언에 '좋은 일이라도 없는 게 차라리 낫다.'라고 하였으니, 그대들은 번잡하게 일을 만들지 말라."라고 분부하였다. 세조는 1466년 8월 22일에도 같은 속담을 인용하며 관리들에게 일을 만들지 말라고 당부하였다.

14

子曰: 不觀高崖, 何以知顚墜之患? 不臨深淵, 何以知沒溺之患? 不觀巨海, 何以知風波之患?

높은 벼랑에 올라가 보지 않으면 굴러떨어지는 우환을 어떻게 알고
깊은 연못을 내려다보지 않으면 물에 빠지는 우환을 어떻게 알며
큰 바다를 보지 않으면 풍파 치는 우환을 어떻게 알겠는가?
—공자

경험은 값비싼 교훈을 선물한다. 지식으로 아는 것보다 더 큰 가르침을 경험은 몸으로 이해하게 한다. 바다를 본 사람은 풍파의 우환을 짐작하지만, 조난을 겪은 사람은 풍파의 고통을 뼈저리게 느낀다. 고대 로마의 시인 오비디우스(Ovidius, 기원전 43년~기원후 17년 또는 18년)는 『흑해로부터의 편지(Epistulae ex Ponto)』에서 "조난을 겪은 자는 잔잔한 파도만 봐도 두려움에 떤다."라고 하였다. 『공자가어』 「곤서(困誓)」에서 인용한 격언으로, 저본과 흑구본에는 "못[淵]"이 "샘[泉]"으로 되어 있다.

15

荀子云: 不登高山, 不知天之高也; 不臨深溪, 不知地之厚也; 不聞先王之遺言, 不知學問之大也.

높은 산에 올라가 보지 않으면 하늘이 높은 줄 모르고
깊은 계곡을 내려다보지 않으면 대지가 두터운 줄 모르며
성인이 남긴 말씀을 듣지 않으면 학문이 위대한 줄 모른다.

—『순자』「권학」

16

『素書』云: 推古驗今, 所以不惑.

옛일을 거울삼아 현재 일을 짚어 보면 미혹에 빠지지 않는다.

—『소서』「구인지지(求人之志)」

17

欲知未來, 先察已往.

아직 오지 않은 미래를 알고자 한다면
이미 지나간 과거를 먼저 살펴보아라.

과거에 자신이 했던 행동과 생각은 항상 그의 뒤를 따라다닌다. 자신의 앞날이 어떻게 될지 알고 싶다면 이전에 무슨 행동을 했는지 살펴보면 된다.

18

子曰: 明鏡所以察形, 往古所以知今.

밝은 거울은 형상을 살펴보는 도구이고
지난 과거는 현재를 알아내는 도구이다.
—공자

거울을 통해 네 얼굴을 비춰 보듯이 지난 과거는 네 현재 모습을 비춰 보여 준다. 『공자가어』「관주」에 나오는 격언이다.

19

過去事，明如鏡；未來事，暗似漆.

과거의 일은 거울처럼 환하나

미래의 일은 칠흑처럼 깜깜하다.

지난 과거의 일은 거울에 얼굴을 비춰 보는 것처럼 환하게 알 수 있으나, 미래의 일은 칠흑 같은 어둠 속에 있는 것처럼 알 수 없다. 고대 그리스의 테오그니스는 『격언집』에서 "어둠은 미래의 사건을 감추고 있다."라고 하였다. "앞일이 칠흑처럼 깜깜하다.[前程暗似漆.]"라는 표현으로 희곡 등에서 많이 쓰였다.

20

『景行錄』云：明旦之事，薄暮不可必；薄暮之事，晡時不可必.

내일 아침 일어날 일을 초저녁에는 예단할 수 없고

초저녁에 일어날 일을 오후에는 예단할 수 없다.

—『경행록』

인생에서는 예측했던 것에 반하는 천 가지 일이 일어날 수 있다. 자다가 벼락 맞고 삼경에 액을 만나듯이 당장 몇 시간 뒤에도 예상하지 못한 일이 일어날 수 있으니, 앞일을 선불리 예단하는 것은 옳지 않다.

21

天有不測風雲, 人有旦夕禍福.

하늘에는 예측하기 어려운 바람과 구름이 있고
사람에게는 아침저녁에 화와 복이 교차한다.

날씨를 예측하기 어려운 것처럼 아침저녁 사이에도 어떤 일이 일어날지 알 수 없다. 우리 앞에 길흉화복이 어떻게 펼쳐질지 예상하기 어렵다. 원나라 때 널리 유행한 속담으로 각종 문헌에 등장한다. 어제본에서는 출전을 『경행록』으로 밝혔다.

22

未歸三尺土，難保百年身；已歸三尺土，難保百年墳.

석 자 크기 무덤으로 돌아가기 전에는
백 년 사는 몸을 보전하기 어렵고
석 자 크기 무덤으로 돌아간 뒤에도
백 년 동안 무덤을 보전하기 어렵다.

무덤에 들어가기 전에는 몸을 보장하기 어렵고, 무덤에 들어갔더라도 무덤을 보전하기는 어렵다. 살아서도 죽어서도 사람의 안녕을 지키기 어렵다. 『비파기(琵琶記)』 등 원대의 희곡에 나오는 격언이다. 나중에 명나라 사람 장황(章潢, 1527년~1608년)의 『도서편(圖書編)』 권110 「무덤의 보존을 논하다[論保墳墓]」에서도 살아서 몸을 보전하기 어렵지만 죽어서도 무덤을 보전하기가 쉽지 않음을 논하며 인용하였다. 어제본에서는 출전을 『경행록』으로 밝혔다.

23

巧厭多勞拙厭閑，善嫌懦弱惡嫌頑．富遭嫉妬貧遭辱，勤曰貪圖儉曰慳．觸目不分皆笑蠢，見機而作又疑奸．思量那件當教做，爲人難做做人難．

영리하면 일 많다고 싫어하고 어수룩하면 일 없다고 싫어하고
착하면 나약하다 꺼리고 나쁘면 못됐다고 꺼린다.
부유하면 질투받고 가난하면 모욕당하고
부지런하면 욕심 많다 하고 검소하면 쩨쩨하다 한다.
보고도 분간하지 않으면 멍청하다 비웃고
눈치가 빨라 기민하게 일하면 교활하다 의심한다.
저렇게 다 해야 할까 곰곰히 생각해 보니
사람으로선 하기 힘드니 사람 노릇 참 어렵다.

24

寫得紙盡筆頭乾，更寫幾箇爲人難．

종이가 바닥나고 붓끝이 마르도록 많이 썼건마는
“사람 노릇 어렵다.”라는 구절을 다시 몇 번 써야 할까!

25

『老子』曰: 上士聞道, 謹而行之; 中士聞道, 若存若亡; 下士聞道, 大笑之. 不笑, (不足以爲道.)

상등의 선비가 도를 들으면 부지런히 실천하고
중등의 선비가 도를 들으면 긴가민가하고
하등의 선비가 도를 들으면 크게 비웃는다.
비웃지 않으면 (도라고 하기에 부족하다.)

—『노자』

『노자』 41장에 나오는 내용이다. 끝 구절의 괄호 안에 있는 내용은 저본 등에는 빠져 있으나, 들어가지 않으면 문맥이 맞지 않아 보충하였다.

26

子曰: 朝聞道, 夕死可矣.

아침에 도를 들으면 저녁에 죽어도 좋다.

—공자

출전은 『논어』 「이인」이다.

27

『景行錄』云: 木有所養, 則根本固而枝葉茂, 棟梁之材成. 水有所養, 則泉源壯而流派長, 灌溉之利博. 人有所養, 則志氣大而識見明, 忠義之士出. 可不養哉!

나무를 잘 가꾸면 뿌리가 튼튼하고 가지와 잎이 무성하여 기둥과 들보로 쓸 재목이 된다. 물을 잘 다스리면 수원이 풍부하고 물줄기가 길게 뻗어 물을 댈 곳이 많다. 사람을 잘 기르면 뜻이 크고 식견이 트여 충성스럽고 의로운 선비가 나온다. 어느 것이든 잘 기르지 않아서 되겠는가?

—『경행록』

28

『直言訣』曰: 鏡以照面, 智以照心. 鏡明則塵埃不染, 智明則邪惡不生. 人之無道也, 如車無輪, (車之無輪), 不可駕也. 人而無道, 不可行也.

거울은 얼굴을 비추고 지혜는 마음을 비춘다. 거울이 밝으면 먼지와 때가 끼지 않고, 지혜가 밝으면 사악함에 물들지 않는다. 도덕이 없는 사람은 바퀴가 없는 수레와 같다. (수레에 바퀴가 없으면) 탈 수 없듯이 사람으로서 도덕이 없으면 인생길을 걸어갈 수 없다.

—『직언결』

『진언요결』 권1에 나오는 문장을 다듬어 만든 잠언이다. 괄호 안은 『진언요결』로 보충한 내용이다.

29

『景行錄』云: 自信者, 人亦信之, 吳越皆兄弟; 自疑者, 人亦疑之, 身外皆敵國.

자신을 믿는 자는 남들도 그를 믿어, 원수라도 모두 형제처럼 된다.

자신을 의심하는 자는 남들도 그를 의심하여, 저 빼고는 모두 적국이다.

—『경행록』

자신을 신뢰하는 사람의 세계에서는 모두가 서로를 신뢰하고, 자신을 의심하는 사람의 세계에서는 모두가 서로를 의심한다. 신뢰 사회는 자신에 대한 믿음에서부터 출발한다. 원수의 원문은 "오월(吳越)"로, 중국 춘추시대에 남방 지역에 있던 오나라와 월나라이다. 두 나라가 오랫동안 적대하며 다툰 사이라 원수 사이를 비유하는 말로 쓰인다.

30

『左傳』曰: 意合則吳越相親, 意不合則骨肉爲讐敵.

뜻이 맞으면 원수 사이라도 친구가 되고

뜻이 맞지 않으면 가족 사이라도 원수가 된다.

—『좌전』

『좌전(左傳)』을 인용한 『신집』 5930조에서 재인용하였다. 다만 원래 출전은 『좌전』이 아니라 『사기(史記)』「추양 열전(鄒陽列傳)」이다.

31

『素書』云: 自疑不信人, 自信不疑人.

자신을 의심하는 사람은 남을 믿지 않고

자신을 믿는 사람은 남을 의심하지 않는다.

—『소서』「안례」

32

疑人莫用，用人莫疑.

사람이 의심스러우면 쓰지 말고
사람을 썼으면 의심하지 말라.

인재를 등용하고 사람을 데려다 쓸 때 지녀야 할 원칙으로, 북송과 금나라가 대치할 때부터 널리 사용한 속담이다. 북송의 학자 사마광은 『자치통감』에서 "의심스러우면 임용하지 말고, 임용했다면 의심하지 말라.[疑則勿任, 任則勿疑.]"라는 옛사람의 성어로 인용하고서, 인재 임용의 대원칙이라고 하였다. 비슷한 시기의 역사서인 『금사』에도 이런 사연이 전한다. 1148년에 대신들이 지방 관아에 임용할 인재로 본국 출신만 쓰고 외국 출신은 쓰지 말자고 건의하자 금 희종은 "천하 모든 사람이 짐의 신하이다. 차별을 두어 저들을 대우한다면 어떻게 합일을 이룰 수 있으랴? 상말에 '사람이 의심스러우면 부리지 말고, 사람을 부리면 의심하지 말라.[疑人勿使, 使人勿疑.]'라고 이르지 않았더냐? 이제부터 본국 출신과 여러 나라 출신을 재능에 따라 두루 임용하라!"라고 명을 내렸다. 인재를 두루 찾아 쓰고 신뢰로 대하는 경영 철학의 진수가 담긴 말이다.

33

語云: 物極則反, 樂極則憂. 大合必離, 勢盛必衰.

만사가 극한에 이르면 되돌아오고
즐거움이 극한에 이르면 근심이 생긴다.
크게 결합하면 반드시 분리되고
세력이 흥성하면 반드시 쇠약해진다.
— 속담

세상 모든 일이 정점에 이르면 반대로 돌아가는 것이 순환의 이치이다. 밀물이 들면 썰물이 나가고, 썰물이 나가면 밀물이 든다. 어제본에서는 비슷한 문장을 뽑아 수록하고 출전을 『경행록』으로 밝혔다. 『주역』「곤괘(困卦)」 전(傳)에서 "만물이 극한에 이르면 되돌아오고, 만사가 극한에 이르면 바뀐다.[物極則反, 事極則變.]"라고 하였다. 『손자병법』 등에도 비슷한 글이 보인다.

34

物極則反，否極泰來.

만사가 극한에 이르면 되돌아가고
불운이 극한에 이르면 행운이 찾아온다.

35

『家語』云：安不可忘危，治不可忘亂.

편안하더라도 위기가 닥칠 것을 잊지 말아야 하고
다스려지더라도 혼란이 찾아올 것을 잊지 말아야 한다.
—『가어』

『명심보감』에서 출전으로 밝힌 『가어』는 『공자가어(孔子家語)』와는 다른 책으로, 현재는 전하지 않는다. 『가어』를 출전으로 밝힌 조항 중 하나만이 『공자가어』에 나온다. 『신집』에 나오는데, 출전을 『태공가교』로 밝혔다.

36

『書』云: ‘制治於未亂, 保邦於未危’, 預防其患也.

『서경』에서 “어지럽지 않을 때 다스림의 대책을 마련하고, 위태롭지 않을 때 나라의 보전을 강구하라.”라고 하였으니 환난을 미리 방지하라는 말이다.

『서경』「주관(周官)」 편에 나오는 문구의 의미를 해설한 글이다. 『신집』 15의 글을 조금 수정하여 인용하였다.

37

『諷諫』云: 水底魚, 天邊雁, 高可射兮低可釣. 惟有人心咫尺間, 咫尺人心不可料.

물밑에는 물고기, 하늘에는 기러기!
높이 날아도 쏠 수 있고, 깊이 숨어도 낚을 수 있네.
사람 마음은 지척 사이에 있건마는
지척에 있어도 사람 마음은 헤아릴 수 없네.

—『풍간』

바로 앞에 있는 사람이라도 마음속에서 어떤 생각을 하는지 알 수 없다. 『풍간』은 『백씨풍간(白氏諷諫)』으로, 현존하는 백거이의 문집 『백씨장경집(白氏長慶集)』과는 다른 신악부(新樂府) 시집이다. 백거이의 악부시집 고판본(古版本)으로는 명나라 정덕(正德, 1506년~1521년) 연간에 엄진(嚴震)이 간행한 『백씨풍간』 2권이 있다. 범입본은 이보다 이전의 책에서 인용하였고, 『명심보감』에는 그 책에서 모두 3개조의 격언을 뽑았다. 작품 제목은 「천가도(天可度)」이고, 다음 38조의 출전도 같다. 원 문집에서는 이 작품이 "간사한 사람을 증오한 주제이다."라고 밝혔다.

38

天可度而地可量, 惟有人心不可防.

하늘도 측량할 수 있고, 땅도 재어 볼 수 있으나
사람 마음만은 미리 막을 방법이 없네.

출전은 앞의 격언과 같이 『풍간』이다.

39

畫虎畫皮難畫骨, 知人知面不知心.

범을 그리지만 가죽은 그려도 뼈는 그리기 어렵고
사람을 알지만 얼굴은 알아도 마음은 알지 못한다.

겉 다르고 속 다른 인간의 마음을 비유한 속담이다. 맹한경(孟漢卿)의 『마합라(魔合羅)』 등 원나라의 잡극과 소설에 즐겨 사용되었고, 『박통사언해』에도 나온다. 김만중의 장편소설 『사씨남정기』에는 교씨가 사씨를 이간질하는 장면에서 "상언에 이르되, '범을 그리되 뼈는 그리기 어렵고, 사람을 사귀되 그 마음은 알기 어렵다.' 하니, 교씨의 교언영색으로 말씀이 겸손하매 사부인이 교씨의 안과 밖이 다른 줄을 어찌 알리오."라고 이 속담을 썼다. 인간의 이중성을 표현한 속담으로 인기가 있었다.

40

對面共語, 心隔千山.

얼굴을 맞대고 이야기를 나눠도

마음은 천 겹의 산에 가로막혀 있다.

대화는 가까이 앉아서 나누지만, 마음은 저 멀리 떨어져 있다. 흉금을 터놓고 말할 상대가 없음을 표현한 속담이다. 옛시조에서는 "마음이 지척이면 천 리라도 지척이요, 마음이 천 리오면 지척이라도 천 리로다. 우리는 각재(各在) 천 리오나 지척인가 하노라."라고 하여 몸과 마음의 원근법을 흥미롭게 표현하였다.

41

海枯終見底, 人死不知心.

바다는 마르면 바닥을 드러내지만
사람은 죽어도 마음을 알 수 없다.

가슴 깊이 숨겨진 사람의 속마음을 알 길은 없다. 비슷한 우리 속담에 "열 길 물속은 알아도 한 길 사람 속은 모른다."가 있다. 당나라 시인 두순학(杜荀鶴, 846년~904년)의 시 「감우(感寓)」의 3구와 4구로, 1구와 2구는 "큰 바다는 파도가 쳐도 얕고, 소인은 마음이 한 치라도 깊다.[大海波濤淺, 小人方寸深.]"이다.

42

太公曰: 凡人不可貌相, 海水不可斗量.

사람은 외모로 판단하지 못하고
바닷물은 말[斗]로 떠서 재지 못한다.
—『태공가교』

바닷물을 말로 떠서 잴 수 없듯이, 사람의 능력과 학식을 외모만으로 판단할 수 없다. 외모를 보고 남을 무시하거나 함부로 그 능력을 판단해서는 안 된다는 말이다. 당나라 때부터 널리 사용된 속담으로, 원대 이후의 희곡과 소설에 자주 등장하였다. 『박통사언해』 하권에도 "사람은 가히 얼굴로 상[相]치 못하고, 바다는 가히 말로 되지 못한다."라는 속담을 인용하였다. "모(貌)"가 저본과 흑구본에는 "역(逆)"으로 되어 있으나, 중간본을 따라 수정하였다.

43

勸君莫結冤, 冤深難解結. 一日結成冤, 千日解不徹. 若將恩報冤, 如湯去潑雪. 若將冤報冤, 如狼重見蝎. 我見結冤人, 盡被冤磨折.

그대는 원한을 맺지 말아야 하니
원한이 깊으면 맺힌 한을 풀기 어렵다.
어느 날 하루 원한을 맺으면
천 일에도 말끔히 풀 수가 없다.
은덕 베풀어 원한을 갚는다면
끓는 물을 눈에 뿌리듯 녹으나
원한을 맺어 원한을 갚는다면
이리에 전갈까지 만나는 꼴이다.
원한 맺은 사람을 내가 살펴보니
누구든 원한의 고통에 시달리더라.

44

『景行錄』云: 結冤於人, 謂之種禍; 捨善不爲, 謂之自賊.

남과 원한을 맺는 것은 재앙의 씨앗을 심는다고 하고
선을 버리고 행하지 않는 것은 자신을 해친다고 한다.
—『경행록』

남에게 원한을 맺히게 하면 재앙이 되어 돌아오고, 악행을 멈추지 않으면 자신의 복을 걷어찬다.

45

莫信直中直, 堤防仁不仁.

정직하다는 자의 정직하다는 말을 믿지 말고
어질다는 자의 어질지 않은 짓을 대비하라.

정직하다느니 인자하다느니 자화자찬하는 말을 곧이곧대로 믿어서는 안 되고, 행동을 보고 판단하여야 한다. 원대의 널리 알려진 속담으로, 희곡과 소설의 상용어구이다.

46

常防賊心, 莫偷他物.

항상 도적의 마음을 틀어막아
남의 물건을 훔치지 못하게 하라.

다른 사람이 내 물건을 넘보려는 마음을 아예 갖지 못하도록 절대로 틈을 보여서는 안 된다. 『주역』「계사전(繫辭傳)」에서 "허술하게 보관하면 도적질을 부추긴다.[慢藏誨盜.]"라고 한 말과 취지가 비슷하다. 원나라 때 속담으로 고려와 조선의 중국어 학습서인 『노걸대』와 『박통사』 등 여러 곳에 실려 있다.

47

若聽一面說, 便見相離別.

한쪽 말만 들으면 다른 편과는 갈라서게 된다.

한쪽 편에게서만 들은 이야기는 반쪽짜리 이야기이다. 양쪽 말을 다 듣기 전에 앞서서 내리는 판단은 섣부르니, 반쪽짜리 판단을 내리는 순간 다른 한쪽과는 갈라서는 일이 생긴다. 서산대사(西山大師) 휴정(休靜, 1520년~1604년)의 『삼가귀감(三家龜鑑)』 「유교(儒敎)」에는 이 구절 앞에 "친하고 사랑하는 사람의 말만을 치우치게 들어서는 안된다.[親愛之言, 亦不可偏聽.]"라는 말을 추가하여 의미가 분명해졌다.

48

禮義生於富足，盜賊起於饑寒.

예의는 부유함과 풍족함에서 생기고
도적은 굶주림과 추위에서 일어난다.

왕부(王符)의 『잠부론(潛夫論)』「애일(愛日)」에 나오는 말이다. 왕부는 후한 때의 은사이다. 유학에 뿌리를 두고 『잠부론』을 지어 당시 사회와 정치를 비판하였다.

49

貧窮不與下賤，下賤而自生；富貴不與驕奢，驕奢而自至.

빈궁은 비루함이나 천박함과 관계가 없으나 비루함과 천박함이 저절로 생기고
부귀는 교만이나 사치와 관계가 없으나 교만과 사치가 저절로 이르러 온다.

『구당서』「음악지(音樂志)」에 "옛사람이 이르길, 부귀는 교만이나

사치와 아무 약속도 하지 않았으나, 교만과 사치가 저절로 이른다고 하였다.[古人云, 富貴不與驕奢期, 驕奢自至.]"라는 글이 나온다.

50

飽暖思淫慾, 飢寒發道心.

배부르고 따뜻하면 음탕한 욕망이 꿈틀대고
배고프고 추우면 도를 추구할 마음이 일어난다.

생활이 윤택해지면 방탕하게 즐길 욕망이 꿈틀대고, 반대로 생활이 곤궁하면 도리나 선행을 추구할 마음이 생긴다. 그리스의 문인 에우리피데스는 「폴리에이도스」에서 "가난과 지혜가 서로 가까운 친척이듯이, 형편없는 정신은 부와 자연스럽다."라고 하였다. 다만 중간본에서는 아랫구절의 내용을 인정하기 어렵다고 보아, "도(道)"를 "도둑[盜]"으로 교체하였다. 또한 나중에 『금병매(金瓶梅)』에서는 "배부르고 따뜻하면 쓸데없는 일을 만들고, 배고프고 추우면 도둑질할 마음이 일어난다.[飽暖生閑事, 飢寒發盜心.]"라는 속담으로 바뀌었다. 『사림광기』 「도가경어(道家警語)」에 나오는 속담이다.

51

長思貧難危困，自然不驕；每想疾病熬煎，並無愁悶.

가난과 어려움, 위기와 곤경을 항상 생각하면 자연히 교만해지지 않고
크고 작은 병으로 들볶이는 것을 늘 생각하면 걱정도 번민도 없어진다.

삶의 신산(辛酸)함을 겪고 고통을 인내하는 사람에게는 그 보상으로 후덕함과 편안함이 찾아온다. 저본과 흑구본에는 원문의 "질(疾)"이 "관(官)"으로 되어 있으나, 오자이다.

52

太公曰: 法不加於君子，禮不責於小人.

군자에게는 형벌을 가하지 않고
소인에게는 예법을 요구하지 않는다.
—『태공가교』

『예기』「곡례 상(曲禮上)」의 "예법은 서인에게 미치지 않고, 형벌

은 대부에게 적용하지 않는다.[禮不下庶人, 刑不上大夫.]"라는 규범에서 나온 말이다.

53

桓範曰: 軒冕以重君子, 縲絏以罰小人.

큰 수레와 면류관은 군자에게 위신을 세워 주는 물건이고
형틀과 포승줄은 소인에게 죄를 벌하는 도구이다.
— 환범

환범(桓範, ?~249년)은 삼국시대 위나라의 대신이자 학자로, 『정요론(政要論)』을 지었으나 현존하지 않는다. 253조에도 그의 격언이 채택되었다.

54

『易』曰: 禮防君子, 律防小人.

예의로는 군자의 죄를 예방하고

법률로는 소인의 죄를 예방한다.

—『주역』

당나라 중종의 「여수제(慮囚制)」에 "예의로는 군자의 죄를 예방하니 옛날부터 통용된 법규이고, 법률로는 소인의 죄를 금지하니 유래가 오래다.[禮防君子, 自昔通規; 律禁小人, 由來共貫.]"라고 하였다. 현재 전하는 『주역』에는 나오지 않고, 『문사교림』과 『신집』 15에서 인용하였다.

55

『景行錄』云: 好食色貨利者, 氣必吝; 好功名事業者, 氣必驕.

음식과 이성, 재물을 좋아하는 사람은 기질이 반드시 인색하고
공훈과 명예, 사업을 좋아하는 사람은 기질이 반드시 교만하다.

—『경행록』

56

子曰: 君子喻於義, 小人喻於利.

군자는 의로움에 밝고 소인은 이익에 밝다.

— 공자

출전은 『논어』「이인」이다.

57

『說苑』云: 財者, 君子之所輕; 死者, 小人之所畏.

재물은 군자가 가볍게 여기는 것이고

죽음은 소인이 두려워하는 것이다.

— 『설원』「존현」

58

疏廣曰: 賢人多財損其志, 愚人多財益其過.

현명한 사람에게 재물이 많으면 의지를 약하게 하고
어리석은 사람에게 재물이 많으면 허물을 보탠다.
— 소광

재물은 사람의 마음을 바꾼다. 소광(疏廣)은 한 선제(漢宣帝, 재위 기원전 73년~기원전 48년) 때의 학자이자 관료로, 『한서』 「소광전」에 행적이 실려 있다. 소광이 고향에 은퇴하여 지낼 때 재물을 자식에게 물려주지 않고서 그 까닭을 이렇게 밝혔다. "내게는 옛날부터 물려받은 전답과 집이 있네. 자손들이 잘 활용하여 근면하게 일하면 의식을 충분히 장만하여 남들과 어깨를 나란히 하고 살 수 있네. 이제 거기에 더 보태 넉넉하게 해 준다면, 자손들을 나태하게 만들 뿐일세. 현명한 사람에게 재물이 많으면 의지를 약하게 하고, 어리석은 사람에게 재물이 많으면 허물을 조장할 뿐일세. 게다가 부자는 모든 이에게 원망을 듣네. 내가 자손을 제대로 가르치지 못하고 허물만 조장하여 남에게 원망을 듣게 하고 싶지 않네." "소광"이 저본과 중간본에는 "소무(蘇武)"로, 흑구본에는 "무소(武蘇)"로, 『신집』 176에는 "제갈무후(諸葛武侯)"로 되어 있으나, 오류이므로 바로잡았다.

59

老子曰：多財，失其守眞；多學，惑於所聞.

재물이 많아지면 지켜 오던 본심을 잃고

배움이 많아지면 견문한 지식에 미혹된다.

—노자

『노자』의 "많아지면 미혹된다.[多則惑.]"에 대한 하상공의 해설이다. 글자는 차이가 있다.

60

人非堯舜，焉能每事盡善.

사람은 요순(堯舜) 임금이 아니거늘 무슨 수로 어떤 일이든 다 잘하랴?

출전은 『자치통감』「진기(晉紀)」이다.

61

有若曰: 自生民以來, 未有盛於孔子者也.

인류가 나온 이래로 공자보다 더 훌륭한 분은 있지 않다.
— 유약

『맹자』「공손추 상」에서 인용하였다. 유약(有若)은 공자의 제자이다. "유약"이 저본과 흑구본 등에는 "자공"으로 되어 있으나, 유약이 맞아 수정하였다. 다만 자공도 비슷한 말을 하였다.

62

人貧智短, 福至心靈.

사람이 가난할 때는 식견이 짧아지고
복이 이를 때는 마음이 신통해진다.

가난은 가지고 있던 식견과 지혜조차 쪼그라들게 하고, 복은 없던 신통력까지 발휘하게 한다. 특히 뒤 구절은 원대의 속담으로 널리 쓰였다. 『자치통감』에 원나라 학자 호삼성(胡三省, 1230년~1302년)

이 붙인 주에서 "복이 이를 때는 마음이 신통해지고, 재앙이 이를 때는 정신이 흐릿해진다.[福至心靈, 禍來神昧.]"를 속담으로 인용하였다.

63

不經一事, 不長一智.

한 가지 일을 경험하지 않으면
한 가지 지혜가 늘어나지 않는다.

경험은 모든 것의 교사이다. 한 가지를 경험하면 한 가지 지혜가 늘고, 그렇게 경험이 쌓여서 지식과 능력을 갖춘 사람이 된다. 『고존숙어록』 권18에 나오는 속담이다.

64

成則妙用, 敗則不能.

성공하면 절묘한 능력자가 되고

실패하면 무능한 자가 된다.

결과가 과정을 규정한다. 과정을 중시하지 않고 결과만을 중시하는 사고방식이 보인다. 세네카는 『파이드라(Phaedra)』에서 "성공은 범죄도 올바른 것으로 보이게 만들 때가 있다."라고 하였다.

65

是非終日有, 不聽自然無.

시빗거리로 온종일 소란해도
듣지 않으면 저절로 사라진다.

세상이 나를 물고기처럼 도마 위에 올려놓고 이러쿵저러쿵 말이 많다. 변명해 본들 소용없고, 화를 내 본들 소용없다. 너는 떠들어라 들은 척도 하지 않으면 시간이 흘러 시비가 판가름 난다. 송대의 희곡 『장협장원(張協狀元)』에 나오는 말이다.

66

來說是非者，便是是非人.

이러쿵저러쿵 시비를 가리는 자가 바로 시비를 일으키는 사람이다.

이러쿵저러쿵 다른 사람의 문제점을 거론하며 옳고 그름을 따지는 사람이 있다면, 옳고 그름은 제쳐 두고 그 사람이 바로 시비를 일으키는 장본인이다. 남의 말을 하는 사람 자신이 문제가 있는 사람이다. 남의 옳고 그름을 말하는 사람을 조심하라는 속담으로 사용된다. 『무문관(無門關)』 등 선승의 어록집과 소설 등에서 널리 쓰였다.

67

『擊壤詩』云：平生不作皺眉事，世上應無切齒人.

평생토록 이맛살 찌푸리게 하는 일 하지 않았으니
세상에는 부득부득 이를 가는 자 없으리라.

—『이천격양집』

한평생 다른 사람이 불쾌해하거나 화를 낼 일을 하지 않았다. 그러니 부득부득 이를 갈며 나를 미워하거나 앙갚음하려는 사람이 세상에는 없을 것이다. 소강절은 낙양에 40년을 거주하는 동안 안빈낙도하면서 다른 사람의 화를 돋구는 짓을 하지 않았다고 자부하였다. 『이천격양집』에 「세 번 내려온 조칙에 응하지 않겠다는 뜻을 고을 사람에게 밝히다[詔三下, 答鄕人不起之意]」라는 제목으로 수록된 시의 한 대목이다.

68

你害別人猶自可, 別人害你却如何?

네가 남을 해쳐도 괜찮다고 한다면
남이 너를 해칠 때는 어떻게 할 거냐?

출전은 『심친기(尋親記)』이다.

69

嫩草怕霜霜怕日, 惡人自有惡人磨.

여린 싹은 서리를 겁내고, 서리는 햇살을 겁내듯이
악한 놈은 자연히 악한 놈이 나타나 괴롭힌다.

악한 자에게는 그보다 더 악한 자가 나타나 제압한다는 속담이다. 고대 그리스의 아리스토파네스는 「기사」에서 "모든 악당은 항상 자기보다 더 악랄한 악당을 만난다."라고 하였다. 서진의 희곡 『살구기』 등에도 나온다.

70

有名豈在鐫頑石, 路上行人口勝碑.

이름이 났다고 단단한 빗돌에 새긴들 무엇하랴?
길을 오가는 행인의 입으로 전하는 말이 빗돌보다 낫다.

명성이 나고 성과를 이루었다고 그 이름과 공적을 빗돌에 새겨 두면 후세에 전해질까? 공덕비니 자서전이니 후세에 이름을 남기려 애써 보았자 쓸데없다. 그보다는 사람들이 입에서 입으로 전하는 말속에 공정한 평가와 명성이 들어 있다. 송나라의 선승 전기집 『오등회원(五燈會元)』 권17에는 태평안(太平安) 선사의 법어 "그대에게 권하노니 쓸모없는 돌에 이름을 새기지 말라. 길을 오가는 행인의 입으로 전하는 말이 비석과 같다.[勸君不用鐫頑石, 路上行人口似碑.]"라는 구절이 보인다. 이후 속담으로 널리 쓰였다.

71

有麝自然香, 何必當風立?

사향을 지니면 절로 향기가 나니
구태여 바람 앞에 서서 향기 풍기랴?

사향(麝香)은 스스로 향기를 풍기므로 바람의 도움이 없어도 향기를 멀리까지 퍼뜨린다. 사향은 수컷 사향노루의 향주머니에서 얻은 분비물인데, 향기가 매우 강해서 10리 밖에서도 향기가 난다고 한다. 큰 지혜와 능력을 지닌 사람은 알아 달라고 광고하지 않아도 저절로 남들이 알아보고 인정한다는 뜻이다. 『금강경삼가해(金剛經三家解)』 「일상무상분(一相無相分)」에 실려 있는 야보(冶父)의 게송에서 나온 격언이다. 온전한 글은 "조개는 뱃속에 진주를 숨기고, 파란 옥은 돌 속에 갈무리돼 있네. 사향을 지니면 절로 향기가 나니, 구태여 바람 앞에 서서 향기 풍기랴?[蚌腹隱明珠, 石中藏碧玉. 有麝自然香, 何用當風立.]"이다. 우리 속담에 "싸고 싼 사향도 냄새 난다."가 있는데, 같은 말이다.

72

自意得其勢, 無風可動搖.

큰 세력을 얻은 사람은
그 어떤 바람에도 흔들리지 않는다고 착각한다.

백거이의 「유목시(有木詩)」에 나온 "큰 세력을 얻은 사람은, 흔들릴 까닭이 없다고 착각한다.[自謂得其勢, 無因有動搖.]"에서 가져온 격언이다. 그 착각 때문에 멸망에 이른다. 37조와 38조에 인용된 『풍간』에서 인용하였다.

73

得道誇經紀，時熟好種田.

도의에 맞아야 경륜 펼치는 능력을 뽐내고
때가 무르익어야 밭 갈아 씨 뿌리기 좋다.

앞 구절은 원대 희곡의 상용구이다.

74

孟子云：得道者多助，失道者寡助.

도의에 맞는 사람은 도와주는 이가 많고
도의에 어긋나는 사람은 도와주는 이가 적다.

—『맹자』「공손추 하」

75

張無盡曰: 事不可做盡, 勢不可倚盡. 言不可道盡, 福不可享盡.

일을 모조리 끝내려 하지 말고
세력에 끝까지 기대려 하지 말고
말을 툴툴 털어 다 하려 하지 말고
복을 남김없이 다 누리려 하지 말라.
— 장무진

힘이 있다고 다 쓰지 말고, 복이 있다고 다 누리지 말라. 웬만큼 쓰고 누린 뒤에는 힘도 복도 아껴서 자손이나 남들에게 베풀어라. 내 것이니 남김없이 다 쓰고 가겠다고 움켜쥐고 내놓지 않으면 볼썽사납다. 네가 가진 복을 아껴서 써라. 장무진(張無盡)은 곧 장상영(張商英, 1043년~1122년)으로, 북송 후기의 재상이다. 이 잠언은 이른바 사부진(四不盡)으로, 그의 좌우명이다. 그의 호 무진(無盡)도 여기에서 나왔는데, 출처는 알 수 없다. "주(做)"가 저본과 흑구본에는 "사(使)"로 되어 있으나, 중간본 등에 따라 바로잡았다.

76

有福莫享盡, 福盡身貧窮. 有勢莫使盡, 勢盡冤相逢. 福兮常自惜, 勢兮常自恭. 人生驕與侈, 有始多無終.

복이 있다고 남김없이 누리지 말라.
복이 다하면 네가 빈궁해질 차례다.
세력이 있다고 끝까지 써먹지 말라.
세력이 다하면 원수를 만나게 된다.
복이 있어도 언제나 스스로 아끼고
세력이 있어도 언제나 스스로 삼가라.
사람이 살면서 교만하고 사치하면
시작은 좋아도 끝이 나쁜 경우가 많다.

힘이 있고 복이 있어도 힘을 아끼고 복을 아껴야 인생을 마칠 때까지 행복을 누릴 수 있다. 포르투갈의 속담에도 "네가 아는 것을 다 말하지 말고, 네가 들은 것을 다 믿지 말며, 네가 할 수 있는 것을 다 하지는 마라."라고 하였다. 힘과 복을 바닥까지 쓰고 나면 불행이 찾아온다. 송나라 승려 자수회심이 한산의 시를 본떠 지은 시이다.

77

太公曰: 貧不可欺, 富不可勢. 陰陽相推, 周而復始.

가난하다고 업신여겨서도 안 되고
부유하다고 힘자랑해서도 안 된다.
음과 양은 서로를 밀어내기에
한 바퀴 돌고 나면 다시 시작한다.

—『태공가교』

78

王參政「四留銘」: 留有餘不盡之巧, 以還造化; 留有餘不盡之祿, 以還朝廷; 留有餘不盡之財, 以還百姓; 留有餘不盡之福, 以還子孫.

재능은 다 쓰지 말고 남겨서 조물주에게 돌려주고
녹봉은 다 쓰지 말고 남겨서 조정에 돌려주며
재물은 다 쓰지 말고 남겨서 백성에게 돌려주고
행복은 다 쓰지 말고 남겨서 자손에게 돌려주어라.

— 왕백대, 「사류명」

내가 가진 재능과 녹봉, 재물, 복의 네 가지 귀한 소유물을 혼자 독차지하여 누리는 것은 탐욕이다. 소유물을 조금씩 떼어서 남들도 나눠 쓰도록 한다면 좋겠다. 남을 배려하여 혜택을 나누려는 후덕한 마음 씀씀이를 보인 잠언이다. 중국 처세론에서 명작 중의 명작으로 손꼽힌다. 왕백대(王伯大, ?~1253년)는 남송 때 참지정사(參知政事)를 지낸 명재상으로, 자는 유학(幼學), 호는 유경(留耕)이다. 호가 나온 취지를 밝힌 글이기도 한 「사류명(四留銘)」은 대단히 널리 알려진 잠언으로, 『이견지(夷堅志)』를 비롯한 많은 책에 실려 전한다. 75조와 함께 이 잠언은 조선 시대에 10여 명의 정승을 배출한 명문가 동래 정씨 임당공파(林塘公派) 집안의 가훈이었다. 이 집안은 높은 지위를 항상 유지하고 패망하지 않는 처세를 잘하기로 유명하였다.

79

『漢書』云: 勢交者近, 勢竭而亡; 財交者密, 財盡而疎; 色交者親, 色衰義絶.

세력으로 사귄 사람은 아무리 가까워도 세력이 사라지면 달아나고

재물로 사귄 사람은 아무리 친밀해도 재물이 끊어지면 멀어지고

미모로 사귄 사람은 아무리 가까워도 미모가 시들면 관계가 끊어진다.

—『한서』

현재 전하는 『한서』에 나오지 않고, 『신집』 299에서 유회의 말로 인용하였다. 『진언요결』 권1에는 이 글에 덧붙여 "음식으로 사귄 사람은 음식이 떨어지면 떠나가고, 명예로 사귄 사람은 명예가 사라지면 관계가 끊어지며, 기예로 사귄 사람은 기예가 고갈되면 왕래가 단절된다.[以食交者, 食盡即離; 以名交者, 名亡即絕; 以藝交者, 藝竭即斷.]"라는 글이 더 있다.

80

子游曰: 事君數, 斯辱矣; 朋友數, 斯疏矣.

군주를 모시면서 자주 쓴소리하면 치욕을 당하고
친구와 사귀면서 자주 쓴소리하면 서먹서먹해진다.
— 자유

자유(子游)는 공자의 제자로, 그의 말은 『논어』 「이인」에 나온다.

81

黃金千兩未爲貴, 得人一語勝千金.

황금이 천 냥이라도 귀하지 않고
남에게 들은 한마디 말이 천 냥보다 귀하다.

먼 옛날 천 냥은 인생을 바꿀 수 있는 큰돈이었다. 누군가에게서 나의 인생에 큰 전환을 가져온 말을 들었다. 천 냥보다 더 값이 나가는 귀하디귀한 말이었다. 5장 59조에서 "유익한 말 한마디는 천금보다 무게가 나간다.[一言之益, 重於千金.]"라는 격언처럼 천금보다 더 귀한 말을 얻어 삶의 전환을 꿈꾼다.

82

千金易得, 好語難求.

천금을 얻기는 쉬우나, 좋은 말씀을 듣기는 어렵다.

83

好言難得, 惡語易施.

좋은 말을 얻기는 어려우나, 나쁜 말을 내뱉기는 쉽다.

84

求人不如求己, 能管不如能推.

남에게 빌리느니 스스로 일하는 것이 낫고
일을 맡느니 남에게 떠넘기는 것이 낫다.

남에게 돈을 빌리고 일자리를 청탁하는 짓을 하느니, 차라리 제 힘껏 노력하여 문제를 해결하는 것이 떳떳하다. 능력 있다고 일을 덥석 맡아 힘들어하느니, 일을 맡고 싶어 하는 남에게 양보하는 것이 마음 편하다. 첫 구절은 송나라 때의 속담으로 예사(倪思, 1147년~1220년)의 『경서당잡지(經鉏堂雜志)』 등에 나온다.

85

用心閑管是非多.

상관없는 일에 마음을 기울이면 시비 따질 일이 많아진다.

송원 시대의 희곡 『백토기(白兔記)』(성화본(成化本))에 "냉정하게 사람을 평가하면 근심과 걱정이 적고, 상관없는 일에 열심히 참견하면 시비 따질 일이 많아진다.[冷眼看人煩惱少, 熱心閑管是非多.]"라는 구절이 보인다.

86

能者拙之奴.

능력 있는 사람은 능력 없는 사람의 종이다.

역설이다. 능력 없는 사람이 능력 있는 사람을 위해 일하는 것이 상식이다. 그러나 그 반대가 될 때도 많다. 능력 있는 사람은 능력이 많아서 쉬지 못하고 일하고, 능력 없는 많은 사람이 그 혜택을 누리기 때문이다. 원나라 때의 속담이다. 원말명초의 학자인 유기(劉基,

1311년~1375년)의 「졸일해(拙逸解)」에 "만물은 함께 살아가므로 재주 있는 사람과 재주 없는 사람이 섞여 있다. 재주 있는 사람이 일을 하면 재주 없는 사람은 그 뒤를 따라가니 이것이 하늘의 도이다. 그래서 상말에 재주 있는 사람은 재주 없는 사람의 종이라고 한다.[萬物並育, 巧拙參焉. 巧者爲之, 拙者隨之, 天之道也. 故諺有之: 巧者, 拙之奴也.]"라고 하였다.

87

知事少時煩惱少, 識人多處是非多.

맡은 일이 적을 때 번뇌가 적고
아는 사람이 많을 때 시비가 많다.

출전은 『오등회원』이다.

88

小船不堪重載, 深逕不宜獨行.

작은 배로는 무거운 짐을 싣지 못하고

깊은 산길은 혼자 가기에 마땅치 않다.

역량이 있어야 중대한 임무를 맡을 수 있고, 여러 사람의 힘을 모아야 깊이 있는 일을 실행할 수 있다. 출처가 분명하지 않은 잠언이다.

89

踏實地, 無煩惱.

발을 땅에 붙이고 다니면 아무런 걱정이 없다.

허황한 이상에 들떠 살지 않고 현실에 뿌리를 두고 사는 인생 태도이다. 현장을 직접 발로 다니며 일을 처리하는 사람을 평가하는 말이기도 하다. 본래는 북송의 정치가 사마광을 두고 한 말에서 비롯되었다. 소강절이 사마광을 "발을 땅에 붙이고 다니는 사람[脚踏實地人]"이라고 평했다는 글이 『송명신언행록』과 『소씨문견록』 등에 나온다. 『사림광기』「존심경어」에도 실린 이 격언은 생활 밀착형 삶의 태도를 표현하는 말로 널리 쓰인다.

90

黃金未是貴, 安樂直錢多.

황금이 귀하지 않고
건강값이 더 많이 나간다.

원나라 때 희곡 등에 상용어구로 쓰인 "꽃은 다시 필 때 있어도, 사람은 다시 젊어지지 않는다. 황금이 귀하다 말하지 말라! 건강값이 가장 비싸다.[花有重開日, 人無再少年. 休道黃金貴, 安樂最值錢.]"라는 시의 뒤 구절이다. 원문의 "안락(安樂)"은 편안하고 즐겁다는 뜻이나, 원나라 때에는 흔히 건강하다는 뜻으로 쓰였다. 『박통사』와 『노걸대』에서도 "황금을 귀하다 이르지 말라. 건강값이 더 많이 나간다.[休道黃金貴, 安樂直錢多.]"를 옛사람의 속담으로 인용하였다.

91

是病是苦, 是安是樂.

병고에 시달려 보면, 건강이 제일이다.

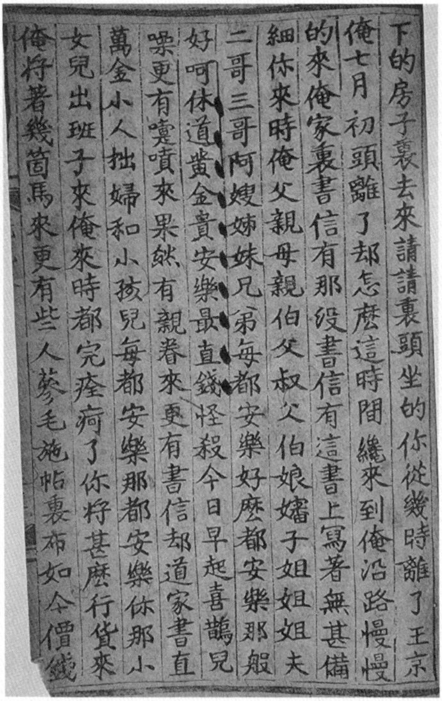

下的房子裏去來請請裏頭坐的你從幾時離了王京
俺七月初頭離了却怎麽這時間纔來到俺沿路慢慢
的來俺家裏書信有那沒書信有這書上寫著無甚備
細你來時俺父親母親伯父叔父伯娘嬸子姐姐姐夫
二哥三哥阿嫂姊妹兄弟每都安樂好麽都安樂那般
好呵休道黃金貴安樂最直錢怪殺今日早起喜鵲兒
噪更有嚔噴來果然有親眷來更有書信却道家書直
萬金小人拙婦和小孩兒每都安樂那都安樂你那小
女兒出班子來俺來時都完痊疴了你將甚麽行貨來
俺將著幾箇馬來更有些人蔘毛施帖裏布如今價錢

고려 말에 지어져 조선 초기에 간행된 중국어 학습서 『노걸대』, 개인 소장 목판본, 21장. 원나라 대도(베이징)의 풍속과 중국어를 반영하는 중요한 문헌이다. 서로 안부를 묻는 대화 가운데 "황금을 귀하다 이르지 말라. 건강값이 더 많이 나간다.[休道黃金貴, 安樂直錢多.]"라는 표현을 쓰고 있어 당시 대도 사람이 즐겨 사용한 속담임을 알 수 있다. 후대 사람이 좋은 말이라고 비점(批點)을 찍었는데, 이 책의 유일한 비점이다.

92

非財害己, 惡語傷人.

옳지 못한 재물은 자신을 해치고
나쁜 말은 남에게 상처를 입힌다.

원나라의 격언으로, 『영락대전(永樂大全)』 권16842에 인용되었다. 1408년에 완성된, 방대한 이 백과사전에는 송원 시대의 격언과 잠언이 다수 실려 있다.

93

人爲財死, 鳥爲食亡.

사람은 재물을 구하다 목숨을 잃고
새는 먹이를 구하다 목숨을 잃는다.

돈이라면 목숨도 내거는 세상에서는 재물이 사람을 죽인다. 당나라 사람 서복(栖復)의 저술 『법화경현찬요집(法華經玄贊要集)』에 나오는 말로, 후대에는 속담으로 널리 쓰였다. 『신집』 342에서 인용하고서 “이 말이 비록 가벼우나, 큰일을 비유할 만하다.”라고 평하였다.

94

『景行錄』云: 利可共而不可獨, 謀可寡而不可衆. 獨利則敗, 衆謀則泄.

이익은 함께 나누고 독차지해서는 안 되며
계획은 적은 사람과 짜고 많은 사람과 짜서는 안 된다.
이익을 독차지하면 실패하고
계획을 많은 사람과 짜면 기밀이 새어 나간다.

—『경행록』

95

機不密, 禍先發.

기밀을 단단히 지키지 않으면 재앙이 먼저 발생한다.

출전은 『경행록』이다.

96

不孝怨父母, 貧苦恨財主.

불효한 자식이 부모를 원망하고
가난한 사람이 재물 많은 부자를 원망한다.

남송의 학자 원채(袁采)가 지은 『원씨세범(袁氏世範)』「목친(睦親)」에서 당시 속담으로 인용하였다. 우리 속담에도 부자 욕하는 건 가난한 사람이라고 했다.

97

貪多嚼不細, 家貧怨鄰有.

식탐이 많으면 음식을 잘게 씹지 못하고
집이 가난하면 이웃집 재물을 원망한다.

탐욕을 부리면 가진 것을 다 소화하지 못하고, 가난하게 살면 부자로 사는 이웃을 원망한다. 앞 구절은 『보림선사어록(寶林禪師語錄)』에 나온다.

98

在家不會邀賓客, 出外方知少主人.

제 집에 손님을 초대할 줄 모르는 사람은
밖에 나가 봐야 저를 초대할 집주인이 드문 줄 알게 된다.

손님을 초대하지 않는 사람은 남도 그를 초대하지 않는다. 그래도 평소에는 아쉽지 않으나, 막상 외출해 보면 그를 반기며 안으로 들어오라는 사람이 아무도 없는 외톨이임을 알게 된다. 원대의 속담으로 『사림광기』 「결교경어(結交警語)」 등에 나온다.

99

但願有錢留客醉, 勝如騎馬傍人門.

돈이 있어 손님을 붙잡고 술대접하기를 바라니
말을 타고 남의 집에 기숙하는 손님 처지보다 낫다.

북송의 노병(盧秉, ?~1092년)이 지은 시의 3구와 4구이다. 호적과 조세를 담당하는 사호참군(司戶參軍)이라는 하급 관리로 있을 때

여관에서 쓴 작품인데, 1구와 2구는 "푸른 옷에 머리 허연 병든 참군이, 좁쌀을 팔아 술병으로 맞바꿨네.[青衫白髮病參軍, 旋糶黃糧換酒樽.]"이다. 『묵객휘서(墨客揮犀)』 등에 전한다.

100

貧居鬧市無相識, 富住深山有遠親.

가난하면 시끌벅적한 시장에 살아도 알아보는 사람이 없으나
부유하면 깊은 산속에 살아도 먼데 사는 친지가 찾아온다.

돈이 없으면 친구는커녕 친척도 없고, 돈이 많으면 친구는 물론 친척도 많다. 『사림광기』 「통용경어(通用警語)」에 나온다.

101

世情看冷暖, 人面逐高低.

세상 인정은 빈부를 보고 차갑거나 따뜻하고
사람 낯빛은 지위에 따라 오르락내리락 바뀐다.

돈이 많고 힘이 있으면 떠받들고, 돈이 없고 힘이 없으면 무시하는 것이 인정세태이다. 조동종(曹洞宗) 선승 천동정각(天童正覺, 1091년~1157년)의 『종용록(從容錄)』 권3과 유훈(劉壎)의 『은거통의(隱居通議)』「세정(世情)」에서 인정세태를 묘사한 속담으로 소개하였다. 『비파기』 등 원대 희곡에 곧잘 쓰였다.

102

人義盡從貧處斷, 世情偏向有錢家.

인간의 의리는 가난한 처지 탓에 다 끊어지고
세상의 인정은 오로지 돈 가진 집을 향한다.

가난하면 의리도 지키기 어렵다. 세상은 온통 돈을 가진 사람을 향하여 줄을 서고 있다. 물욕에 초탈했다는 종교의 세계도 마찬가지이다. 당나라 말엽 법융(法融, 594년~657년) 스님이 부지런히 수행할 때 온갖 새가 꽃을 물어다 주었다. 송나라 보신(普信) 선사가 이 이야기를 소재로 시를 지었는데, 그 시의 3구와 4구이다. 앞의 1구와 2구는 "적막한 바람과 달빛 아래, 안개 노을에 누웠더니, 온갖 새들도 그로부터 꽃을 바치지 않네[寥寥風月臥煙霞, 百鳥從玆不獻花]"이다. 얻을 것 없는 산중에 누웠더니 새들도 무시하고 꽃을 물어다 주지 않는다! 송나라 법응(法應)이 편찬한 『선종송고연주통집(禪宗頌古聯

珠通集)』 권8에 실려 있다.

103

喫盡千般無人知, 衣衫襤褸被人欺.

온갖 고생 맛본들 알아주는 이 하나 없고
옷차림이 남루하니 남들에게 무시당한다.

104

寧塞無底坑, 難塞鼻下橫.

밑 빠진 독은 막을 수 있어도
코밑에 가로 째진 입은 막기 어렵다.

식구의 입을 채울 식량을 마련하기가 밑 빠진 독에 물 붓기처럼 힘들다. 식구를 먹여 살리는 생업의 힘든 처지를 한탄하는 오래된 속담이다. 남송의 시인 누약(樓鑰)은 「왕원경이 반찬이 없다고 하소연하길래 붓을 휘갈겨 쓰다[王原慶訴盤餐蕭然, 走筆次韻]」에서 "시름겨운 시인은 몸이 삐쩍 말랐거늘, 북쪽 음식이든 남쪽 요리든 아무것도 없네. 그대도 상말을 보고 쓴웃음 지을 테지, '코밑에 가로 째진 입은 막기 어렵다.[愁絕詩人太瘦生, 也無北食與南烹. 君看俚語亦堪笑, 何日能塡鼻下橫.]'"라고 썼다.

105

馬行步慢皆因瘦, 人不聰明只爲窮.

말이 느릿느릿 걷는 것은 모두 마른 탓이고
사람이 총명하지 못한 것은 단지 곤궁한 탓이다.

가난은 가진 재능도 키우지 못하게 만든다. 출전을 알 수 없는 속담이다. 후대의 『증광현문』에는 "말이 힘없이 걷는 것은 모두 마른 탓이고, 사람이 품위가 없는 것은 단지 곤궁한 탓이다.[馬行無力皆因瘦, 人不風流只爲貧.]"로 바뀌었다.

106

人情皆爲窘中疎.

사람의 정은 모두 곤궁함 때문에 점점 멀어진다.

가난은 가까운 사이마저 멀어지게 한다. 출전을 알 수 없는 속담이다.

107

『樂記』曰: 豢豕爲酒, 非以爲禍也, 而獄訟益繁, 則酒之流生禍也. 是故先王因爲酒禮, 一獻之禮, 主賓百拜, 終日飮酒而不得醉焉. 此先王之所以備酒禍也.

돼지를 길러 안주를 삼고 술을 빚는 것은 그 자체로는 재앙이 아니다. 그러나 소송이 갈수록 늘어나니 이는 술이 과도하여 일으킨 재앙이다. 그래서 선왕이 술을 마시는 예법을 만들어 술잔을 주고받을 때마다 주인과 손님이 백 번 절하게 만드니 술을 종일 마셔도 취하지 않았다. 이는 술이 일으키는 재앙을 대비하여 만든 선왕의 조치이다.

—『예기』「악기」

108

『論語』云: 惟酒無量, 不及亂.

주량을 정해 놓지 않고 술을 마시되 어지러운 지경에는 이르지 않는다.

—『논어』「향당」

109

『史記』曰: 郊天禮廟, 非酒不享. 君臣朋友, 非酒不義. 鬪爭相和, 非酒不勸. 故酒有成敗, 而不可泛飮之.

하늘에 빌고 조상에게 제사 지낼 때 술이 아니면 치르지 못하고
임금과 신하, 벗과 벗 사이에도 술이 아니면 관계를 잘 맺지 못하며
서로 다투거나 서로 화합하는 때에도 술이 아니면 권유하지 못한다.
이처럼 술에는 성공과 실패가 달려 있으니, 대수롭지 않게 마셔서는 안 된다.

—『사기』

술은 사회생활과 인간관계에서 성공을 돕기도 하지만, 패망을 부추키기도 한다. 일없이 마셔서는 안 된다. 현재 전하는 『사기』에는

나오지 않고, 『신집』에 보인다.

110

子曰: 敬鬼神而遠之, 可謂智矣.

귀신을 공경하기는 하되 멀리한다면 지혜롭다고 할 수 있다.
—공자

출전은 『논어』「옹야」이다.

111

子曰: 非其鬼而祭之, 諂也. 見義不爲, 無勇也.

제사 지내야 할 귀신이 아닌데도 제사하면 아첨하는 짓이요
의로운 일을 보고도 하지 않으면 용기가 없는 것이다.
—공자

출전은 『논어』「위정」이다.

112

禮佛者, 敬佛之德; 念佛者, 感佛之恩; 看經者, 明佛之理; 坐禪者, 踏佛之境; 得悟者, 証佛之道.

예불이란 부처의 덕망을 공경하는 것이고
염불이란 부처의 은혜에 감사하는 것이고
불경 공부는 부처의 이치를 밝히는 것이고
좌선은 부처의 경지를 밟는 것이고
깨달음은 부처의 도를 입증하는 것이다.

북송의 영명지각수(永明智覺壽, 904년~976년) 선사가 지은 「팔일성해탈문(八溢聖解脫門)」의 여덟 가지 행위 가운데 다섯 가지이다. 승려가 되려는 사미승을 교육하는 교재인 『치문경훈(緇門警訓)』에 실려 있다. 영명지각수는 북송의 저명한 학승으로, 『만선동귀집(萬善同歸集)』과 『종경록(宗鏡錄)』 등의 저술을 남겼다.

113

看經未爲善, 作福未爲願. 莫若當權時, 與人行方便.

경전을 읽는다고 선행이 되지 않고
복을 짓는다고 소원대로 되지 않는다.
차라리 힘을 가지게 된 때에
남에게 도움을 베푸는 게 훨씬 낫다.

경전을 읽고 복된 일을 하는 것은 작은 선행이고, 권한을 가졌을 때 많은 이에게 이익을 주는 정사를 펼치고, 정책을 만드는 것은 큰 선행이다. 관료가 된 사람의 좌우명으로 삼을 만하다. 실제로 원나라 관료 왕심(王深, 1206년~1263년)의 좌우명이다. 왕심은 산동성 제남(濟南)에서 재무와 세금 징수 업무를 맡은 관료로 오래 봉직하며 선행을 많이 베풀었다. 조맹부(趙孟頫, 1254년~1322년)가 1293년에 짓고 쓴 그의 묘지명에 실려 있다. 다만 2구가 "악행을 저지르는 것은 원하는 바 아니다.[作惡不爲願.]"로 되어 있다. 묘지명은 최근에 출토되었고, 문집에는 실려 있지 않다. 『사림광기』 「위리경어」에도 실려 있다.

114

濟顚和尙「警世」: 看盡彌陀經, 念徹大悲呪. 種瓜還得瓜, 種豆還得豆. 經呪本慈悲, 冤結如何救. 照見本來心, 做者還他受.

『아미타경』을 끝까지 다 읽고
대비주를 줄줄 외운들 무엇하나.
오이 심으면 오이가 나고
콩을 심으면 콩이 나는 법.
불경과 주문은 자비에 근본을 두니
원한을 맺게 하면 어떻게 구원하랴?
본래 마음을 잘 살펴보라!
네가 한 짓은 네가 돌려받는다.

— 제전 화상, 「세상을 깨우친다[警世]」

죄는 지은 데로 가고 덕은 닦은 데로 간다. 품고 있는 생각과 실행한 행위대로 그 결과를 고스란히 받는다. 『아미타경(阿彌陀經)』은 정토 삼부경의 하나로, 아미타불의 공덕과 극락의 일을 적은 경문을 한역한 경전이다. 대비주(大悲呪)는 다라니 주문으로 천수관음(千手觀音)의 공덕을 찬탄한 『천수경』에 들어 있다. 이 주문을 줄줄 외면 온갖 죄업이 없어진다고 한다. 제전 화상(濟顚和尙, 1148년~1209년)은 남송 때의 선사로, 법호(法號)는 도제(道濟)이다. 불교의 계율을 고지식하게 따르지 않은 기이한 행적의 승려이다. 의술과 신통력으로 민중을 제도(濟度)한 전설적 인물로, 현대에 이르기까지 인기가 높다. 『제전도제선사어록(濟顚道濟禪師語錄)』에 나온다.

115

自作還自受.

자기가 지은 행위는 자기가 그대로 돌려받는다.

뿌린 대로 거둔다는 말처럼 자기가 행한 행위의 결과를 고스란히 자기가 받게 된다. 6세기에 구담반야류지(瞿曇般若流支)가 한역한 『정법염처경(正法念處經)』「아귀품(餓鬼品)」에서 염라대왕이 죄인들에게 들려준 게송에 나온다. 불교에서는 자신이 지은 선악의 행위는 그 결과를 자신이 그대로 받는다고 한다. 돈황변문(敦煌變文) 『목련연기(目連緣起)』 등에도 상말로 자주 나온다.

116

子曰: 志士仁人, 無求生以害仁, 有殺身以成仁.

뜻있는 선비와 어진 사람은 저 살자고 어짊을 해치는 짓은 하지 않아도 자신을 희생하여 어짊을 이루는 일은 한다.

—공자

출전은 『논어』 「위령공」이다.

117

子曰: 士志於道而恥惡衣惡食者, 未足與議也.

도에 뜻을 둔 선비로서 나쁜 옷과 나쁜 음식을 부끄러워한다면, 그런 선비와는 더불어 도를 논할 수 없다.

—공자

출전은 『논어』 「이인」이다.

118

荀子云: 公生明, 偏生闇. 端愨生通, 作僞生塞. 誠信生神, 誇誕生惑.

공정은 명석함을 낳고
편협은 우매함을 낳는다.
정직과 성실은 형통함을 낳고
거짓과 꾸밈은 궁색함을 낳는다.
정성과 신뢰는 신묘함을 낳고
과장과 허황은 미혹됨을 낳는다.

—『순자』「불구」

119

『書』云: '侮慢人賢, 反道敗德', 其小人之爲也.

"어진 이를 모욕하고 현인을 업신여기며, 도를 어기고 덕을 무너뜨린다."라는 말이 있는데, 소인배의 소행을 지적한 말이다.

—『서경』

『서경』「대우모(大禹謨)」에는 첫대목이 "남을 업신여기고 스스로 현명한 체한다.[侮慢自賢.]”로 되어 있다.

120

荀子云: 士有妬友, 則賢交不親. 君有妬臣, 則賢人不至.

선비에게 질투하는 벗이 있으면 현명한 친구가 다가가지 않고
군주에게 질투하는 신하가 있으면 현명한 인재가 이르지 않는다.

—『순자』「대략」

힘을 가진 사람 옆에는 으레 호가호위(狐假虎威)하는 측근이 있다. 다른 사람을 시기하고 질투하는 측근이 있으면 인재가 접근하지 못한다. 『한비자(韓非子)』「외저설(外儲說)」에는 개가 사나우면 술이 시어진다는 구맹주산(狗猛酒酸)의 이야기가 있다. 사나운 개가 술집을 지키고 있어 술이 아무리 맛있어도 손님이 찾아오지 않아서 술이 시큰해졌다. 권력자 주변에 사나운 개처럼 구는 측근이 있으면 현명한 인재가 모여들지 않는다는 말이다. 사나운 개[猛狗]는 곧 “질투하는 신하[妬臣]”이다.

121

太公曰: 治國不用佞臣, 治家不用佞婦. 好臣是一國之寶, 好婦是一家之珍.

나라를 잘 다스리려면 아첨하는 신하를 기용하지 않고
집안을 잘 다스리려면 알랑거리는 부인을 얻지 않는다.
훌륭한 신하는 한 나라의 보배이고
훌륭한 부인은 한 집안의 보배이다.

—『태공가교』

122

讒臣亂國, 妬婦亂家.

헐뜯기 잘하는 신하는 나라를 어지럽히고
투기를 잘하는 부인은 집안을 어지럽힌다.

둔황 사본 『왕범지시(王梵志詩)』에는 "헐뜯기 잘하는 신하는 나라를 어지럽히고, 투기를 잘하는 부인은 집안을 망친다.[讒臣亂人國, 妬婦破人家.]"로 나온다. 『태공가교』와 『사림광기』「치가경어」에도 실려 있다.

123

太公曰: 斜耕敗於良田, 讒言敗於善人.

비뚠 밭갈이는 기름진 밭을 망치고
헐뜯는 말은 착한 사람을 망친다.

—『태공가교』

『한서』「오행지」에는 한 성제(漢成帝, 재위 기원전 33년~기원전 7년) 때의 동요 "비뚠 길은 기름진 밭을 망치고, 헐뜯는 말은 착한 사람을 어지럽힌다.[邪徑敗良田, 讒口亂善人.]"가 실려 있다. 이 동요에서 나온 속담으로, 판본에 따라 "길[徑]"과 "밭갈이[耕]"가 뒤섞여 쓰였다.

124

『漢書』云: 曲突徙薪無恩澤, 焦頭爛額爲上客.

연기통을 구부리고 땔감을 옮기라고 충고한 사람은 상을 주지 않고
머리를 그슬리고 이마를 덴 사람만 상좌에 앉힌다.

—『한서』

『한서』「곽광전(霍光傳)」에 나오는 다음 이야기에서 가져왔다. “어떤 나그네가 주인집을 지나다가 부뚜막의 연기통이 직통으로 뚫려 있고 그 옆에 땔감을 쌓아 놓은 것을 보았다. 그 나그네가 주인에게 ‘연기통을 구부려 놓고 땔감을 먼 곳으로 옮겨 놓으시오. 그렇지 않으면 화재가 날 것이오.’라고 충고했다. 그러나 주인은 아무 응답이 없었다. 갑자기 그 집에 정말로 불이 났다. 이웃 사람들이 모두 달려들어 다행히도 불을 껐다. 주인은 소를 잡고 술을 내놓아 이웃 사람들에게 고마움을 표했다. 불에 덴 자가 가장 높은 자리에 앉았고, 나머지 사람들은 제각기 한 일에 따라 순서대로 앉았는데, 연기통을 구부리라고 충고한 사람은 끼워 주지 않았다. 누군가가 주인에게 ‘저번에 나그네의 말을 들었더라면 소와 술을 소비하지 않고도 화재를 당하지 않았을 것이오. 지금 불을 끈 공을 따져서 손님을 청하되 연기통을 구부리고 땔감을 옮기라고 충고한 사람에게는 아무 은택을 내리지 않고, 머리를 그슬리고 이마를 덴 사람을 도리어 상좌에 앉히는군요?’라고 하였다. 주인이 그제야 깨닫고서 그 손님을 청했다.” 일이 일어나기 전에 예방하는 것이 일이 일어난 뒤에 수습하는 것보다 더 중요하다. 하지만 세상은 선견지명의 가치를 잘 인정하지 않는다.

125

整日梳粧合面睡.

온종일 머리 빗고 화장하더니 엎어져 잔다.

126

畫梁栱斗猶未乾, 堂前不見癡心客.

들보와 두공의 단청이 마르지 않았건마는
대청 앞에는 어리석은 사람이 뵈지 않는다.

부를 과시하며 화려한 저택을 지었으나 준공이 되기도 전에 주인은 죽고 없다. 원나라 학자 공제는 『지정직기』에서 화려한 주택을 짓지 말라며 이런 속담을 인용하였다. “남과 사이가 좋지 않으면 그에게 집을 지으라고 종용하고, 남을 의롭지 않게 여기면 그에게 명품을 사 두라고 강권한다.[與人不足, 攛掇人起屋; 與人無義, 攛掇人置玩器.]” 과시용 주택 건축은 결국 남 좋은 일일 뿐이다. 출전을 알 수 없는 성어로 나중에 나온 『금병매』에서 인용하였다.

127

三寸氣在千般用, 一日無常萬事休.

한 가닥 목숨만 붙어 있어도 온갖 일을 하지만
어느 날 허무하게 죽으면 만사가 끝장이다.

살아 있을 때는 할 일도 많고 하고 싶은 일도 많지만, 죽고 나면 모든 게 끝이다. 그러니 살아 있는 하루하루를 소중히 여기며 살아야 한다. 송원 시대에 널리 쓰인 성어로, 『서상기(西廂記)』 등 희곡과 소설에 많이 등장한다.

128

萬物有無常.

만물은 덧없는 것이다.

덧없는 것은 곧 무상(無常)으로 죽음을 뜻한다. 불교에서는 태어나 사라지고 변화하면서 잠시도 머물러 있지 않은 존재를 무상하다고 한다. 보통 무상은 죽음을 가리킨다. 114조에서 설명한 제전 화상의 어록에 나오는 말이다. 애지중지 기른 귀뚜라미가 죽자 화상이 게송(偈頌)을 지었는데 다음과 같은 구절이 있다. "괴로워도 말고, 슬퍼도 말라! 세상 만물은 덧없는 것이다. 어젯밤 갑자기 된서리를 맞았으니, 한바탕 허망한 꿈을 꾼 듯하리라.[休煩惱, 莫悲傷, 世間萬物有無常. 昨宵忽值嚴霜降, 好似南柯夢一場.]"

129

萬物莫逃乎數.

만물은 운수에서 벗어날 길이 없다.

남송의 학자 장세남(張世南)은 『유환기문(游宦紀聞)』 권7에서 "천지만물은 운수에서 벗어날 길이 없다. 운수의 법은 모두 『주역』에 나온다.[天地萬物, 莫逃乎數, 知數之理, 莫出乎易.]"라고 하였다.

130

萬般祥瑞不如無.

갖가지 상서는 없느니만 못하다.

복이 나타날 길조인 상서(祥瑞)는 누구나 바라는 현상이지만, 그런 상서라 해도 나타나지 않는 게 더 낫다. 후촉(後蜀) 사람 하광원(何光遠)의 『감계록(鑑誡錄)』 권6 '괴이한 새의 조짐[怪鳥應]' 조에는 916년 궁궐 연못에 상서로운 무수리가 나타났다는 소문을 듣고 지은 고형(顧夐)의 시를 소개하여 "예전에 「서응도(瑞應圖)」를 본 적이 있으나, 갖가지 상서는 없느니만 못하네. 마하지(摩訶池) 가에 분명하게 나타난 무수리는, 자세히 살펴보니 사다새일 뿐이더라.[昔日曾看瑞應圖, 萬般祥瑞不如無. 摩訶池上分明見, 仔細看來是那鶘.]"라고 하였다. 『치가절요』 하권 「괴이(怪異)」에서 "이상한 것을 보고도 이상하게 여기지 않으면, 이상한 것이 절로 사라진다.[見怪不怪, 其怪自解.]"라는 속담을 인용하여 흔히 보지 못한 괴이한 현상에 놀라 퍼뜨리거나 마음을 쓰지 말고 그러려니 여기라고 하였다.

131

天有萬物於人, 人無一物於天.

하늘은 인간에게 만물을 베풀어 주어도
인간은 하늘에게 물건 하나 되갚지 않는다.

132

天不生無祿之人, 地不長無名之草.

하늘은 먹을 것 없는 사람을 내지 않고
땅은 이름 없는 풀을 기르지 않는다.

하늘 아래 누구든지 일하면 먹고 살 수 있고, 땅 위의 어떤 식물이든 제 생명을 누릴 권리가 있다. 우리에게도 "사람은 다 저 먹을 것 가지고 태어난다."라는 속담이 있다. 사람은 누구나 저마다 쓸모가 있고, 존재의 의의가 있다. 삶이 극한에 이르고 존재가 부정당할 때 돌아봄 직한 말로, 원대의 희곡 『간전노(看錢奴)』 등 소설과 희곡에 자주 나오는 속담이다.

133

大富由天, 小富由勤.

큰 부자는 하늘이 내고
작은 부자는 부지런함이 낳는다.

큰 부자는 커다란 운을 타고 나야 될 수 있지만, 작은 부자는 노력과 열정이 있으면 될 수 있다. 그러니 열의를 가지고 부지런히 일하고, 그다음은 하늘에 맡긴다. 송나라 시대와 원나라 시대의 희곡인 『소손도(小孫屠)』에, 그리고 『사림광기』「치가경어」에 나오는 속담이다. "부지런함[勤]"을 "사람[人]"으로 쓴 판본이 많은데, 취지는 같다.

134

『詩』云: 大富則驕, 大貧則憂. 憂則爲盜, 驕則爲暴.

크게 부유하면 교만하고
크게 가난하면 근심이 많다.
근심이 많으면 도둑이 되고

교만하면 폭군이 된다.

—『시경』

한쪽에 부가 집중되면 다른 한쪽은 빈곤해지고, 부자는 폭군으로, 빈자는 도둑으로 진행되어 사회가 불안해진다. 출전을 『시경』으로 밝혔으나, 오류이다. 전한의 동중서(董仲舒)가 편찬한 『춘추번로(春秋繁露)』「도제(度制)」에 나온다.

135

莫道家未成, 成家子未生. 莫道家未破, 破家子未大.

집안을 일으키지 못한다고 말하지 말라!
집안을 일으킬 자식이 아직 태어나지 않았을 뿐이다.
집안이 망하지 않는다고 말하지 말라!
집안을 망칠 자식이 아직 크지 않았을 뿐이다.

한 가정이 겪을 번성과 쇠락은 자녀에게 달려 있다. 자녀가 성인이 되기 전에는 알 수 없으나 곧 그 조짐이 나타난다. 원채가 『원씨세범』「목친」에서 당시의 속담으로 인용하였고, 『사림광기』「치가경어」에도 나온다.

136

成家之兒，惜糞如金；敗家之兒，用金如糞.

집안을 일으킬 아이는 똥을 황금처럼 아끼고
집안을 무너트릴 자식은 황금을 똥처럼 쓴다.

씀씀이만 봐도 집안을 일으킬 아이와 망칠 아이가 가려진다. 똥조차 분뇨로 여겨 황금처럼 아끼니 가난한 집을 부자로 만들 조짐이 보이고, 황금을 똥처럼 헤프게 쓰니 부잣집도 가난하게 만들 조짐이 보인다. 『사림광기』 「치가경어」에 나온다. 조선 후기 학자 유중림(柳重臨, 1705년~1771년)은 『증보산림경제(增補山林經濟)』 권4 「가정(家政)」에서 앞의 말을 속담으로 인용해 치부의 방법으로 소개했다.

137

胡文定公曰：大抵人家須常教有不足處，若十分快意，隄防有不恰好事出.

무릇 사람에게는 항상 결핍된 구석이 있어야 한다. 모든 게 뜻대로 되다 보면 예방하기 어려운 나쁜 일이 일어난다.

— 호안국

결함의 인간 세계에서는 결핍이 있어야 겸손하게 처신한다. 호안국은 송대의 유학자로 시호는 문정이다. 『춘추』를 깊이 연구하여 『춘추호씨전』을 저술하였다. 이 격언의 출전은 분명하지 않다.

138

康節邵先生曰: 閒居愼勿說無妨, 纔說無妨便有妨. 爽口物多終作疾, 快心之事必爲殃. 爭先徑路機關惡, 近後語言滋味長. 端其病後能服藥, 不若病前能自防.

아무 일이 없다 하여 부디 괜찮다고 하지 마라.
괜찮다고 하자마자 안 괜찮은 일이 생긴다.
입에 맞는 음식도 과식하면 끝내 병이 되고
속이 시원한 일도 지나치면 꼭 재앙이 된다.
먼저 가려 지름길을 질러가니 심보가 고약하고
뒤에 처져 대화를 나누니 그 맛이 오래간다.
병이 난 뒤에 약을 구해 복용하느니
병나기 전에 예방하는 게 훨씬 낫다.

— 소강절

한 치 앞도 모르는 게 사람 일이다. 아무 일 없으니 괜찮다고 안심하는 그때 당장 일이 생길 수 있다. 쾌재를 부르며 자만하거나 만용을 부리지 말고, 지름길로 먼저 가려 약삭빠르게 서두르지 말라.

낭패를 겪을 일이 앞에서 기다릴 수 있으니 사고를 예방하며 천천히 가는 것이 현명한 사람의 여유이다. 소강절의 『이천격양집』에 실린 「인자음(仁者吟)」이라는 시이다. 원문 글자에는 차이가 있다. 3구에서 6구까지는 「조청헌공좌우명」에서 잠언으로 인용하고 풀이하였다.

139

饒人不是癡, 過後得便宜.

남을 용서하는 사람은 멍청이가 아니니
지나고 나면 큰 이익을 얻는다.

손해를 끼친 사람을 용서하면 당장에는 속도 없는 멍청이로 보인다. 나중에 가서는 더 큰 이익을 얻으니 그게 지혜로운 처사이다. 진짜 멍청이는 남을 용서할 줄을 모른다. 당시의 속담으로 원나라 학자 오량(吳亮)은 『인경(忍經)』에서 "범사에 참을 일이 생기면 참아라. 남을 용서하는 사람은 멍청이가 아니니, 멍청이는 남을 용서할 줄을 모른다.[凡事得忍且忍, 饒人不是癡漢, 癡漢不會饒人.]"라고 말하였다.

140

趕人不要趕上, 捉賊不如趕賊.

남을 뒤쫓아 가되 추월하여 앞서가지 말라.
도적을 붙잡는 것은 도적을 쫓아내는 것만 못하다.

남들처럼 살려고 하되 더 앞서려 애쓰지 말고, 침입한 도적은 내쫓되 붙잡으려 하지 말라. 남을 추월하면 남이 나를 넘어뜨리려 하고, 궁지에 몰린 쥐가 고양이를 물듯 도적이 주인을 해칠 수 있다. 당시 속담으로 소설 등에 자주 나온다.

141

梓潼帝君「垂訓」: 妙藥難醫冤債病, 橫財不富命窮人. 虧心折盡平生福, 幸短天教一世貧. 生事事生君莫怨, 害人人害汝休嗔. 天地自然皆有報, 遠在兒孫近在身.

묘약으로도 원한에 사무친 병은 고치기 어렵고
횡재로도 운명이 기구한 사람은 부자로 만들지 못한다.
양심을 저버리면 평생 받을 복을 다 깎아 버리고
인정머리 없으면 하늘이 한평생 가난하게 만든다.

일을 만들어 일이 생겼으니 부디 원망하지 말고
남을 해쳐서 남이 해쳤으니 너는 성내지 말라.
천지자연 모든 일에는 응보가 있는 법
멀리는 자손에게, 가까이는 자신에게 나타난다.

— 재동제군, 「수훈」

남에게 원한을 사지 말고, 횡재를 바라지 말라. 양심을 가지고 인정을 베풀며, 일을 많이 만들지 말고, 남을 해치지 말라. 네가 행한 선악의 응보는 네가 바로 받거나 아니면 네 자손이 받는다. 재동제군(梓潼帝君)은 문창제군(文昌帝君)의 별칭으로, 문운(文運)을 관장하고 시험을 치르는 사람을 보호하는 도교의 신이다. 원말의 문인 시내암(施耐庵, 1296년~?)이 지은 『충의수호전(忠義水滸傳)』 34회에도 나온다.

142

藥醫不死病, 佛度有緣人.

약은 죽지 않을 병만을 고치고
부처는 인연 있는 사람만을 구제한다.

약이 모든 병자를 고칠 수 없고, 부처가 모든 사람을 구제할 수 없다. 치료할 만한 병이라야 약도 효과를 보고, 인연이 있는 사람이어야 부처도 구제한다. 원나라 때의 속담으로 시혜(施惠)의 희곡 『유규기(幽閨記)』를 비롯하여 소설 등에 자주 사용되었다.

143

吳眞人曰: 幸短虧心只是貧, 莫生巧計弄精神. 得便宜處休歡喜, 遠在兒孫近在身.

인정머리 없고 양심을 저버리면 가난해지니
묘한 꾀를 짜내려고 골머리 썩히지 말라.
잇속을 차리게 됐다고 기뻐하지 말지니
멀리는 자손에게, 가까이는 자신에게 응보가 나타난다.
— 오진인

오진인(吳眞人)은 본래 북송 연간에 민중을 치료한 신의(新醫) 오본(吳本, 979년~1036년)으로, 보생대제(保生大帝)로 불린다. 중국 푸젠성과 타이완 일대에서는 질병을 낫게 하는 신으로 모신다. 원말의 문인 시내암이 지은 『충의수호전』에도 비슷한 시가 나온다.

144

十分惺惺使五分，留取五分與兒孫．十分惺惺都使盡，後代兒孫不如人．

총명한 머리를 절반만 써먹고
절반을 남겨 두어 자손에게 주어라.
총명한 머리를 모조리 써 버리면
후대의 자손은 사람 노릇 못 한다.

원대의 속담으로 무한신(武漢臣)의 잡극(雜劇) 『산가재천사노생아(散家財天賜老生兒)』 등에 나온다.

145

越奸越狡越教窮，奸狡原來天不容．富貴若從奸狡得，世間呆漢吸西風．

간교하면 간교할수록 더 빈궁하게 되니
간교함은 원래 하늘이 용납하지 않는다.
부귀가 간교한 꼼수로 얻을 물건이라면
세상 멍텅구리처럼 서풍이라도 들이마시리.

간교한 꾀를 써서는 부귀를 얻을 수 없다. 중국 속어에 "서북풍을 먹는다.[喝西北風.]"라는 말이 있다. 서북풍은 겨울철 찬바람으로, 먹을 것이 없어서 배를 곯으면서도 찬바람만 들이마시는 가난뱅이 처지를 비유한다. 출전은 알 수 없다.

146

花落花開開又落, 錦衣布衣更換着. 豪家未必常富貴, 貧家未必常寂寞. 扶人未必上青霄, 推人未必塡溝壑. 勸君凡事莫怨天, 天意於人無厚薄.

꽃이 지고 꽃이 피며, 또 피었다가 지나니
비단옷과 베옷은 번갈아 바꿔 입게 된다.
거부라도 항상 부귀를 누리지는 못하고
가난뱅이라도 항상 곤궁하게 살지는 않는다.
사람을 들어 올려도 하늘 위로는 못 올리고
사람을 밀쳐 내도 구렁텅이에 빠뜨리지는 못한다.
부디 하는 일마다 하늘을 원망하지 말라.
하늘은 누구든 우대도 홀대도 하지 않는다.

출전을 알 수 없는 칠언율시이다. 인생은 돌고 돌아 먼저 된 자 나중되고, 나중 된 자 먼저 된다. 흥망성쇠와 부귀빈천이 물레바퀴 돌 듯하고, 음지가 양지 되고 양지가 음지 되며, 부자가 빈자로 바뀌고 빈자가 부자로 바뀐다. 하늘 높이 출세시키려 해도 억지로는 안 되고, 구렁텅이에 빠뜨리려고 해도 억지로는 안 된다. 하늘은 특정한 사람을 편애하지 않고 공평하고 냉담하다.

147

莫入州衙與縣衙, 勸君勤謹作生涯. 池塘積水須防旱, 田地勤耕足養家. 教子教孫幷教藝, 栽桑栽柘少栽花. 閑非閑是俱休管, 渴飲清泉悶煮茶.

크든 작든 관청에는 들어갈 생각 말고
그대들은 부디 삼가 근면하게 살아가라.
못에는 물을 가둬 가뭄에 대비하고
논밭은 부지런히 갈아 가족을 부양한다.
자식 손주 가르치되 기술까지 가르치고
뽕도 심고 수수도 심되 꽃은 조금만 심는다.
상관없는 시비에는 아랑곳하지 말고
목마르면 샘물 마시고 답답하면 차 끓여 마셔라.

관청에 자주 출입하거나 정치의 잘잘못에 관심 두지 말고, 농사에나 힘쓰고 가정이나 잘 건사하면 만족한 삶을 살 수 있다고 훈계한다. 송대의 학자 사악(謝諤, 1121년~1194년)이 지은 「농사를 권장하는 시[勸農詩]」로, 나대경의 필기 『학림옥로』 권6에 나온다.

148

堪歎人心毒似蛇, 誰知天眼轉如車. 去年妄取東鄰物, 今日還歸北舍家. 無義錢財湯潑雪, 倘來田地水推沙. 若將狡譎爲生計, 恰似朝開暮落花.

독사처럼 독한 인심 개탄스럽기 짝이 없으니
수레처럼 구르며 하늘이 보는 줄을 누가 알까?
지난해에 동쪽 집에서 물건을 훔쳤다면
오늘은 북쪽 집으로 그 물건이 돌아간다.
옳지 못한 재물은 끓는 물에 뿌리는 눈발이고
뜻밖에 얻은 전답은 물살에 밀리는 모래이다.
간계와 잔꾀로 생계를 꾸린다면
아침에 피었다가 저녁에 지는 꽃과 똑같다.

탐욕에 빠진 독한 사람을 깨우치는 작품이다. 너나없이 남의 재물을 탐내어 간계와 잔꾀를 쓰지만, 부당한 이득은 절대 네 것이 되지 않는다. 고대 로마의 문인 플라우투스(Plautus, ?~기원전 184년)가 『카르타고 사람(Poenulus)』에서 말한 "나쁘게 얻은 재산은 나쁘게 끝난다."라는 격언과 같다. 지은이를 알 수 없는 칠언율시로, 나중에 『충의수호전』과 『금병매』 등에 수록되어 널리 전한다.

149

得失榮枯總是天，機關用盡也徒然．人心不足蛇吞象，世事到頭螳捕蟬．無藥可醫卿相壽，有錢難買子孫賢．家常守分隨緣過，便是逍遙自在仙．

이해득실, 영고성쇠는 몽땅 하늘에 달렸으니
꿍꿍이속을 다 써 본들 쓸데없는 일이다.
만족 못할 욕심은 코끼리 삼키는 뱀과 같고
세상일은 어디서나 매미 잡는 사마귀 같다.
약 있어도 재상의 목숨을 구하지는 못하고
돈 많아도 자손의 현명함을 사기는 어렵다.
생활에서 분수 지켜 인연 따라 지낸다면
그게 바로 여유만만 살아가는 신선이다.

인간이 탐욕을 부려 갖은 꾀를 꾸미지만, 결국에는 소용없는 일이다. 차라리 분수를 지켜 마음 편히 사는 것이 낫다. 3구는 『산해경(山海經)』에 "파(巴) 땅의 뱀은 코끼리를 삼키고 3년 만에 그 뼈를 뱉어 낸다."라는 이야기로 탐욕스러운 인심을 비유했고, 4구는 『한시외전』에 "사마귀는 매미를 잡아먹으려다가 뒤에서 참새가 머리를 쳐들고 자신을 쪼아 먹으려는 줄을 모르고, 참새는 사마귀를 잡아먹으려다가 나무 아래에서 꼬마 아이가 새총으로 겨누는 줄을 모른다."라고 하여 속셈을 숨기고 남을 노리는 세상 물정을 비유한다. 원대의 희곡 『원가채주(冤家債主)』에 나오는 칠언율시이다.

150

寬性寬懷過幾年, 人死人生在眼前. 隨高隨下隨緣過, 或長或短莫埋怨. 自有自無休歎息, 家貧家富總由天. 平生衣祿隨緣度, 一日清閑一日仙.

너그럽게 마음먹고 몇 년을 지내는 동안
누군 죽고 누군 사는 일이 눈앞에 펼쳐진다.
높으면 높은 대로, 낮으면 낮은 대로 인연 따라 지내고
길면 긴 대로, 짧으면 짧은 대로 불평을 품지 말자.
절로 생겼다가 절로 사라지니 한탄일랑 말지니
집이 가난하든 부유하든 모두 하늘에 달려 있다.
평생토록 먹고 벌기를 인연 따라 해결하니
하루 동안 맑고 한가하면 그 하루는 신선이다.

아등바등 죽기살기로 사는 일은 이제 그만이다. 억지로 할 수 없는 게 인생이니 불평도 탄식도 하지 않는다. 지위도, 빈부도, 행불행도 인연 따라 되어가는 대로 맡기고 살련다. 거창한 계획 그런 건 없다. 오늘 하루 별일 없이 여유롭게 보냈으면 오늘 하루 나는 신선놀음하였다. 출전을 알 수 없는 칠언율시로, 천계본 이래로 초략본에서는 맨 마지막의 "하루 동안 맑고 한가하면 그 하루는 신선이다.[一日清閑一日仙.]" 구절만 뽑아서 수록하였다. 전체의 눈에 해당하는 삶의 태도이다. 나중에 『금병매』 49회에 인용되었다.

151

花開不擇貧家地，月照山河到處明．世間只有人心惡，凡事須還天養人．

꽃은 빈자의 땅이라도 가리지 않고 피고
달은 산과 강 어디라도 환하게 비춘다.
세상에는 심보 고약한 사람이 많지마는
모든 일은 결국 천진한 사람 손에 돌아간다.

152

眞宗皇帝「御製」：知危識險，終無羅網之門；擧善薦賢，自有安身之路．施恩布德，乃世代之榮昌；懷妬報冤，與子孫之爲患．損人利己，終無顯達雲仍；害衆成家，豈有久長富貴？改名異體，皆因巧語而生；禍起傷身，蓋是不仁之召．

위기와 위험을 알면 법망에 걸리는 일이 없고
선인과 현자를 천거하면 몸이 편한 길이 생긴다.
은혜와 덕망을 베풀면 대대로 번영을 누리고
시기하거나 원한을 갚으면 자손에게 후환을 끼친다.
남을 해치고 이익을 챙기면 크게 될 후손의 길을 막고
많은 이에게 해를 입혀 성공하면 부귀를 길게 누리랴?

이름을 바꾸고 성형하는 일은 모두 교묘한 말재주 탓에 일어나고
재앙이 일어나 몸을 다치는 일은 대개 어질지 못해 불러들인다.

— 진종 황제, 「어제」

송 진종은 북송의 제3대 황제이다. 도교를 숭상하여 각지에 도관을 세우고 도교 경전을 정리하게 하였다. 이 격언은 남에게 선행을 베풀고 남을 해치지 않으며 어질게 살아야 복을 받고 번영을 누린다고 가르친다. 선행을 권장하는 도교의 권선문(勸善文)과 비슷하다. 7구는 자신을 알아보지 못하도록 성명을 바꾸거나 성형하고 신체를 훼손하는 행위를 가리킨다. 다음 3개조에도 송나라 황제의 어제(御製)가 수록되어 있는데, 출전이 분명하지 않다.

153

仁宗皇帝「御製」: 乾坤宏大, 日月照鑒分明; 宇宙寬洪, 天地不容姦黨. 使心用倖, 果報只在今生; 善布淺求, 獲福休言後世. 千般巧計, 不如本分爲人; 萬種強圖, 爭似隨緣節儉. 心行慈善, 何須努力看經; 意欲損人, 空讀如來一藏.

천지가 굉장히 커도 해와 달은 환하게 비춰 살피고
우주가 드넓어도 천지는 간악한 무리를 받아들이지 않는다.
마음을 나쁘게 쓰면 인과응보가 이승에서 바로 나타나고
선행을 베풀고 보답을 바라지 않으면 후세에 말할 것도 없이 복을 언

는다.

천 가지 교묘한 꾀가 본분 지켜 사람 노릇하는 것만 못하고
만 가지 억지 부린 사업이 인연 따르며 근검절약하는 것만 못하다.
자비심 품고 선행을 실천하면 불경을 굳이 보지 않아도 좋으니
남을 해칠 마음이 든다면 부처의 경전을 허투루 읽은 것이다.

— 인종 황제, 「어제」

송 인종(宋仁宗, 재위 1022년~1063년)은 북송의 제4대 황제이다. 인간의 본분을 지키면서 선행을 하고 악행을 멀리하면 하늘이 반드시 보답한다고 하였다. 권선문과 같은 글이다.

154

神宗皇帝「御製」: 遠非道之財, 戒過度之酒. 居必擇鄰, 交必擇友. 嫉妬勿起於心, 讒言勿宣於口. 骨肉貧者莫疎, 他人富者莫厚. 克己以勤儉爲先, 愛衆以謙和爲首. 常思已往之非, 每念未來之咎. 若依朕之斯言, 治家國而可久.

도리에 어긋난 재물을 멀리하고
정도에 넘치는 음주를 조심하라.
집은 반드시 이웃을 가려서 정하고
벗은 반드시 사람을 가려서 사귀어라.
마음에 질투를 일으키지 말고

입에서 헐뜯는 말을 내뱉지 말라.

친척은 가난하다고 거리를 두지 말고

타인은 부자라 하여 후하게 대하지 말라.

자신을 극복하여 근면함과 검소함을 앞세우고

뭇사람을 사랑하여 겸손과 화합을 으뜸으로 삼아라.

지난날 잘못한 과실을 항상 성찰하고

앞으로 저지를 허물을 늘 염려하라.

짐이 한 이 말을 잘 따른다면

집안과 나라를 오래 유지하리라.

— 신종 황제, 「어제」

송 신종(宋神宗, 재위 1067년~1085년)은 북송의 제6대 황제이다. 인생에서 주의하여야 할 일은 경계하고 실천하여야 할 일은 권장한 글이다. 일반 백성을 대상으로 한 권선문이다.

155

高宗皇帝「御製」: 一星之火, 能燒萬頃之薪; 半句非言, 誤損平生之德. 身披一縷, 常思織女之勞; 日食三飡, 每念農夫之苦. 苟貪妬損, 終無十載安康; 積善存仁, 必有榮華後裔. 福緣善慶, 多因積行而生; 入聖超凡, 盡是眞實而得.

한 점 작은 불티가 넓은 숲의 나무를 태우고

반 마디 그릇된 말이 평생 쌓은 후덕함을 무너뜨린다.
한 오라기 옷을 입을 때마다 옷을 지은 여인의 노고를 기억하고
하루 세 끼 밥을 먹을 때마다 농사지은 농부의 고생을 생각하라.
탐욕을 부려 남에게 손해를 끼치면 끝내 10년 동안 평온을 얻지 못하고
선행을 쌓고 어진 마음을 품으면 반드시 후손에게 영화가 있으리라.
복의 인연과 선행의 축복은 흔히 실천이 쌓여서 생기고
범인을 넘어 성인이 되는 길은 모두 진실함에서 얻어진다.

— 고종 황제, 「어제」

송 고종(宋高宗, 재위 1127년~1162년)은 송 왕조의 제10대 황제이자 남송의 초대 황제인 조구(趙構)이다. 후덕한 처신 여덟 가지를 당부하였다. 말을 조심하라고, 백성의 노고에 감사하는 마음을 가지라고, 남에게 해를 끼치지 말고 선행하라고 권고하였다.

156

老子送孔子曰: 吾聞, 富貴者送人以財, 仁人者送人以言. 吾雖不能富貴於人, 竊仁者號令, 送子以言也. 曰: '聰明深察, 反近於死; 博辯閎遠, 而危其身.'

노자가 공자를 배웅하면서 말하였다. "내가 들으니, 부귀한 이는 재물을 주어 사람을 보내고, 어진 이는 좋은 말[言]을 주어 사람을 보낸다고 한다. 나는 남보다 부귀를 가지지 못하였으나 어질다는 이름을 가지

고 있으니 그대에게 좋은 말을 주어 배웅하려 한다. '총명하되 까다롭게 파헤치면 도리어 죽음에 다가서고, 학식과 언변이 굉장히 훌륭하면 오히려 제 몸을 위태롭게 한다.'"

출전은 『사기』 「공자 세가」이다.

157

王良曰: 欲知其君, 先視其臣; 欲識其人, 先視其友; 欲知其父, 先視其子. 君聖臣忠, 父慈子孝.

임금을 알고자 하면 먼저 그 신하를 살펴보고
사람을 알고자 하면 먼저 그 친구를 살펴보며
아버지를 알고자 하면 먼저 그 자식을 살펴보라.

임금이 성스러우면 신하가 충성스럽고, 아버지가 인자하면 자식이 효도한다.

— 왕량

어떤 사람의 됨됨이와 능력은 그가 부리거나 그와 어울리는 사람을 보면 잘 알 수 있다. 『태공가교』 22단에 "군주를 알고자 하면 부리는 사람을 살펴보고, 아버지를 알고자 하면 먼저 그 자식을 살펴보며, 나무를 알고자 하면 먼저 나무결을 살펴보고, 사람을 알고

자 하면 먼저 그 노비를 살펴보라.[欲知其君, 視其所使; 欲知其父, 先視其子; 欲知其木, 視其木理; 欲知其人, 視其奴婢.]"라는 글에서 가져왔다. 『치가절요』 하권 「노복(奴僕)」에서도 "주인을 알고자 하면 먼저 그 노비를 살펴보라.[欲知其主, 先觀其僕.]"라는 말을 옛말에서 인용하였다. 그밖에 『한시외전』 권8 등에도 위 문후(魏文侯, 재위 기원전 445년~기원전 396년)가 한 말로 비슷한 내용이 나온다. 『신집』 372에서는 왕량(王良)의 말로 인용하였는데, 왕량은 춘추시대 진(晉)나라의 신하이다.

158

家貧顯孝子, 世亂識忠臣.

집안이 가난해지면 효자가 드러나고
세상이 어지러우면 충신을 알아본다.

우리 속담에 "집이 가난하면 효자가 나고 나라가 어지러우면 충신이 난다"가 있는데, 매우 유사하다.

159

『家語』云: 水至清則無魚, 人至察則無徒.

물이 너무 맑으면 헤엄치는 물고기가 없고
사람이 너무 매몰차면 따르는 사람이 없다.
—『가어』

『공자가어』「입관(入官)」에 나오는 구절로, 『대대례기(大戴禮記)』를 비롯한 여러 저술에도 나온다. 혼자서만 깔끔 떨고 올곧게 행동하는 독불장군에게는 따르는 사람이 없다. 자신을 더럽히지는 않더라도 흠결 있고 더러운 사람까지 포용하는 도량을 갖추어야 큰일을 한다. 『춘추좌전(春秋左傳)』 선공(宣公) 15년 조에서는 "시내와 못은 더러운 사물을 받아들이고, 산의 숲은 나쁜 생물을 감추어 준다. 아름다운 옥은 흠결을 숨기고, 한 나라의 군주는 더러운 것을 포용한다. 이것이 하늘의 도이다.[川澤納汚, 山藪藏疾, 瑾瑜匿瑕, 國君含垢, 天之道也.]"라고 하였으니, 그 취지를 생각하여야 한다.

160

子曰: 三軍可奪帥也, 匹夫不可奪志也.

삼군(三軍)을 거느리는 장수는 사로잡을 수 있어도 한 사람이 품은 뜻은 빼앗을 수 없다.

— 공자

굳은 의지를 지닌 사람은 대적하기 어렵다. 출전은 『논어』「자한」이다.

161

子曰: 生而知之者, 上也; 學而知之者, 次也; 困而學之, 又其次也. 困而不學, 民斯爲下矣.

태어날 때부터 아는 자가 최상이고, 배워서 아는 자가 그 다음이며, 어려움을 겪으면 배우는 자가 또 그 다음이다. 어려움을 겪는다고 배우지 않으니 그 때문에 보통 사람은 최하가 된다.

— 공자

출전은 『논어』 「계씨」이다.

162

子曰: 君子有三思, 而不可不思也. 少而不學, 長無能也. 老而不教, 死無思也. 有而不施, 窮無與也. 是故君子少思其長則務學, 老思其死則務教, 有思其窮則務施.

군자에게는 생각해 둘 일 세 가지가 있으니 이 일은 생각하지 않을 수 없다. 어려서 배우지 않으면 어른이 되어 무능하고, 늙어서 제자를 가르치지 않으면 죽어서 추모할 사람이 없으며, 재물이 있을 때 베풀지 않으면 곤궁해질 때 도와줄 사람이 없다. 따라서 군자는 어려서는 어른이 되었을 때를 생각하여 배우기에 힘써야 하고, 늙어서는 죽을 때를 생각하여 제자를 가르치기에 힘써야 하며, 재물이 있을 때는 곤궁해질 때를 생각하여 베풀기에 힘써야 한다.

— 공자

출전은 『순자』 「법행」이다.

163

『景行錄』云: 能自愛者, 未必能成人, 自欺者, 必罔人. 能自儉者, 未必能周人, 自忍者, 必害人. 此無他, 爲善難, 爲惡易.

자신을 아끼는 사람은 남이 성공하도록 꼭 돕지는 않으나, 자신을 속이는 사람은 반드시 남을 속인다. 검소하게 사는 사람은 남에게 꼭 베풀지는 않으나, 자신에게 모질게 구는 사람은 반드시 남을 해친다. 여기에는 다른 이유가 없다. 선행을 베풀기는 어렵고 악행을 저지르기는 쉽기 때문이다.

—『경행록』

164

『景行錄』云: 富貴易於爲善, 其爲惡也, 亦不難.

부귀한 사람은 선행을 베풀기도 쉬우나 악행을 저지르기도 쉽다.

—『경행록』

165

子曰: 富而可求也, 雖執鞭之士, 吾亦爲之. 如不可求, 從吾所好.

부(富)가 추구하여 얻어질 것이라면 비록 수레를 모는 천한 일이라도 나는 기꺼이 하련다. 그러나 추구하여 얻어질 것이 아니라면 내가 좋아하는 일을 하겠다.

— 공자

출전은 『논어』「술이」이다.

166

千卷詩書難却易, 一般衣飯易却難.

천 권의 시서(詩書)를 읽는 것은 어려워는 보여도 하기는 쉽고
평범한 옷과 밥을 마련하는 것은 쉬워는 보여도 하기는 어렵다.

송나라 임제종(臨濟宗) 승려 보암인숙(普菴印肅)(1115년~1169년) 선사의 「옛일을 노래하다[頌古九十八首]」로, 그의 어록집에 나온다. "만 권의 시서를 읽는 것은 어려워는 보여도 하기는 쉽고, 한 조각

옷과 한 입 밥을 마련하는 것은 쉬워는 보여도 하기는 어렵다. 수미산이니 겨자씨니 따져 무엇 하랴? 당당하게 웃통 벗고 바람과 깃발을 손가락질한다.[萬卷詩書難却易, 片衣口飯易却難. 說甚須彌和芥子, 堂堂體露指風旛.]"

167

天無絶人之祿.

하늘은 사람의 명줄을 끊지 않는다.

하늘이 무너져도 솟아날 구멍이 있다는 뜻으로, 아무리 어려운 난관에 처하더라도 살아 나갈 방도가 있다는 속담이다. 원대의 속담으로 『화랑단(貨郎旦)』 등 많은 희곡에 나온다. 원문의 "명줄[祿]"이 "살길[路]"로 된 속담이 더 많은데, 두 글자의 중국어 발음이 비슷하다.

168

一身還有一身愁.

사람마다 그 사람 몫의 근심이 있다.

송나라 주기(周琪)의 『원각경협송집해강의(圓覺經夾頌集解講義)』에 "미치광이 미륵불이 명주에 이르러, 지팡이에 포대를 걸쳐 메었네. 너에게 백억 개 천억 개 사람 몸으로 바꾸게 해 주어도, 사람마다 그 사람 몫의 근심이 있다.[顚狂彌勒到明州, 布袋橫挑柱杖頭. 饒汝化身千百億, 一身還有一身愁.]"에서 나온 말이다.

169

子曰: 人無遠慮, 必有近憂.

사람이 먼 앞일을 걱정하지 않으면 반드시 가까운 근심이 있다.

— 공자

출전은 『논어』「위령공」이다.

170

輕諾者, 信必寡; 面譽者, 背必非.

가볍게 허락하는 사람은 분명 믿음성이 떨어지고
면전에서 칭찬하는 사람은 꼭 등 뒤에서 헐뜯는다.

원나라 문인이자 유학자인 호기휼(胡祇遹, 1227년~1295년)의 어록에 나오는 말로, 『자산대전집(紫山大全集)』 권25의 「어록」에 실려 있다. "베풀기 좋아하는 사람은 반드시 빼앗고, 기뻐하기 잘하는 사람은 슬픔이 많고, 가볍게 허락하는 사람은 믿음성이 떨어지고, 면전에서 칭찬하는 사람은 등 뒤에서 헐뜯고, 재빠르게 나가는 사람은 서둘러 물러나고, 많이 쟁여 놓은 사람은 크게 망하고, 이기기 좋아하는 사람은 반드시 적수를 만나고, 억센 사람은 틀림없이 제명대로 살지 못하니 이치가 반드시 그렇다.[好施者必奪, 易喜者多悲, 輕諾者寡信, 面譽者背非, 進銳者退速, 多藏者厚亡, 好勝者必遇敵, 强梁者必不得死, 理必然也.]"

171

許敬宗曰: 春雨如膏, 行人惡其泥濘; 秋月揚輝, 盜者憎其照鑑.

봄비가 대지를 촉촉하게 적셔도 행인은 질퍽하다고 싫어하고
가을 달이 휘영청 밝아도 도둑은 환하게 비춘다고 싫어한다.
— 허경종

많은 이가 좋아할 봄비와 가을 보름달도 처지가 다른 사람에게는 싫다. 진창길을 가야 하는 행인이기 때문이고, 어두워야 도둑질하는 도둑이기 때문이다. 모두가 좋아해도 어딘가에는 싫어하는 이들이 숨어 있다. 허경종(許敬宗, 592년~672년)은 당 고종(唐高宗, 재위 649년~683년) 때의 고관으로, 측천무후(則天武后, 재위 690년~705년)를 황후로 옹립하고 저수량(褚遂良, 596년~658년)과 장손무기(長孫無忌, 594년~659년) 등을 죽였다. 이 글은 다음 글에서 나왔다고 하지만 출전이 분명하지 않다. "당 태종(唐太宗, 재위 626년~649년)이 허경종에게 '짐이 뭇 신하들을 보건대, 경이 가장 현명하건마는 경을 좋지 않게 말하는 이들이 있다. 왜 그런가?'라고 물었다. 허경종이 '봄비가 대지를 촉촉하게 적시면 농부는 땅이 기름지다고 기뻐하나, 행인은 땅이 질퍽하다고 싫어합니다. 가을 달이 휘영청 밝으면 미인은 구경하기 좋다고 기뻐하나, 도둑은 환하게 비춘다고 싫어합니다. 천지가 아무리 커도 유감스럽게 생각하는 이들이 있거니와, 신이야 말해 무엇하겠습니까?'라고 대답하였다."

172

『景行錄』云: 大丈夫見善明, 故重名節於泰山; 用心剛, 故輕死生如鴻毛.

대장부는 선행의 의무를 분명히 알기에 명예와 절의를 태산보다 무겁게 여기고
마음가짐이 다부지기에 삶과 죽음을 기러기 털처럼 가볍게 여긴다.

—『경행록』

173

『景行錄』云: 外事無小大, 中慾無淺深, 有斷則生, 無斷則死, 大丈夫以斷爲先.

밖으로는 일의 크고 작기를 따질 것 없고 안으로는 욕심의 얕고 깊기를 따질 것 없이 과단성이 있으면 살고 과단성이 없으면 죽는다. 대장부는 과단성을 앞세워야 한다.

—『경행록』

범입본은 『치가절요』 상권 「주견(主見)」 항목에서 한 집안의 가장이 할 일을 이 격언을 인용하여 설명하였다. 가장은 매사에 먼저 주견을 분명하게 세우고 과단성 있게 판단하여 처리하여야 가정을

잘 이끌 수 있다고 하였다.

174

子曰: 知而弗爲, 莫如勿知. 親而弗信, 莫如勿親. 樂而方至, 樂而勿驕. 患之所至, 思而勿憂.

알면서 행하지 않는 것은 모르는 것만 못하고
친하면서 믿지 않는 것은 친하지 않은 것만 못하다.
즐거운 일이 찾아오면 즐거워하되 교만해하지 말고
우환이 닥치면 대책을 숙고하되 근심하지 말라.
—공자

출전은 『공자가어』 「자로초현(子路初見)」이다.

175

孟子云: 雖有智慧, 不如乘勢; 雖有鎡基, 不如待時.

지혜가 있더라도 형세를 타는 것만 못하고

농기구가 있더라도 농사철을 기다리는 것만 못하다.

—『맹자』「공손추 상」

176

『呂氏鄕約』云: 德業相勸, 過失相規, 禮俗相成, 患難相恤.

은덕과 선행은 서로 권장하고

허물과 실책은 서로 바로잡아 주며

예절과 미풍양속은 서로 이루게 하고

우환과 힘든 일은 서로 도와준다.

—『여씨향약』

『여씨향약』은 북송 때 향촌을 교화하기 위하여 만든 자치 규약이다. 섬서성(陝西省) 남전현(藍田縣)의 여씨 문중에서 만들었고, 나중에 주자가 조금 더 보완하여 조선과 중국에서 널리 행해졌다.

177

憫人之凶, 樂人之善, 濟人之急, 救人之危.

남의 재난은 불쌍히 여기고

남의 좋은 일은 즐거워하며

남의 위급함에는 도움을 주고

남의 위기는 구원해 준다.

『태상감응편』에 나오는 구절이다.

178

經目之事, 猶恐未眞; 背後之言, 豈足深信?

제 눈으로 본 일도 사실이 아닐지 모른다고 의심하거늘

등 뒤에서 수군거리는 말을 어떻게 깊이 신뢰하겠는가?

남들이 수군거리는 말과 소문을 가볍게 믿어서는 안 된다. 당시의 속담으로, 범입본은 『치가절요』 하권 「옳고 그름[是非]」에서 인용하여 다음과 같이 풀이하였다. "속담에 '제 눈으로 본 일도 사실이 아닐지 모른다고 의심하거늘, 등 뒤에서 수군거리는 말을 어떻게 깊이 신뢰하겠는가?'라는 말이 있다. 그 말이 상스럽기는 하나, 그 이치는 지극히 타당하다. 세상에 나가 활동하고 가정을 다스리는 사람은 직접 듣거나 직접 보지 않았다면, 옳으니 그르니 하는 허망한 말을 듣더라도 모두 믿지 못할 말로 여겨야 한다. 이렇게 한다면 허망한 말이 들어올 길이 없어진다."

179

人不知己過, 牛不知力大.

사람은 자기 잘못을 모르고
소는 제가 힘센 줄 모른다.

남송의 승려 천동정각의 『종용록』 권4에 평어(評語)로 나온다.

180

不恨自家蒲繩短, 只恨他家古井深.

제 집 두레박줄 짧은 것은 탓하지 않고

남의 집 우물이 깊은 것만 탓한다.

문제는 너에게 있으니 남 탓하지 말라. 『설원』「정리(政理)」에 "짧은 두레박줄로는 깊은 우물물을 길어 올릴 수 없다."라는 말이 나온다. 자기 두레박줄이 짧아서 우물물을 길어 올리지 못하는데, 어리석은 사람은 남의 우물이 너무 깊다고 푸념한다. 천동정각의 『종용록』 권6의 "두레박줄이 짧은 탓이니, 오래된 우물이 깊은 것과는 관계가 없다.[自是蒲繩短, 非干古井深.]"라는 평어에 보이는 속담이다.

181

僥倖脫, 無辜報.

재앙이 닥쳐도 요행히 벗어나기도 하고

잘못이 없어도 까닭 없이 앙갚음당하기도 한다.

182

贓濫滿天下, 罪拘福薄人.

부정한 재물을 받은 자가 세상에 가득한데도
죄는 복 없는 사람이 걸린다.

뇌물과 횡령 등 온갖 부정을 저질러 재물을 불린 자가 세상에는 널렸으나, 그 모두가 죄에 걸려 처벌받지는 않는다. 권력과 돈이 있어 벗어나기도 하는데, 죄에 걸리는 이가 꼭 나타난다. 남들은 피해 가는 죄에 걸린다면 복이 없고 재수가 없으며 뒷배경이 없기 때문이다.

183

人心似鐵, 官法如爐.

사람 마음이 쇳덩이 같아도
관청의 법은 용광로 같다.

송나라 때의 속담이다. 개인이 아무리 쇳덩이처럼 강한 힘이 있어도, 관청의 법은 그 쇳덩이를 녹이는 용광로와 같아서 당해 내지 못한다. 권세가 있어도 정부와 관청에 대들지 말라는 경고이다. 남송 말기에 황진(黃震)이 편찬한 『황씨일초(黃氏日抄)』 권79에 속언으로 인용하였다.

184

太公曰: 人心難滿, 溪壑易盛.

사람의 욕심을 채우기 어려우니
차라리 골짜기를 메우기가 쉽다.
—『태공가교』

185

天若改常, 不風即雨; 人若改常, 不病即死.

하늘이 평소에 하지 않던 짓을 하면, 바람이 불지 않으면 비가 내리고

사람이 평소에 하지 않던 짓을 하면, 병들지 않으면 죽는다.

평소에 안 하던 짓을 갑자기 하거나 뜻밖의 횡재가 생기는 것은 좋지 못한 징조이다. 북송의 문형(文瑩)이 지은 『옥호청화(玉壺淸話)』 권7에 "제 녹봉 외에 따로 백금의 횡재가 들어오면, 병들지 않으면 죽는다."라는 사연이 보인다. 갑작스러운 생활의 변화는 큰 행복을 가져오기는커녕 큰 불행의 씨앗이 된다.

186

『狀元詩』云: 國正天心順, 官淸民自安. 妻賢夫禍少, 子孝父心寬.

나라가 올바르니 하늘은 마음이 순조롭고
관리가 청렴하니 백성은 절로 편안하다.
아내가 현명하니 남편은 재앙이 드물고
자식이 효도하니 부모는 마음이 너그럽다.

—『장원시』

밖으로는 나라가 잘 돌아가고 관리가 청렴하여야 일기가 고르고 백성이 편안하게 생활한다. 안으로는 아내가 현명하고 자식이 효도하여야 남편에게는 재앙이 일어나지 않고 부모는 마음 편하게 살아간다. 출전으로 밝힌 『장원시(狀元詩)』는 6장 7조에 나온 『신동시』와 같은 책이다. 신동으로 알려진 북송의 왕수가 지은 시에 다른 사람이 지은 시까지 함께 모아 만든 시선집이다. 수록된 시는 통속적이고 이해하기 쉬워 후대에 아동교육에 널리 활용되었다. 이 시는 두 구절로 나뉘어 『사림광기』의 「거관경어(居官警語)」와 「치가경어(治家警語)」에 따로 수록되었다.

187

孟子曰: 三代之得天下也以仁, 其失天下也以不仁. 國之所以廢興存亡者亦然. 天子不仁, 不保四海; 諸侯不仁, 不保社稷; 卿大夫不仁, 不保宗廟; 庶人不仁, 不保四體. 今惡死亡而樂不仁, 是猶惡醉而強酒.

하은주 삼대(三代)가 천하를 얻은 것은 어질었기 때문이고, 천하를 잃은 것은 어질지 않았기 때문이다. 제후의 나라가 쇠퇴하거나 흥성한 것도, 보존되거나 멸망한 것도 마찬가지이다. 천자가 어질지 않으면 천하를 보전하지 못하고, 제후가 어질지 않으면 나라를 보전하지 못하고, 공경과 대부(大夫)가 어질지 않으면 종묘를 보전하지 못하고, 서민이 어질지 않으면 제 한 몸을 보전하지 못한다. 지금 사람들은 죽고 망하는 것은 싫어하면서 어질지 않은 짓은 즐긴다. 이는 술에 취하기는 싫어하면서도 술을 많이 마시는 것과 같다.

—『맹자』「이루 상」

188

子曰: 始作俑者, 其無後乎?

인형을 맨 처음 만든 자는 후손이 없을 것이다.

—공자

중국 고대에는 산 사람을 순장했으나, 나중에는 인형을 만들어 대신 무덤에 넣었다. 순장 제도 자체를 없애지 않고 인형을 만든 것은 사람을 존중하지 않기는 마찬가지이기에 공자가 극단적인 저주를 퍼부었다. 출전은 『맹자』「양혜왕 상」이다.

189

子曰: 木受繩則直, 人受諫則聖.

나무는 먹줄을 받아야 똑바르게 잘라지고

사람은 쓴소리를 받아야 성스러워진다.

—공자

먹줄을 쳐서 나무를 곧게 자르듯이, 남의 충고를 잘 받아들여야 사람은 더 올바르게 사고하고 행동할 수 있다. 높은 지위에 있는 사람일수록 쓴소리를 들어야 큰 성과를 낼 수 있다. 여기서 사람은 곧 군주를 가리킨다. 13장 20조에 실린 『서경』「열명(說命)」과 비슷한 격언으로, 『설원』「건본(建本)」과 『공자가어』「자로초현」 등에 나온다.

190

佛經云: 一切有爲法, 如夢幻泡影, 如露亦如電, 應作如是觀.

이 세상 모든 현상과 행위는
꿈 같고 환영 같고 물거품 같고 그림자 같다.
또한 이슬과도 같고 번개와도 같으니
마땅히 이와 같이 보아야 한다.
—『금강경』

191

一派青山景色幽, 前人田土後人收. 後人收得莫歡喜, 更有收人在後頭.

한 줄기 푸른 산의 아름다운 풍경 속에

앞사람이 갈던 밭을 뒷사람이 갈고 있다.
뒷사람아! 네 밭이라 기뻐 날뛰지 말라!
네 밭을 갈 사람이 네 뒤에서 기다린다.

부는 혼자서 영원히 소유할 수 없다. 앞 세대의 부를 이어받아 사용하고 다시 뒷 세대에게 물려주는 것이다. 범중엄이 철학적 이치를 담아 지은 시로 제목은 「부채에 써서 문인에게 주다[書扇示門人]」이다. 범중엄은 북송의 명재상이자 저명한 문인이다. 한편 『서신옹어록』 권1에는 서신옹이 지은 시로 실려 있다.

192

蘇東坡云: 無故而得千金, 不有大福, 必有大禍.

까닭없이 천금을 얻으면 큰 복은커녕 반드시 큰 화근이 된다.
— 소식

평범한 사람이 까닭없이 횡재하면 생각이 교만해져서 평소 지켜 오던 생활 태도를 잃어버린다. 횡재가 복이 되지 않고 오히려 재앙을 낳는다. 소식의 「사섭론(士燮論)」에 나오는 말이다. 사섭(士燮, 137년~226년)은 후한 말엽에 중국 남부 교지(交趾)와 베트남 북부를 지배한 군벌로, 전쟁을 일으키지 않고 장기간 권력을 유지하였다.

소식은 병력이 있는데도 전쟁을 일으키지 않은 그를 지혜롭다고 평가하였다. 사섭이 전쟁을 일으켰으면 승리했을 것이라고, 승리했으면 일찍 패망했을 것이라고 보았다. 그에게 전쟁 승리는 횡재와 같아서, 이른바 승자의 저주를 겪었으리라는 추론이다.

193

『景行錄』云: 大筵宴不可屢集, 金石文字不可輕爲, 皆禍之端.

큰 잔치에 자주 참석하지 말고, 쇠붙이나 돌에 경솔하게 글과 이름을 새기지 말라. 모두 화를 일으키는 실마리가 된다.

—『경행록』

194

子曰: 工欲善其事, 必先利其器.

공인(工人)이 일을 잘하려면 반드시 먼저 연장을 잘 들게 갈아야 한다.

—공자

출전은 『논어』「위령공」이다.

195

爭似不來還不往, 也無歡樂也無愁.

오지도 않고 가지도 않는 것만 같은 게 있으랴!
즐거움도 없지마는 근심도 없다.

북송 시대 법창의우(法昌倚遇, 1005년~1081년) 선사의 어록집에 나오는 격언이다.

196

康節邵先生曰: 有人來問卜, 如何是禍福. 我虧人是禍, 人虧我是福.

누가 찾아와 점괘를 묻기에 답하였다.
"어떻게 하면 화가 되고 복이 되나요?"
"내가 남에게 해롭게 하면 화이고

남이 나에게 해롭게 하면 복이다."

— 소강절

어떤 사람이 찾아와 앞날의 화복이 어떻게 될지 점을 치면서 화를 피하고 복을 받는 법을 물었다. 그 물음에 소강절이 이처럼 대답하였다. 우리 속담에 "때린 놈은 다릴 못 뻗고 자도, 맞은 놈은 다릴 뻗고 잔다."라는 것이 있다. 남에게 해를 끼치면 양심의 가책을 느끼거나 벌을 받을까 봐 불안하니 이미 화를 당한 것이다. 출전을 소강절의 시라고 밝혔으나, 그의 문집에는 나오지 않는다.

197

大廈千間, 夜臥八尺; 良田萬頃, 日食二升.

큰 집이 천 칸이라도 밤에는 여덟 자 좁은 자리에 눕고

좋은 논밭이 일만 이랑이라도 하루에 쌀 두 되만 먹는다.

부자라고 침대가 열 배로 크지 않고, 하루에 혼자 쌀 한 가마 먹지 않는다. 먹고사는 기본은 부자나 가난한 사람이나 다르지 않다. 「조청헌공좌우명」에는 똑같은 내용이 나오고, 앞 구절에는 "내가 자는 한 자리 밖은 모두 남의 자리이다.[一席之外, 皆是餘地.]"라는 평을, 뒤 구절에는 "내가 배불리 먹고 남긴 것은 모두 남이 먹는다.[一飽之

外, 皆他人享.]”라는 평을 덧붙였다. 이러한 내용은 『사림광기』 「처기경어」 등에도 나온다. 『박통사언해』 하권에도 “상언에 이르되, 능히 만간방(萬間房)을 지어도 밤에 일하간(一廈間)에 잔다 하느니라.[常言道: ‘能蓋萬間房, 夜眠一廈間.’]”라는 속담으로 소개하였다. 송대와 원대 이후 널리 퍼진 속담이다.

198

不孝謾燒千束紙, 虧心枉爇萬爐香. 神明本是正直做, 豈愛人間枉法贓?

효도는 하지 않고 공연히 지전 천 다발을 태우고
양심 없는 짓 해 놓고 부질없이 향로 만 개에 향을 사른다.
천지신명은 본래부터 정직하게 일하거니
법에 어긋난 인간의 뇌물을 좋아할까?

온갖 못된 짓을 해 놓고서 하늘에 빌고 신에게 애원한다. 천지신명이 지전(紙錢)이나 향 같은 뇌물을 받고서 그들을 용서하지는 않을 것이다. 원대의 희곡 『간전노』 등에 나오는 시이다.

199

久住令人賤，頻來親也疏．但看三五日，相見不如初．

오래 머물면 사람을 값없게 만들고

자주 찾으면 친한 사이도 서먹해진다.

사나흘 겨우 봤을 뿐이건마는

눈치가 처음과는 같지 않더라.

장 파울(Jean Paul, 1763년~1825년)은 『헤스페루스(Hesperus)』에서 “아주 가끔 방문해야 항상 환영받는다.”라고 하였다. 손님과 비는 사흘이 지나면 지겨워진다. 가까운 친척이나 친구라 해도 오래 묵거나 자주 찾아가면 좋아하지 않는다. 처음에는 반기다가도 점차로 싫어하는 눈치를 보이고, 나중에는 진저리를 친다. 인정세태를 실감 나게 표현하였다. 앞부분은 돈황변문 「연자부(燕子賦)」 등에도 나오니, 오래된 속담임을 알 수 있다.

200

渴時一滴如甘露，醉後添盃不如無．

목마를 때 물 한 방울은 단 이슬 같으나
취한 뒤에 술 한 잔은 안 하느니만 못하다.

물 한 방울, 술 한 잔도 마셔서 좋은 때가 있고, 마셔서 안 좋은 때가 있다. 시간과 장소와 상황에 마침맞게 처신하여야 한다. 당시의 속담으로 출전은 확인되지 않는다.

201

酒不醉人人自醉，色不迷人人自迷．

술이 사람을 취하게 하지 않고 사람이 스스로 취하고
색이 사람을 미혹시키지 않고 사람이 스스로 미혹된다.

술에 취해 놓고 술 탓하지 말고, 연인에게 빠져 놓고서 연인 탓하지 마라. 술도 연인도 잘못이 없고, 분별없이 탐닉한 네 잘못이다. 당시의 속담으로 희곡과 소설에 많이 등장한다.

202

『孟子』云: 爲仁不富矣, 爲富不仁矣.

어진 자가 되려 하면 부유해지지 않고
부자가 되려 하면 어질지 못하다.
—『맹자』

부유함과 어짊은 한 그릇에 담을 수 없다. 노(魯)나라의 권력자인 양호(陽虎)가 맹자에게 한 말로 글의 순서가 바뀌어 있다. 『맹자』「등문공 상(滕文公上)」에 실려 있다.

203

子曰: 已矣乎! 未見好德如好色者也.

그만두자. 이성을 좋아하듯이 덕망을 좋아하는 사람이 보이지 않는다.
—공자

"미견(未見)" 앞에 저본과 중간본에는 "오(吾)"가 없으나, 『논어』「위령공」과 흑구본에는 들어 있다.

204

公心若比私心，何事不辦？道念若同情念，成佛多時.

공익을 추구하는 마음이 사익을 추구하는 마음 같다면 무슨 일인들 하지 못하랴?

도를 추구하는 마음이 사랑을 구하는 정념(情念) 같다면 성불한 지 벌써 오래리라.

사람은 다른 사람의 이득보다 자기 자신의 이득을 우선시한다. 사사로운 이익을 우선으로 여기는 그 마음을 공적인 이익을 추구하는 데 쏟는다면 하지 못할 일이 무엇이 있으랴? 연인에게 사랑을 갈구하는 열정만큼 간절하게 도를 구한다면 일찌감치 성불하였을 것이다. 『오등회원』 권20에 수록된 백양법순(白楊法順, 1076년~1139년) 선사의 법어에 나오는 말이다. 어제본에서는 출전을 『경행록』으로 밝혔다.

205

老子云: 執着之者, 不名道德.

집착에서 벗어나지 못하는 사람은 도덕의 세계에 들어가지 못한다.

—노자

출전은 『청정경』이다.

206

過後方知前事錯, 老來方覺少時餘.

지나고 나서야 예전 일의 잘못됨을 알아차리고
늙고 나서야 젊은 시절의 여유로움을 깨닫게 된다.

207

楊雄曰: 君子修身, 樂其道德; 小人無度, 樂聞其譽. 修德日益, 智慮日滿.

군자는 자신을 수양하여 도덕을 즐기고
소인은 절제함이 없어 칭찬 듣기를 즐긴다.
군자의 덕망은 나날이 보태지고
소인의 잔꾀는 나날이 채워진다.
— 양웅

군자와 소인의 서로 다른 인생 방향과 성공 방식을 대비하였다. 양웅(揚雄, 기원전 53년~기원후 18년)은 전한 말엽의 학자이다. 현존하는 양웅의 저술에는 나오지 않고, 『신집』에 보인다.

208

子曰: 君子高則卑而益謙, 小人寵則倚勢驕奢. 小人見短易盈, 君子見深難溢. 故屛風雖破, 骨格猶存; 君子雖貧, 禮義常在.

군자는 지위가 높아지면 자신을 낮춰 더욱 겸손해지고, 소인은 총애를 받으면 세력을 믿고 교만해지거나 사치를 부린다. 소인은 식견이 짧아

채우기 쉽고, 군자는 식견이 깊어 넘치도록 채우기 어렵다. 따라서 병풍은 부서져도 뼈대는 남듯이, 군자는 설령 가난해지더라도 예의범절은 항상 지킨다.

—공자

소인과는 다른 군자의 겸손하고 예의범절을 차리는 처신을 설명하였다. 공자의 어록이라고 했으나, 출전을 알 수 없다. "병풍은 부서져도 뼈대는 남는다."라는 구절은 겉모양은 부서졌으나 본질은 여전히 남아 있다는 말이다. 당나라 때의 속담으로 『조주록(趙州錄)』 등 선사의 어록에 많이 등장한다.

209

『家語』云: 國之將興, 實在諫臣. 家之將榮, 必有爭子.

나라의 흥성은 정말이지 싫은 소리를 하는 신하에게 달려 있고
집안의 번영에는 반드시 쓴소리하는 자식이 있어야 한다.

—『가어』

『군서치요(群書治要)』 권47에 인용된 환범의 『정요론』에 비슷한 글이 나온다. 『효경』에 "부모에게 쓴소리하는 자식이 있으면 부모가 의롭지 않은 일에 빠지지 않는다."라고 한 말이 여기에 가깝다. 조단

은 『야행촉』에서 "집안에 쓴소리하는 아들이 한 명 있으면, 만년 먹을 양식을 소유한 것보다 낫다.[家有一爭子, 勝有萬年糧.]"라는 속담을 인용하고, 부모에게 하는 쓴소리는 본래 효도하는 길이라고 하였다.

210

子曰: 不知命, 無以爲君子也. 不知禮, 無以立也. 不知言, 無以知人也.

천명을 알지 못하면 군자가 될 수 없고
예를 알지 못하면 세상에 설 수 없으며
말을 알지 못하면 사람을 파악할 수 없다.
—공자

출전은 『논어』 「요왈」이다.

211

『論語』 云: 有德者必有言, 有言者不必有德.

덕이 있는 사람은 반드시 좋은 말을 하지만, 좋은 말을 하는 사람이 반드시 덕이 있는 것은 아니다.

—『논어』「헌문」

212

濂溪先生曰: 巧者言, 拙者默; 巧者勞, 拙者逸; 巧者賊, 拙者德; 巧者凶, 拙者吉. 嗚呼! 天下拙, 刑政徹. 上安下順, 風淸弊絶.

영악한 자는 말을 잘하고, 어수룩한 자는 말이 없다. 영악한 자는 수고를 많이 하고, 어수룩한 자는 일 없이 편하다. 영악한 자는 남을 해치고, 어수룩한 자는 덕을 베푼다. 영악한 자는 흉하고, 어수룩한 자는 길하다. 아! 천하 사람이 다 어수룩하면 형벌과 정치가 안정되니 위에서는 편안하고 아래에서는 순종하며, 기풍은 맑아지고 폐단은 끊어지리라.

— 주렴계

영악한 자를 세상에서 숭상하지만 실제로는 어수룩하고, 어수룩한 자를 세상에서 무시하지만 실제로는 영악하다. 그러니 86조에서 "능력 있는 사람은 능력 없는 사람의 종이다."라고 한 것이다. 주렴계(周濂溪)의 「졸부(拙賦)」에 나오는 격언으로, 『성리대전』 권70에 수록되어 있다. 주렴계는 송대의 유학자 주돈이(周敦頤, 1017년~1073년)이다. 영악함보다 어수룩함에 더 큰 가치를 두었기 때문에 유학자들은 노자의 취향이 보인다고 의심하기도 하였다.

213

『說苑』云: 山致其高, 雲雨起焉; 水致其深, 蛟龍生焉; 君子致其道, 福祿存焉.

산이 높이 솟으면 구름과 비가 일어나고
물이 깊이 파이면 이무기가 생겨나며
군자가 도덕을 성취하면 복록이 따라온다.

—『설원』「귀덕」

214

『易』曰: 德微而位尊, 智小而謀大, 無禍者鮮矣.

덕이 없음에도 지위가 높으면, 또는 지혜가 부족함에도 큰일을 꾀하면 화를 입지 않을 사람이 드물다.

—『주역』

높은 지위를 감당할 덕이 없으면서 자리를 꿰차면, 또는 큰일을 맡을 지략과 경륜이 부족한데도 일을 벌이면 견디지 못하고 물러나거나 화를 입게 된다. 『주역』「계사전 하」에서 공자가 한 말이다.

215

荀子云: 位尊則防危, 任重則防廢, 擅寵則防辱.

지위가 높으면 닥칠 위험함을 예방하여야 하고
책임이 무거우면 쫓겨나는 것을 예방하여야 하고
총애를 독차지하면 치욕 당할 것을 예방하여야 한다.

—『순자』「중니」

216

子曰: 夫人必自侮, 然後人侮之; 家必自毁, 而後人毁之; 國必自伐, 而後人伐之.

사람은 반드시 스스로 업신여긴 뒤에 남이 그 사람을 업신여기고
가정은 반드시 스스로 망쳐 놓은 뒤에 남이 그 가정을 망치며
나라는 반드시 스스로 멸망시킨 뒤에 남이 그 나라를 멸망시킨다.

—공자

출전은『맹자』「이루 상」이다.

217

『說苑』云: 官怠於宦成, 病加於少愈, 禍生於懈惰, 孝衰於妻子. 察此四者, 愼終如始.

관료는 높은 직책에 오른 뒤에 나태해지고
질병은 조금 나아진 뒤에 더 깊어지며
재앙은 게으름을 피운 끝에 발생하고
효도는 처자식이 생긴 뒤에 식는다.
이 네 가지를 살펴서 처음부터 끝까지 한결같아야 한다.

— 『설원』 「정간」

성공하거나 처지가 달라지면 처음 먹은 마음이 바뀐다. 처음처럼 한마음으로 살아가는 모습이 아름답다.

218

子曰: 居上不寬, 爲禮不敬, 臨喪不哀, 吾何以觀之哉?

윗자리에 있으면서 너그럽지 않다면, 예를 행하면서 경건하지 않다면, 장례를 치르면서 슬퍼하지 않는다면 그러한 사람을 내가 어떻게 보아야 하는가?

—공자

출전은 『논어』 「팔일」이다.

219

『孟子』曰: 無君子, 莫治野人; 無野人, 莫養君子.

군자가 없으면 야인을 다스리지 못하고
야인이 없으면 군자를 부양하지 못한다.

—『맹자』 「등문공 상」

220

『直言訣』曰: 事君父者以忠孝, 爲君父者以慈愛. 家與國無異, 君與父相同. 德顯已揚名, 惟忠與孝, 榮貴不招而自來, 辱不逐而自去.

자제는 군주와 부모를 충성과 효도로 섬기고, 군주와 부모는 자제를 자애와 사랑으로 보듬어야 한다. 가정과 국가는 다름이 없고, 군주와 부모는 서로 같다. 덕망이 드러나 이름을 드날리더라도 오로지 충성과 효도를 실천한다면 영화와 부귀는 부르지 않아도 저절로 찾아오고, 치욕은 내쫓지 않아도 저절로 물러간다.

—『직언결』

부모가 가정을, 군주가 국가를 운영하는 원리는 차이가 없다. 『진언요결』을 축약하여 인용한 『신집』 93을 재인용하였다.

221

老子曰: 六親不和無慈孝, 國家昏亂無忠臣.

가족 사이의 불화는 부모의 사랑과 자식의 효도가 없어서고
나라의 혼란은 충신이 없어서다.

—『노자』

가족의 원문은 "육친(六親)"으로, 부모와 형제와 처자(妻子)이다. 내용상 원문의 "무(無)"는 "유(有)"가 되어야 『노자』의 사상과 어울린다. 그렇게 보면 "가족 사이에 불화가 일어나기에 사랑과 효도를 중시하고, 나라가 혼란에 빠지니 충신이 나타난다."로 옮길 수 있다. 158조와 함께 보면 알 수 있다. 백서본(帛書本) 『노자』를 근거로 풀이하였다.

222

『家語』云: 慈父不愛不孝之子, 明君不納無益之臣.

자애로운 아버지라도 불효한 자식은 사랑하지 않고
현명한 군주라도 쓸모없는 신하는 받아들이지 않는다.
—『가어』

『신집』 313의 "『가어』에서 이르기를, 자애로운 아버지라도 불효한 자식은 사랑하지 않고, 현명한 군주라도 쓸모없는 신하는 받아들이지 않는다. 차라리 힘있는 종을 아낄지언정, 힘없는 자식은 쓰지 않는다.[『家語』云: 慈父不愛不孝之子, 明君不納無益臣. 寧愛有力之奴, 不用無力之子.]"라는 글에서 뽑아 실었다. 『묵자』「친사(親士)」와 『태공가교』 19단에도 비슷한 글이 보인다.

223

奴須用錢買, 子須破腹生.

노비는 모름지기 돈을 주고 사야 하고
자식은 모름지기 배를 가르고 낳아야 한다.

224

着破是君衣, 死了是君妻.

입어서 다 해졌다고 해도 그대의 옷인 것처럼
죽어서 목숨이 끊어졌다고 해도 그대의 아내이다.

끊을 수 없는 부부의 의리를 말한 속담이다. 부부의 관계를 옷으로 비유한 것은 역사가 오래된 관행이다. 15장 3조에서 자세히 설명하였다.

225

莫笑他家貧, 輪回事公道. 莫笑他人老, 終須還到我.

남의 집을 가난하다 비웃지 마라.
빈부는 돌고 도니 인간의 일 공평하다.
다른 사람을 늙었다고 비웃지 마라.
결국에는 내게도 이르게 된다.

226

是日以過，命亦隨減，如少水魚，於斯何樂?

오늘 하루가 지나가면
목숨도 따라서 줄어든다.
말라 가는 웅덩이의 물고기와 같거늘
거기에서 무엇을 즐기느냐?

출전은 『법구경』이다.

227

『景行錄』云: 器滿則溢，人滿則喪.

그릇에 (물이) 가득 차면 넘치고
사람에게 (재물이) 가득 차면 잃게 된다.
—『경행록』

그릇에 물이 가득하면 넘치듯이 사람의 재물과 명예도 정점에 이르면 줄어들 수밖에 없다. 세상의 온갖 것이 극성하면 그다음에는 쇠퇴한다. 해가 중천에 뜨면 옮겨 가고, 달도 차면 기우는 것과 같다. "차면 넘친다.[滿則溢.]"라는 옛 속담이 있다. 홍만종이 『순오지』에 소개하고서 가득 차면 오래 버티기 힘듦을 비유하는 말이라고 풀이하였다.

228

羊羹雖美, 衆口難調.

양고기 국이 맛있어도 모두의 입맛을 맞추기는 어렵다.

입맛과 기호는 사람마다 제각각이라서 모든 사람의 기호와 기대를 충족하기는 어렵다. 송대의 속담으로 『오등회원』 권15 등에 나온다.

229

尺璧非寶, 寸陰是競.

크디큰 옥은 보배가 아니니 짧디짧은 시간을 아껴라.

아껴야 할 것은 값비싼 옥이 아니라 시간이다. 이 격언의 출전은 『천자문』이다. 『회남자』「원도훈(原道訓)」에 나오는 "성인은 한 자 크기의 큰 옥을 귀하게 여기지 않고 오히려 아주 짧은 시간을 소중히 여겼다. 시간을 얻기는 어렵고 잃기는 쉽기 때문이다.[聖人不貴尺之璧, 而重寸之陰, 時難得而易失也.]"라는 말에 뿌리를 두고 있다.

230

『漢書』云: 金玉者, 飢不可食, 寒不可衣, 自古以穀帛爲貴也.

황금과 보옥은 배고프다고 먹을 수 없고 춥다고 입을 수 없다. 예로부터 곡식과 비단을 귀하게 여긴 까닭이다.

—『한서』「경제기(景帝紀)」

231

『益智書』云: 白玉投於泥, 不能汙涅其色; 君子行於濁地, 不能染亂其心. 故松栢可以桽雪霜, 明智可以涉艱危.

백옥(白玉)은 진흙탕에 던져도 빛깔이 더럽게 검어지지 않고
군자는 혼탁한 곳에 가더라도 마음이 물들어 어지럽지 않다.

그렇기에 소나무와 측백나무가 눈과 서리를 견딜 수 있듯이
밝은 지혜로 곤경과 위기를 헤쳐나갈 수 있다.

—『익지서』

굳센 지조와 밝은 지혜를 지닌 사람은 외부 환경에 쉽게 휘둘리지 않는다. 아무리 나쁜 환경에 처하더라도 거기에 물들지 않고 본래의 가치를 지키고 역경에서 벗어난다. 『진언요결』 권1과 『신집』 2에 공자가 한 말로 나온다.

232

子曰: 不仁者, 不可以久處約, 不可以長處樂.

어질지 못한 사람은 곤궁함을 오래 견디지도 못하고, 즐거움을 오래 누리지도 못한다.

—공자

출전은 『논어』「이인」이다.

233

無求到處人情好, 不飮從他酒價高.

도움을 청하지 않으면 어디를 가든 친절하고
술을 마시지 않으면 술값이 비싸도 상관없다.

이해관계가 크게 걸려 있지 않으면 굳이 배척하지도 신경쓰지도 않는 것이 세상인심이다. 『석전화상어록(石田和尙語錄)』 권3에 나오는 어록이다.

234

入山擒虎易, 開口告人難.

산에 들어가 범을 잡는 것은 쉬우나
입을 열어 남에게 돈을 빌리기는 어렵다.

돈을 빌려 달라는 등 남에게 아쉬운 소리를 하기는 죽기보다도 싫다. 차라리 목숨을 걸고 산에 들어가 호랑이를 잡는 게 낫겠다. 『속고존숙어요(續古尊宿語要)』 등에 나오는 속담으로, 『비파기』 등 원대 희곡에 보인다. 원문의 "고(告)"는 "구(求)"와 같다.

235

孟子云: 天時不如地利, 地利不如人和.

하늘이 준 기회가 지리적 이점보다 못하고
지리적 이점이 사람들의 화합보다 못하다.

—『맹자』「공손추 하」

236

遠水不救近火, 遠親不如近鄰.

먼 곳에 있는 물로는 가까운 곳의 불을 끄지 못하고
먼 곳에 사는 친척은 가까이 사는 이웃만 못하다.

이 구절은『한비자』「설림(說林)」에 나오는 말로, "먼 월나라에서 사람을 데려다가 물에 빠진 자식을 구하려 한다면, 월나라 사람이 아무리 헤엄을 잘 치더라도 자식을 절대 살려 내지 못한다. 불이 났을 때 바다에서 물을 길어다가 불을 끄려고 한다면, 바닷물이 아무리 많아도 불을 절대 끄지 못할 것이다. 먼 곳에 있는 물로는 가까운 곳의 불을 끄지 못하기 때문이다."라고 하였다. 아래 구절은 선승의 어록과 희곡 등에 자주 나오는 속담이다. 송나라 보령인용(保寧仁勇) 선사는 어록에서 자기 마음을 곧장 깨닫는 것을 비유하는 속담으로 사용하였다. 그에 따르면 먼 곳에 사는 친척은 갖가지 욕망에 뒤덮인 망령된 마음을, 가까이 사는 이웃은 어떤 욕망에도 흔들리지 않는 참된 마음을 비유한다. 조선 후기의 속담집 『백언해(百諺解)』와 『채파유의(采葩遺意)』에도 "친척이 멀리 살면 가까이 사는 이웃만 못하다.[親族遠居, 不如近鄰.]"라는 속담이 보인다.

237

太公曰: 日月雖明, 不照覆盆之下; 刀劍雖快, 不斬無罪之人; 非災橫禍, 不入愼家之門.

해와 달이 밝아도 엎어 놓은 동이 밑은 비추지 못하고
칼과 검이 잘 들어도 죄 없는 사람은 베지 못하며
나쁜 재난과 뜻밖의 화도 조심하는 집에는 침입하지 못한다.

—『태공가교』

큰 힘이 미치지 못하는 구석이 있으므로 위험한 세상에서 저만 조심하면 해를 피할 수 있다. 『태공가교』 17단의 "송골매가 빨라도 비바람보다 빠르지는 않고, 해와 달이 밝아도 엎어 놓은 동이 밑은 비추지 못하며, 요순 임금이 성인이라도 제 부모를 교화하지는 못하고, 미자(微子)가 현명하여도 어리석은 군주에게 간언하지는 못하며, 비간(比干)이 지혜로워도 재앙을 모면하지는 못하고, 이무기가 똑똑하여도 언덕 위에 있는 사람을 죽이지는 못하며, 칼과 검이 잘 들어도 죄 없이 깨끗한 사람은 베지 못하고, 법망이 촘촘하여도 아무 죄도 저지르지 않은 사람을 잡아들이지 못하며, 나쁜 재난과 뜻밖의 화도 조심하는 집에는 침입하지 못한다.[鷹鷂雖迅, 不能快於風雨; 日月雖明, 不照覆盆之下; 唐虞雖聖, 不能化其明主; 微子雖賢, 不能諫其暗君; 比干雖惠, 不能自勉其身; 蛟龍雖聖, 不能殺岸上之人; 刀劍雖利, 不能殺清潔之人; 羅網雖細, 不能執無事之人; 非災橫禍, 不入愼家之門.]"라는 내용에서 간추려 수록하였다. 특히 마지막 구절은 당나라 초기의 문인 왕발이 「평태비략론」에서 "상말에 이르기를 조심하는 집에는 화가 침입하지 못한다고 하였다.[諺曰禍不入愼家之門.]"라고 인용한 속담으로, 당나라 이후 매우 널리 쓰였다.

238

讚歎福生, 作念禍生, 煩惱病生.

감탄을 많이 하면 복이 생기고

잡념이 많으면 화가 생기며
번뇌에 시달리면 병이 생긴다.

화와 복과 병이 생기는 원인은 뜻밖에 단순하다. 조단의 『야행촉』에는 『태공가교』에 나오는 격언으로 소개하였다.

239

國淸才子貴, 家富小兒驕.

나라가 깨끗하면 인재가 대우받고
집안이 부유하면 어린애가 교만하다.

정치가 안정되고 신뢰가 형성된 나라에서는 인재가 대우받고, 부유한 집에서는 어린애가 교만해진다. 『오등회원』 등 송나라 선승의 어록에 자주 나온다. 특히 뒤 구절은 『박통사언해』 중권에 옛사람의 상말로 인용하였다.

240

得福不知，禍來便覺.

복은 얻어도 못 알아차리지만
화는 닥치면 바로 깨닫는다.

241

太公曰: 良田萬頃，不如薄藝隨身.

비옥한 전답 백 이랑도 몸에 익힌 하찮은 기예보다는 못하다.
—『태공가교』

부모에게서 물려받은 큰 자산이 든든하여도, 자립할 수 있는 기술과 능력이 더 낫다. 『태공가교』 23단에 나오는 격언으로, 『안씨가훈』 「면학(勉學)」에 실린 "재물을 천만금 쌓아 둬도, 경서를 시원하게 풀이하는 능력보다는 못하다.[積財千萬, 不如明解經書.]"라는 속담과 짝을 이룬다. 『사림광기』 「응세경어」에도 실려 있다.

242

『周禮』云: 清貧常樂, 濁富多憂.

청렴하여 가난하면 언제나 즐겁지만
부정하게 잘 살면 걱정을 달고 산다.
—『주례』

『신집』 238에 실린 다음 시에서 뽑은 격언이다. "나를 아는 이는 나더러 마음에 걱정이 있다고 하고, 나를 모르는 이는 나더러 무엇을 구하느냐고 한다. 아무 일 없는 것이 나의 부귀이고, 천천히 걷는 것이 나의 수레이다. 청렴하여 가난하면 오래도록 즐거우나, 부정하게 잘살면 걱정을 달고 산다.[知我者, 爲我心憂; 不知我者, 爲我何求. 無事當貴, 緩步當車, 清貧長樂, 濁富多憂.]" 한편 남당(南唐) 때의 선승 전기집 『조당집(祖堂集)』의 「초경화상(招慶和尙)」에서는 "학인이 '여러 인연은 여쭙지 않겠습니다. 무엇이 스님의 가풍입니까?'라고 묻자 초경 화상이 이렇게 대답하였다. '차라리 청렴하여 가난하게 오래 즐기며 지낼지언정, 부정하게 잘살면서 걱정을 달고 다니지는 않겠다.'[學人問: '諸緣則不問, 如何是和尙家風?' 師云: '寧可清貧長樂, 不作濁富多憂.']"라는 내용이 보인다. 현재 전하는 『주례』에는 나오지 않는다.

243

房屋不在高堂，不漏便好. 衣服不在綾羅，和暖便好. 飮食不在珍羞，一飽便好. 娶妻不在顏色，賢德便好. 養兒不問男女，孝順便好. 弟兄不在多少，和順便好. 親眷不擇新舊，來往便好. 隣里不在高低，和睦便好. 朋友不在酒食，扶持便好. 官吏不在大小，清正便好.

집은 크게 지어야만 좋은 게 아니고 물이 새지 않으면 좋다.
옷은 비단으로 지어야만 좋은 게 아니고 따뜻하면 좋다.
음식은 진수성찬 차려야만 좋은 게 아니고 배부르면 좋다.
아내는 미모가 있어야만 좋은 게 아니고 현숙하면 좋다.
자녀는 남자 여자를 묻지 말고 길러서 효도하면 좋다.
형제는 많든 적든 화목하고 순종하면 좋다.
친척은 오래고 새롭고를 가리지 말고 자주 오가면 좋다.
이웃은 귀천을 가리지 않고 화목하면 좋다.
친구는 술과 음식을 즐기는 데 있지 않고 서로 도우면 좋다.
관리는 높든 낮든 청렴하고 올바르면 좋다.

244

道清和尚「警世」: 善事雖好做, 無心近不得. 你若做好事, 別人分不得. 經典積如山, 無緣看不得. 五逆不孝順, 天地容不得. 王法鎮乾坤, 犯了休不得. 良田千萬頃, 死來用不得. 靈前好供養, 起來喫不得. 錢財過壁堆, 臨終將不得. 命運不相助, 却也強不得. 兒孫雖滿堂, 死來替不得.

착한 일을 하면 좋으나 마음이 없으면 실천하지 못하고
네가 좋은 일을 하여도 남들은 알아차리지 못한다.
경전이 산처럼 쌓여 있어도 인연이 없으면 보지 못하고
도리 못하고 효도하지 않으면 천지가 용납하지 못한다.
국법이 천지를 안정시켜도 법을 범하면 용서하지 못하고
비옥한 전답이 천만 이랑이라도 죽고 나면 쓰지 못한다.
네 영전에 제물을 잘 차려도 일어나서 먹지 못하고
재물이 벽 위까지 쌓여 있어도 저승 갈 때 가져가지 못한다.
운명이 돕지 않으면 물러나는 것도 억지로 하지 못하고
자손이 집안에 가득해도 죽음을 대신하지 못한다.

— 도청 화상, 「세상을 경계하는 글[警世]」

도청 화상(道清和尚)은 어느 시대 어떤 승려인지 확인되지 않는다. 선행을 하고 재물을 쌓아 두어도, 좋은 시대를 만나고 가정 환경이 좋아도 그 행운을 다 누릴 수는 없다. 죽음이 닥치면 가진 것을 고스란히 남기고 떠나가야 하니 그것이 인간의 운명이다.

245

欲修仙道，先修人道. 人道不能修，仙道遠矣.

신선의 도를 닦고자 한다면 먼저 인간의 도를 닦아라.

인간의 도를 닦지 못한다면 신선의 도는 멀어질 것이다.

속세를 초월하는 그 어떤 시도도 인간다운 것에서 시작한다. 원나라 초엽의 도사 유옥(劉玉, 1257년~1308년)의 어록에 나온다. 유옥은 남송 시대 도교의 일파인 정명도(淨明道)를 정립하고 도가와 유교, 불교를 통합하여 삼교합일(三敎合一)을 주장하였다. 신선을 세속적 인간과 분리할 수 없다고, 유가에서 중시하는 충효(忠孝)와 같은 인간다움에서 도가의 도가 출발한다고 보았다.

246

孝友朱先生曰: 終身讓路，不枉百步; 終身讓畔，不失一段.

평생토록 길을 양보해도 백 걸음도 돌아가지 않고

평생토록 밭을 양보해도 한 뙈기도 잃지 않는다.

— 효우선생(孝友先生) 주인궤

주인궤(朱仁軌)는 당 고종 때의 사람인데, 효자로 널리 알려졌다. 남에게 양보하며 살아도 실제로는 손해를 입지 않는다는 취지로 자제들에게 훈계하였다. 구양수가 편찬한 『신당서』「주인궤 열전」과 『소학』「가언」에 실려 있다.

247

顔子曰: 鳥窮則啄, 獸窮則攫, 人窮則詐, 馬窮則跌.

새가 궁지에 몰리면 부리로 쪼고
짐승이 궁지에 몰리면 발톱으로 치고
사람이 궁지에 몰리면 사기를 치고
말이 궁지에 몰리면 달아난다.
— 안연

출전은 『공자가어』「안회」이다.

248

着意栽花栽不活, 無心插柳揷成林.

정성껏 꽃을 심었더니 꽃은 살아나지 않고
무심코 버들을 꽂았더니 버들은 숲을 이뤘네.

정성과 노력을 기울여 행한 일은 성공하지 못하였으나, 큰 생각 없이 한 일은 성공을 거두었다. 원나라 때의 속담으로 관한경의 희곡 『노재랑(魯齋郎)』 등 많은 희곡에 등장한다.

249

『景行錄』云: 廣積不如敎子, 避禍不如省非.

재물을 많이 쌓아 두기보다는 자식을 잘 가르치는 게 낫고
화를 피하기보다는 잘못한 일을 줄이는 게 낫다.

—『경행록』

250

病有工夫急有錢.

병이 나으려면 노력이 있어야 하고, 급한 일에는 돈이 있어야 한다.

251

得之易, 失之易.

얻기가 쉬우면 잃기도 쉽다.

소식의 「사섭론」에 "천하를 차지한 자에게는 얻기가 어려웠다면 잃기가 쉽지 않다. 얻기가 쉬웠다면 잃기도 쉽다.[有天下者, 得之艱難, 則失之不易; 得之旣易, 則失之亦然.]"라는 구절이 있는데, 여기에서 나온 격언이다. 「사섭론」은 앞의 192조에서 설명하였다.

252

寧喫開眉湯，莫喫皺眉羊.

차라리 활짝 웃으면서 멀건 국을 먹을지언정
이맛살 찌푸리면서 맛난 양고기를 먹지는 말라.

253

桓範曰: 若服一縷，憶織女之勞; 若食一粒，思農夫之苦. 學而不勤不知道，耕而不勤不得食. 敬則疏者成親矣.

한 오라기 옷을 입더라도 옷을 지은 여인의 노고를 기억하고
한 톨의 낟알을 먹더라도 농사지은 농부의 고생을 생각하라!
부지런히 배우지 않으면 도를 알 수 없고
부지런히 밭을 갈지 않으면 양식을 얻을 수 없다.
존중하면 서먹서먹한 사람도 친해진다.
— 환범

앞의 두 구절은 155조의 3구 및 4구와 매우 비슷하다. 삼국시대 위나라의 대신인 환범이 『정요론』에서 한 말로, 『군서치요』와 『태평

어람』 같은 유서에 인용되어 있다. 5구는 문맥상으로 어색하여 후대본 일부에 "거만하면 친한 사람도 서먹서먹해지고,[怠則親者成疏,]"라는 내용이 추가되기도 하였다.

254

性理書云: 接物之要: 己所不欲, 勿施於人; 行有不得, 反求諸己.

사람을 대하는 요점을 말하면, 자기가 하고 싶지 않은 일을 남에게 강요하지 말고, 뜻대로 일이 되지 않을 때 자신에게서 원인을 찾아라.

—『백록동서원학규』

자기가 하고 싶지 않은 일은 남이 대신해 주기를 바라고, 일을 하다가 뜻대로 되지 않으면 남 탓을 하게 되는 것이 사람의 심리이다. 성숙한 사람이라면 그와 반대로 할 것이다. 『백록동서원학규』에 나오는 말로, 서원에서 학생에게 가르치던 내용이다. 『논어』「안연」과 『맹자』「이루 상」에 나오는 공자와 맹자의 명언을 조합하여 만든 격언이다.

255

酒色財氣四堵牆，多少賢愚在內廂．若有世人跳得出，便是神仙不死方．

음주와 색욕, 재물과 객기로 사방에 담을 쌓고

수많은 현자와 바보가 그 안에 갇혀 산다.

누구든지 담 밖으로 훌쩍 뛰어 벗어나면

그게 바로 죽지 않고 신선 되는 처방이다.

신선이 되어 장생불사(長生不死)하기를 꿈꾸는 사람들이 있다. 그러나 신선이 되는 길은 인간답게 사는 것에서부터 시작한다. 인생의 네 가지 경계인 음주와 색욕, 재물, 객기에 빠져 지낸다면 인간답게 살지도 못하니, 신선은 아예 꿈도 꾸지 말아야 한다. 아니, 네 가지 욕망의 감옥을 탈출하기만 해도 신선이다. 작자가 누구인지 밝혀지지 않은 시이다. 당나라 때의 도사 여동빈의 작품으로 보기도 하고, 그와 만난 승려의 작품으로 보기도 하나, 그 어떤 설도 문헌상 근거가 없다. 명대 이전의 도가 계통 인물이 지은 작품으로 보인다.

256

人生智未生, 智生人易老. 心智一切生, 不覺無常到.

사람이 태어나도 지혜는 생기지 않고

지혜가 생기니 몸이 벌써 쉽게 늙는다.

마음과 지혜가 한 뭉치로 생기고 나니

어느새 무상한 죽음이 찾아왔구나.

나이가 어리면 지혜가 부족하고, 지혜가 넘치면 몸이 늙는다. 마음과 지혜가 일치하여 가장 좋은 이때 죽음이 저 앞에서 기다리고 있다. 매력적인 이 철학적 시는 둔황에서 출토된 당나라 때의 변문(變文) 『여산원공화(廬山遠公話)』의 다음 구절에 뿌리를 두고 있다. "몸이 생겨도 지혜는 생기지 않는데, 지혜가 생기니 몸은 벌써 늙었다. 몸은 지혜가 더디 생겼다고 아쉬워하고, 지혜는 몸이 일찍 생겼다고 아쉬워한다. 몸과 지혜가 딱 만나지 못하고, 몇 번이나 늙는 과정을 겪었던가? 몸과 지혜가 딱 만난다면, 곧바로 깨달음을 얻었으리라.[身生智未生, 智生身已老. 身恨智生遲, 智恨身生早. 身智不相逢, 曾經幾度老. 身智若相逢, 卽得成佛道.]"

12

처세의 기본

입교편 立教篇

세상을 살아가는 처신의 기본을 제시한 격언을 모은 장이다. 개인의 생활 계획과 윤리 규범, 인생 태도를 중심으로 하되 특히 사회생활을 앞둔 젊은 학생이 인생을 설계할 때 참고할 만한 격언을 수록하였다. 가정과 사회에서 남들과 부딪히며 살아갈 때 지키면 좋을 덕목을 많이 제시하였는데, 영악한 처세술이나 낡고 경직된 가치관을 강요하지 않는다. 복잡하고 혼란한 세상에서 인간다운 위의를 지키면서 부패하지 않고 건강하고 자유롭게 살아가는 사회생활의 교범으로 볼 수 있다. 모두 17개조가 실려 있다.

I

子曰: 立身有義而孝爲本, 喪祀有禮而哀爲本. 戰陣有列而勇爲本, 治政有理而農爲本. 居國有道而嗣爲本, 生財有時而力爲本.

세상에 서는 데는 의로움이 있어야 하니 효도가 근본이고
상례를 치르는 데는 예의가 있어야 하니 슬픔이 근본이고
전투에 임해서는 매서움이 있어야 하니 용기가 근본이고
정치를 행함에는 조리가 있어야 하니 농사가 근본이고
나라의 유지에는 도가 있으니 후계자 세움이 근본이고
재물의 생산에는 때가 있으니 노력함이 근본이다.
— 공자

사회생활 여러 부문에서 필요한 덕목과 그 일을 할 때 지녀야 할 기본이 되는 태도 여섯 가지이다. 마음가짐을 위주로 제시하였는데, 간명하면서도 설득력이 있다. 『사림광기』「경세격언」에서 "마음을 다스리는 여섯 가지 근본[治心六本]"이라는 표제로 인용하였고 『황석공단서(黃石公丹書)』를 출전으로 밝혔다. 다만 순서는 다르다. 『공자가어』「육본(六本)」에도 나오는데, 문장과 어휘에 차이가 있다.

2

『景行錄』云: 爲政之要, 曰公與淸. 成家之道, 曰儉與勤.

정치를 잘하는 요체는 공정함과 청렴함이고
집안을 일으키는 도리는 검소함과 근면함이다.
—『경행록』

하나는 공직을 담당한 관리의 처신이고, 다른 하나는 가정을 번영으로 이끄는 가장의 생활 태도이다. 맡은 임무에서 모범이 되는 처신을 제시하였다.

3

讀書, 起家之本; 循理, 保家之本; 勤儉, 治家之本; 和順, 齊家之本.

책을 읽는 것은 집안을 일으키는 근본이고
순리대로 처신함은 집안을 보전하는 근본이고
부지런함과 검소함은 집안을 다스리는 근본이고
화목함과 순종함은 집안을 바로 세우는 근본이다.

건실한 가정을 만드는 설계안이다. 보통 '가정생활의 네 가지 근본[居家四本]'이라는 격언으로 전하고, 주자가 만들었다고 하나 근거는 약하다. 『사림광기』「경세격언」에는 "여씨가약(余氏家約)"으로 수록하였는데, 사실에 더 가깝다. 정약용은 이 네 가지 주제로 한 집안을 건실하고 안정되게 이끌어갈 격언 99개조를 뽑아 격언집 『거가사본(居家四本)』을 편찬하였다.

4

『景行錄』云: 勤者富之本, 儉者富之源.

근면함은 부자가 되는 근본이고
검소함은 부자가 되는 원천이다.

—『경행록』

5

『孔子三計圖』云: 一生之計在於勤, 一年之計在於春, 一日之計在於寅. 幼而不學, 老無所知. 春若不耕, 秋無所望. 寅若不起, 日無所辦.

일생의 계획은 근면함에 있고

일년의 계획은 봄에 있으며

하루의 계획은 새벽에 있다.

어려서 배우지 않으면 늙어서 아는 것이 없고

봄에 논밭 갈지 않으면 가을에 바랄 것이 없으며

새벽에 일어나지 않으면 그날 하루 한 일이 없다.

—『공자삼계도』

인생에서 한평생은 어떻게 살고, 1년은 어떻게 계획하며, 하루는 어떻게 보낼 것인가? 공자라면 이렇게 설계했을 것이라고 하여 그 기본 계획을 제시하였다. 양 원제(梁元帝, 재위 552년~555년)의 사라진 저술 『찬요(纂要)』에서 "일년의 계획은 봄에 있고, 하루의 계획은 새벽에 있다.[一年之計在於春, 一日之計在於晨.]"라고 한 말을 기초로 만들었다. 원대의 사전 『운부군옥(韻府群玉)』에 인용되어 있다. 20세기 이후 대부분 번역서에서 첫 구절의 "근면함[勤]"을 "어릴 때[幼]"로 바꿔서 번역했으나, 오류이다. 범입본의 저술 『치가절요』 「신혼」 항목에서 "하루의 계획은 새벽에 있다. 새벽에 일어나지 않으면 그날 하루 한 일이 없다."라는 대목을 인용하고 출전을 『공자삼계도(孔子三計圖)』로 밝히지 않고 "옛말[古語]"이라고 밝혔다. 이 책은 근거가 나오지 않는다.

6

性理書云: 五教之目, 父子有親, 君臣有義, 夫婦有別, 長幼有序, 朋友有信.

인륜 교육에는 다섯 가지 조목이 있다. 부모와 자식 사이에는 친분이 있고, 임금과 신하 사이에는 의리가 있고, 남편과 아내 사이에는 분별이 있고, 어른과 젊은이 사이에는 차례가 있고, 친구 사이에는 믿음이 있다.

—『백록동서원학규』

주자가 인륜 교육의 핵심을 다섯 가지로 제시하였다. 인간에게 가장 기본이 되는 다섯 가지 관계로 오륜(五倫)을 설정하였고, 그 관계에서 지켜야 할 윤리 덕목을 확정하였다. 젊은 학생에게 가르칠 유교의 기본 윤리인데, 나중에는 인간 모두가 지켜야 할 보편적 규범으로 확대되었다.

7

古靈陳先生爲仙居令, 教其民曰: 爲吾民者, 父義母慈, 兄友弟恭子孝. 夫婦有恩, 男女有別, 子弟有學, 鄕閭有禮. 貧窮患難, 親戚相救; 婚姻死喪, 鄰保相助. *毋*惰農業, *毋*作盜賊, *毋*學賭博, *毋*好爭訟. *毋*以惡陵善, *毋*以富吞貧. 行者讓路, 耕者讓畔. 班白者不負戴於道路, 則爲禮義之俗矣.

고령 사람인 진양 선생이 선거 지방의 수령이 되어 백성들에게 다음과 같이 훈계하였다. "나의 백성들은 아버지는 의롭고, 어머니는 자애로우며, 형은 우애가 있고, 아우는 공손하며, 아들은 효도한다. 부부 사이에는 은정이 있고, 남녀 사이에는 분별이 있으며, 자제(子弟)는 배움이 있고, 마을에는 예의가 있다. 빈궁하거나 환난을 겪을 때 친척끼리 서로 돕고, 혼사나 장례에 이웃끼리 서로 돕는다. 농사일을 게을리하지 말고, 도둑질을 하지 말며, 도박을 배우지 말고, 소송을 좋아하지 말라. 나쁜 사람이 착한 사람을 업신여기지 말고, 부자가 가난한 사람의 재물을 빼앗지 말라. 길가는 사람은 길을 양보하고, 밭가는 사람은 밭의 경계를 양보한다. 머리가 허연 노인이 길거리에서 짐을 이고 지는 일이 없다면 예의가 있는 풍속이 될 것이다."

백성이 일상생활에서 행해야 할 규범을 제시한 글이다. 진양(陳襄, 1017년~1080년)은 북송의 관료로 복주(福州) 고령(古靈) 사람이었다. 태주(台州) 선거현(仙居縣)의 수령이 되어 다스린 적이 있고, 사마광, 소식 등을 조정에 천거하였다. 『소학』「가언」에 실려 있다.

8

性理書云: 教人者, 養其善心, 而惡自消; 治民者, 導之以敬讓, 而爭自息.

학생을 가르치는 스승이 착한 마음을 길러 주면 (학생의) 악행은 저

절로 사라지고

백성을 다스리는 관리가 공경과 겸양으로 인도하면 (백성의) 다툼은 저절로 사라진다.

—『근사록』「치본」

9

『禮』云: '爲君(止於仁, 爲臣)止於敬, 爲父止於慈, 爲子止於孝, 爲朋止於信.' 若爲斯理, 可以爲政理乎!

『예기』「대학」에서 "임금이 되어서는 어짊에 머물고, 신하가 되어서는 공경함에 머물며, 자식이 되어서는 효도에 머물고, 부모가 되어서는 자애로움에 머물며, 친구가 되어서는 신의에 머문다."라고 하였다. 이렇게 다스린다면 잘 다스려지는 정치가 되지 않을까?

『예기』「대학」의 글을 인용하고 풀이한 글인데 정확한 출전은 알 수 없다. 저본에는 "어짊에 머물고, 신하가 되어서는[止於仁, 爲臣]"의 내용이 빠져 있으나, 『예기』「대학」에 따라 보충하였다.

10

王蠋曰: 忠臣不事二君, 烈女不更二夫.

충신은 두 임금을 섬기지 않고
열녀는 두 남편을 얻지 않는다.

— 왕촉

전통 사회의 윤리와 의리를 상징하는 표어이다. 남자는 자신을 기용한 군주 한 사람만을 위한 충성을, 여자는 자신을 사랑한 남편 한 사람만을 향한 절의를 최고의 의리로 여겼다. 왕촉(王蠋)은 오늘날의 산둥 지역에 있던, 전국시대 제나라 사람이다. 제나라를 침공하여 항복을 권유한 연(燕)나라 장수에게 이 말을 남기고 목을 매어 자결하였다. 『사기』「전단 열전(田單列傳)」과 『소학』「명륜」 등에 나온다.

11

孔子曰: 治官莫若平, 臨財莫若廉.

관리로 복무함에는 공평함보다 나은 덕목이 없고

『삼강행실도』「충신」에 "왕촉이 목을 매다.[王蠋絶脰.]"라는 제목으로 실려 있는 그림. 왕촉의 언행은 충신을 상징하는 사례로 받아들여졌다. 국립중앙도서관 소장 임진왜란 이전 목판본. 상단에는 국문으로 번역한 글이 실려 있다.

재물을 처리함에는 청렴함보다 나은 덕목이 없다.

—공자

관료가 지녀야 할 기본자세를 말하였다. 사람의 대우와 업무의 처리를 공평하게 하고, 뇌물을 받지 않고 청렴하게 근무하는 것이다. 관료의 능력과 위신은 이런 자세에서 나온다. "공자(孔子)"가 저본에는 "충자(忠子)"로 되어 있으나, 오류이므로 수정하였다. 『공자가어』「변정(辯政)」에 공자가 한 말로 나온다.

12

『說苑』云: 治國若彈琴, 治家若執轡.

나라는 거문고를 연주하듯이 다스리고
가정은 마소의 고삐를 잡듯이 다스린다.

—『설원』

『설원』에는 나오지 않는다. 당나라의 명신 요숭(姚崇, 650년~721년)이 지은 「탄금계(彈琴誡)」 등의 글을 조합하여 만든 격언이다. 저본 등에는 문장 끝에 "야(也)" 자가 더 있다.

13

孝當竭力, 忠則盡命.

효도에는 가진 힘을 다 쓰고
충성에는 목숨을 다 바친다.

출전은 『천자문』이다.

14

女慕貞潔, 男效才良.

여자는 정숙함과 순결함을 사모해야 하고
남자는 재능과 선량함을 본받아야 한다.

『천자문』과 『신집』 369에 나온다.

15

張思叔「座右銘」曰: 凡語必忠信, 凡行必篤敬. 飮食必愼節, 字畫必楷正. 容貌必端莊, 衣冠必肅整. 步履必安詳, 居處必正靜. 作事必謀始, 出言必顧行. 常德必固持, 然諾必重應. 見善如己出, 見惡如己病. 凡此十四者, 我皆未深省. 書此當座隅, 朝夕視爲警.

말은 반드시 진실하고 미덥게 하며
행동은 반드시 신중하고 공손히 한다.
음식은 반드시 삼가고 절제하며
글씨는 반드시 반듯하고 바르게 쓴다.
용모는 반드시 단정하고 근엄하게 하며
의관은 반드시 의젓하고 가지런하게 한다.
걸음걸이는 반드시 차분하고 점잖게 하며
거처는 반드시 바르고 정숙하게 한다.
일은 반드시 계획을 세워 시작하고
말은 반드시 행실을 고려하여 한다.
떳떳한 도덕은 반드시 굳게 지키고
일의 승낙은 반드시 무겁게 대답한다.
선행을 보면 내가 한 일처럼 반기고
악행을 보면 내가 앓는 병인 듯 아파한다.
앞에서 말한 열네 가지 일은
미처 깊이 성찰하지 못하였으니

앉은 자리 귀퉁이에 글을 써 놓고

아침저녁 살펴보고 경계하리라.

— 장역, 「좌우명(座右銘)」

일상생활에서 유념해야 할 자세 열네 가지를 차례대로 제시하였다. 시대와 장소를 초월하여 필요한 덕목으로, 현대인에게도 성찰의 주제가 될 만하다. 장역(張繹, 1071년~1108년)은 북송의 유학자로, 사숙(思叔)은 그의 자(字)이다. 유학자 정이천(程伊川)의 수제자로, 『소학』 「가언」에 실려 전한다.

16

范益謙「座右銘」: 一不言朝廷利害·邊報差除, 二不言州縣官員長短得失, 三不言衆人所作過惡, 四不言仕進官職·趨時附勢, 五不言財利多少·厭貧求富, 六不言淫媟戱慢評論女色, 七不言求覓人物干索酒食. 又曰: 人附書信, 不可開拆沉滯; 與人並坐, 不可窺人私書; 凡入人家, 不可看人文字; 凡借人物, 不可損壞不還; 凡喫飲食, 不可揀擇去取; 與人同處, 不可自擇便利; 見人富貴, 不可歎羨詆毁. 凡此數事, 有犯之者, 足以見用意之不肖, 於存心修身, 大有所害, 因書以自警.

첫 번째, 조정의 이해관계와 변방 소식 및 관직 임명을 말하지 않는다.

두 번째, 지방 고을 관원의 장단점과 잘잘못을 말하지 않는다.

세 번째, 사람들이 저지른 잘못과 악행을 말하지 않는다.

네 번째, 관직에 진출하는 일과 시세를 좇아 권력에 빌붙는 일을 말하지 않는다.

다섯 번째, 재물의 많고 적음과 가난이 싫어 부를 찾는 일을 말하지 않는다.

여섯 번째, 음란하게 성을 희롱하고 여색을 평하는 짓을 말하지 않는다.

일곱 번째, 남에게 물건을 요구하거나 술과 음식을 구하는 일을 말하지 않는다.

또 다음 말을 덧붙인다.

첫 번째, 남이 편지 전달을 부탁하거든 뜯어보거나 늦춰서는 안 된다.

두 번째, 남과 함께 앉아 있을 때 남의 사적인 문서를 엿보아서는 안 된다.

세 번째, 남의 집에 들어가서 남의 서찰이나 문서를 보아서는 안 된다.

네 번째, 남의 물건을 빌리고서 훼손하거나 돌려주지 않아서는 안 된다.

다섯 번째, 음식을 먹으면서 골라 먹거나 가려내 버려서는 안 된다.

여섯 번째, 남과 함께 있으면서 제 편리함만 취해서는 안 된다.

일곱 번째, 남의 부귀함을 보고서 부러워하거나 헐뜯어서는 안 된다.

앞의 몇 가지 잘못은 저지르는 이에게서 좋지 않은 마음 씀씀이가 엿보이고, 본심을 보존하고 몸을 닦는 실천에 몹시 해롭다. 그래서 이 글을 써서 스스로 경계한다.

— 범익겸, 「좌우명」

평소에 지켜야 할 두 종류의 좌우명이다. 언행, 곧 말과 행위의 금기로, 하나는 말하지 말아야 할 일곱 가지이고, 하나는 행해서는 안 될 일곱 가지이다. 생활 속에서 지켜야 할 일종의 에티켓이다. 범익겸(范益謙)은 범충(范沖, 1067년~1141년)으로, 익겸은 그의 자이다. 북송의 저명한 관료이자 역사학자이다. 『사림광기』「경세격언」에서는 「범익겸좌우계(范益謙座右戒)」라는 제목으로 수록하였는데, 앞의 내용은 '불언칠계(不言七戒)'로, 뒤의 내용은 '불가칠계(不可七戒)'로 이름을 붙여 실었다. 『소학』「가언」에도 수록되었다.

17

武王問太公曰: "人居世上, 何得貴賤貧富不登? 願聞說之, 欲知是矣." 太公曰: "富貴如聖人之德, 皆由天命. 富者用之有節, 不富者家有十盜." 武王曰: "何爲十盜?" 太公曰: "時熟不收爲一盜, 收積不了爲二盜, 無事燃燈寢睡爲三盜, 慵懶不耕四盜, 不施工力五盜, 專行竊害爲六盜, 養女太多爲七盜, 晝眠懶起八盜, 貪酒嗜慾九盜, 強行嫉妬十盜." 武王曰: "家無十盜, 不富者, 何如?" 太公曰: "人家必有三耗." 武王曰: "何名三耗?" 太公曰: "倉庫漏濫不蓋, 鼠雀亂食爲一耗; 收種失時二耗, 抛撒米穀穢賤爲三耗." 武王曰: "家無三耗, 不富者, 何也?" 太公曰: "人家必有一錯·二誤·三癡·四失·五逆·六不祥·七奴·八賤·九愚·十強. 自招其禍, 非天降殃." 武王曰: "悉願聞之." 太公曰: "養男不教訓爲一錯, 嬰孩勿訓二誤, 初迎新婦不行敎訓三癡, 未語先笑四失, 不養父母爲五逆, 夜起赤身六不祥, 好挽他弓爲七奴, 愛騎他馬爲八賤, 喫他酒勸他人爲九愚, 喫他飯命朋友爲十強." 武王曰: "甚美誠哉! 斯言也."

주나라 무왕이 태공에게 이렇게 물었다.

"세상을 살아가는 사람들은 어째서 귀천과 빈부가 고르지 못할까요? 말씀을 들어 그 까닭을 알고 싶습니다."

태공이 대답하였다.

"부귀는 성인의 덕과 같아서 모두 하늘이 내리는 것입니다. 다만 부자는 재물의 사용에 절제함이 있고, 가난한 자는 집에 열 가지 도둑이 있습니다."

무왕이 "열 가지 도둑이라니 무슨 말입니까?"라고 묻자 태공이 대답하였다.

"때가 지나 여문 곡식을 거둬들이지 않는 것이 첫 번째 도둑이고
거두고 쌓는 일을 마치지 않는 것이 두 번째 도둑이고
일없이 등불을 켜 놓고 잠자는 것이 세 번째 도둑이고
게을러서 밭을 갈지 않는 것이 네 번째 도둑이고
노력하지 않는 것이 다섯 번째 도둑이고
훔치고 해로운 일만 하는 것이 여섯 번째 도둑이고
딸을 너무 많이 기르는 것이 일곱 번째 도둑이고
낮잠을 자고 늦게 일어나는 것이 여덟 번째 도둑이고
술을 탐하고 욕망을 즐기는 것이 아홉 번째 도둑이고
심하게 질투하는 것이 열 번째 도둑입니다."

무왕이 "그렇다면 집안에 열 가지 도둑이 없는데도 가난한 것은 무슨 까닭입니까?"라고 물었다. 태공이 "그런 사람의 집안에는 반드시 세 가지 낭비가 있습니다."라고 대답하니 무왕이 다시 "무엇을 세 가지 낭비라고 합니까?"라고 물었다. 이에 태공이 대답하였다.

"창고가 물이 새 넘쳐도 지붕을 덮지 않고 쥐와 참새가 마구 먹도록

내버려두는 것이 첫 번째 낭비이고

씨뿌리고 수확하는 때를 놓치는 것이 두 번째 낭비이고

쌀과 곡식을 흩어 버려 더럽고 값없게 만드는 것이 세 번째 낭비입니다."

무왕이 "집안에 세 가지 낭비가 없는데도 부유하지 못한 것은 무슨 까닭입니까?"라고 물으니 태공이 "그런 사람의 집에는 반드시 첫 번째로 착오가 있어서, 두 번째로 오류가 있어서, 세 번째로 아둔함이 있어서, 네 번째로 과실이 있어서, 다섯 번째로 거스름이 있어서, 여섯 번째로 상서롭지 못해서, 일곱 번째로 종놈다움이 있어서, 여덟 번째로 비천함이 있어서, 아홉 번째로 바보스러움이 있어서, 열 번째로 뻔뻔함이 있어서 화를 스스로 불러들인 것이지, 하늘이 재앙을 내린 것이 아닙니다."라고 대답하였다. 무왕이 "그 말씀을 끝까지 듣고자 합니다."라고 하니 태공이 대답하였다.

"아들을 기르되 가르치지 않는 것이 첫 번째로 착오이고

어린아이를 훈육하지 않는 것이 두 번째로 오류이고

며느리를 새로 맞아 엄하게 가르치지 않는 것이 세 번째로 아둔함이고

말하기 전에 먼저 웃는 것이 네 번째로 과실이고

부모를 봉양하지 않는 것이 다섯 번째로 거스름이고

밤중에 알몸으로 일어나는 것이 여섯 번째로 상서롭지 못함이고

남의 활을 당기기 좋아하는 것이 일곱 번째로 종놈다움이고

남의 말을 타기 좋아하는 것이 여덟 번째로 천함이고

남의 술을 마시면서 다른 사람에게 권하는 것이 아홉 번째로 바보스러움이고

남의 밥을 먹으면서 친구에게 먹으라고 권하는 것이 열 번째로 뻔뻔

함입니다.”

태공의 대답을 듣고서 무왕이 말하였다.

“이 말씀이 대단히 아름답고 진실합니다.”

『명심보감』에서 가장 긴 문장으로, 주나라를 연 무왕(武王)이 개국공신 강태공과 나눈 문답의 형식을 갖추고 있다. 강태공이 부귀하게 살지 못하게 하고 빈곤한 처지로 살게 하는 올바르지 못한 생활 태도를 무왕에게 설명하고 있다. 그 대답은 세 항목으로, 하나는 ‘열 가지 도둑’이고, 하나는 ‘세 가지 낭비’이며, 하나는 ‘열 가지 생활 태도’이다. 농업사회를 배경으로 가정생활의 태도를 말하고 있으나, 여전히 귀감으로 삼을 만한 교훈이다. 출전은 둔황 출토 사본 『무왕가교(武王家教)』이다. 『육도(六韜)』와 『설원』의 일문(逸文)이 송대에 편찬된 『태평어람』에 실려 있는데, 비슷한 글이 보인다. 일부 내용은 『태공가교』에도 보인다. 이 중에서 ‘열 가지 도둑’은 영조 때의 의사이자 학자인 유중림의 『증보산림경제』 권4 「가정」에 치부의 방법으로 소개되었다.

13

치정편 治政篇

관료의 몸가짐

관료가 갖추어야 할 몸가짐의 격언을 모은 장이다. 관료의 태도를 경계한 잠언을 보통 관잠(官箴)이라 한다. 관료가 사회에 끼치는 영향이 매우 크기 때문에 유학에서는 관잠을 중시하였다. 『논어』와 『소학』, 『동몽훈』 등 유학자의 어록을 중심으로 기사를 뽑았다. 유학에서 바라는 관료의 기본자세에는 현대의 공직자도 눈여겨볼 만한 것이 적지 않다. 모두 22개조가 실려 있다.

I

明道先生曰: 一命之士, 苟存心於愛物, 於人必有所濟.

직책이 낮은 관료라도 백성 사랑에 뜻을 둔다면 틀림없이 많은 이에게 도움을 줄 수 있다.

— 정명도

벼슬길에 첫발을 들여놓은 관료가 지녀야 할 마음가짐이다. 아무리 지위가 낮더라도 백성을 사랑하는 마음을 앞세운다면, 관료가 백성에게 도움을 줄 길은 많다. 그러니 지위가 높은 관료는 더 말할 나위가 없다. 정명도(程明道)는 북송의 유학자 정호(程顥, 1032년~1085년)로, 아우인 이천(伊川) 정이(程頤, 1033년~1107년)와 함께 이정(二程)으로 불린다. 이 글은 정호가 항상 당부하던 말로, 그의 행장(行狀)에 나온다. 성리학의 터전을 마련한 형제의 저술은 『이정전서』로 집성되었다. 『근사록』 「정사」와 『소학』 「가언」에도 나온다.

2

宋太宗「御製」: 上有麾之, 中有乘之, 下有附之. 幣帛衣之, 倉廩食之, 爾俸爾祿, 民膏民脂. 下民易虐, 上蒼難欺.

위에는 지휘하는 제왕이 있고, 가운데에는 실행하는 관료가 있으며, 아래에는 지시를 따르는 백성이 있다. 비단옷을 입히고 나라의 곡식을 먹게 하니 관료가 받는 녹봉은 백성의 피와 땀이다. 백성을 학대하기는 쉬워도 하늘을 속이기는 어렵다.

— 태종 황제, 「어제」

관료는 백성의 피와 땀으로 생산한 재물을 녹봉으로 받으니, 백성 위에 군림하지 말고 백성을 위하여 일해야 한다. 백성을 착취하면 하늘이 알아차리고 반드시 처벌한다. 관료의 봉직 자세를 규정한 관잠의 명작이다. 본디 오대 후촉의 황제 맹창(孟昶, 재위 934년~965년)이 지은 것으로, 그중 마지막에 나오는 "관료가 받는 녹봉" 아래 구절을 송 태종이 「계석명(戒石銘)」이라는 이름으로 써서 관아에 세워 놓게 하였다. "송 태종(宋太宗)"이 저본에는 "당 태종(唐太宗)"으로 되어 있으나, 오류이므로 바로잡았다.

중국 광시성 우저우(梧州)에 현존하는 태종 황제의 「계석명」 탁본. 1082년에 명필 황정견(黃庭堅)이 써서 새긴 것을 1132년에 남송의 고종 황제가 찾아서 전국에 세우게 하였다. 「어제계석명(御製戒石銘)」의 제목과 본문은 황정견의 글씨이고, 그 아래에는 고종의 친필 조령(詔令)과 더불어 재상 여이호(呂頤浩, 1071년~1139년)의 발문이 새겨져 있다.

3

『童蒙訓』曰: 當官之法, 唯有三事: 曰淸, 曰愼, 曰勤. 知此三者, 則知所以持身矣.

관직을 수행하는 방법은 오로지 세 가지가 있으니, 청렴함과 신중함과 근면함이다. 이 세 가지를 안다면 몸가짐의 길을 잘 아는 것이다.

—『동몽훈』

송나라의 유학자 여본중(呂本中, 1084년~1145년)이 아동교육용으로 저술한 『동몽훈(童蒙訓)』에는 관료가 되었을 때의 몸가짐을 다룬 교훈을 다수 수록하였다. 여기에서는 관료의 기본자세를 청렴함과 신중함과 근면함의 세 가지로 규정하였다.

4

『童蒙訓』曰: 當官者, 必以暴怒爲戒. 事有不可, 當詳處之, 必無不中. 若先暴怒, 只能自害, 豈能害人?

관직에 있는 사람은 갑자기 화내는 짓을 반드시 경계해야 한다. 옳지 않은 일이 생겼을 때는 자세히 살펴서 처리하면 틀림없이 합당하게 처리할 수 있다. 만약 불쑥 화부터 낸다면 자신에게만 해를 입힐 뿐이니 남을 해칠 수 있겠는가?

—『동몽훈』

관료가 불쑥 화를 내면 하급 관원이나 백성들에게 큰 피해를 준다. 자신의 위신부터 깎이니 효과도 없고, 생각지도 못한 문제를 일으켜 자신의 앞길을 막기 쉽다.

5

『童蒙訓』曰: 事君如事親, 事官長如事兄. 與同僚如家人, 待群吏如奴僕. 愛百姓如妻子, 處官事如家事. 然後能盡吾之心, 如有毫末不至, 皆吾心有所末盡也.

임금을 부모 섬기듯 섬기고, 상관을 형 섬기듯 섬긴다. 동료와는 집안 사람같이 어울리고, 여러 아전은 자신의 머슴처럼 대우하며, 백성은 처자식처럼 사랑하고, 관청의 일은 집안일처럼 처리한다. 그렇게 한 뒤에야 정성을 다 기울였다고 할 수 있다. 만약 털끝만큼이라도 그렇게 하지 못했으면 모두 정성을 다 기울이지 못한 것이다.

—『동몽훈』

6

或問: "簿, 佐令者也. 簿所欲爲, 令或不從, 奈何?" 伊川先生曰: "當以誠意動之. 今令與簿不和, 只是爭私意. 令是邑之長, 若能以事父兄之道事之, 過則歸己, 善則唯恐不歸於令, 積此誠意, 豈有不動得人?"

어떤 사람이 "주부(主簿)는 현령을 보좌하는 직책인데 주부가 하고 싶어하는 일을 현령이 따르지 않으면 어떻게 해야 합니까?"라고 물었다. 이천 선생이 이렇게 대답하였다. "성의를 보여 현령의 마음을 움직여야 한다. 지금 현령과 주부가 화합하지 못한다면 단지 사사로운 뜻으로 다투는 짓이다. 현령은 고을의 우두머리이다. 주부가 부형(父兄)을 섬기는 도리로 현령을 섬기되, 잘못된 일은 자신에게 돌리고 잘된 일은 현령에게 돌아가도록 배려하라. 이런 성의를 쌓는다면 감동하지 않을 사람이 어디에 있겠는가?"

출전은 『소학』 「가언」이다.

7

『童蒙訓』曰: 凡異色人, 皆不宜與之相接. 巫祝尼媼之類, 尤宜罷絶, 要以淸心省事爲本.

(관직에 있는 사람은) 특이한 사람 누구와도 접촉하지 말아야 한다. 무당과 비구니, 중매쟁이 같은 부류는 더욱 멀리하고 관계를 끊어야 한다. 요컨대 마음을 맑게 갖고 일을 줄이는 생활을 근본으로 삼아야 한다.

—『동몽훈』

8

劉安禮問臨民, 明道先生曰: "使民各得輸其情." 問御吏, 曰: "正己以格物."

유안례가 백성을 다스리는 방법을 물으니 명도 선생이 "백성들이 제각기 속마음을 터놓고 말할 수 있도록 하면 된다."라고 대답하였다. 아전 부리는 방법을 물으니 "자신이 올바로 처신함으로써 아전을 바로잡으면 된다."라고 대답하였다.

백성과 하급 관원을 다스리는 관료에게 주는 지침이다. 백성이 요구 사항을 거리낌 없이 말하게 하고, 하급 관원에게는 지시하는 모습이 아니라 모범을 보이면 훌륭한 지방관이다. 유안례(劉安禮, 1069년~1128년)는 북송 하간(河間) 사람으로, 정명도의 제자이다. 『소학』「가언」에 실려 있다.

9

韓魏公問，明道先生說立朝大概：“前面路子放教寬．若窄時，異日和自家無轉側處．”

한위공이 명도 선생에게 물으니, 선생이 조정에서 벼슬할 때 지녀야 할 기본자세를 말해 주었다. “전면에 길을 넓게 틔어 놓게. 만약 비좁게 만들어 놓으면 훗날 자신이 몸을 돌릴 곳이 없어지네.”

한위공(韓魏公)은 북송 초기의 명재상 한기(韓琦, 1008년~1075년)로, 위국공(魏國公)에 봉해져서 한위공이라 불린다. 국정에 참여하는 관료는 처음부터 자유롭게 사유하고 폭넓게 움직이도록 활동 범위를 넓게 잡아야 한다. 비좁게 잡으면 나중에는 남은 물론 자신조차 옴짝달싹하지 못한다.

10

子曰：不教而殺，謂之虐；不戒視成，謂之暴；慢令致期，謂之賊．

훈계하지 않고 죽이는 것을 잔혹하다 하고
타이르지 않고 성공하기만 기대하는 것을 포악하다 하며

느슨하게 명령하고 기한만 재촉하는 것을 도적이라 한다.

—공자

출전은 『논어』「요왈」이다.

11

子曰: 擧直錯諸枉, 能使枉者直.

정직한 사람을 천거하여 쓰고 부정한 사람을 내치면 부정한 사람이 정직하게 바뀐다.

—공자

출전은 『논어』「안연」이다.

12

子曰: 擧直錯諸枉, 則民服; 擧枉錯諸直, 則民不服.

정직한 사람을 천거하여 쓰고 부정한 사람을 내치면 백성들이 복종

하고

부정한 사람을 천거하여 쓰고 정직한 사람을 내치면 백성들이 복종하지 않는다.

—공자

어떤 자리에 어떤 사람을 쓰는지를 보면 지도자의 방향과 미래가 보인다. 출전은 『논어』「위정」이다.

13

子曰: 其身正, 不令而行; 其身不正, 雖令不從.

윗사람이 올바르면 명령하지 않아도 백성이 따라 행하고
윗사람이 올바르지 않으면 명령하여도 백성이 따르지 않는다.

—공자

출전은 『논어』「자로」이다.

14

子曰: 言忠信, 行篤敬, 雖蠻貊之邦, 行矣; 言不忠信, 行不篤敬, 雖州里, 行乎哉?

말이 진실하고 미더우며, 행동이 신중하고 공손하면, 남쪽 오랑캐나 북쪽 오랑캐의 나라에서도 통할 것이다. 말이 진실하거나 미덥지 않으며, 행동이 신중하거나 공손하지 않으면, 고향의 크고 작은 고을인들 통하겠는가?

— 공자

출전은 『논어』 「위령공」이다.

15

子貢曰: 位尊者, 德不可薄; 官大者, 政不可欺.

지위가 높은 사람은 덕망이 부족해서는 안 되고
관직이 높은 사람은 속임수로 정치해서는 안 된다.

— 자공

지위가 높아갈수록 사람을 통솔하는 덕망을 갖추고 중요한 일을 맡아서 공익을 위해 일하여야 한다. 덕이 부족해서도 안 되고 속임수를 써서도 안 된다. 공자의 제자 자공이 한 말로, 당나라의 구양순이 편찬하여 625년에 간행한 『예문유취』 「논정(論政)」에 나온다.

16

子謂子產, 有君子之道四焉: 其行己也恭, 其事上也敬, 其養民也惠, 其使民也義.

공자가 정나라의 재상 자산(子産)을 이렇게 논평하였다.

"군자의 도를 네 가지나 가지고 있다. 몸가짐이 공손하였고, 윗사람을 공경하여 섬겼으며, 백성에게 은혜를 베풀었고, 백성을 공정하게 부렸다."

출전은 『논어』 「공야장」이다.

17

子張問仁於孔子. 子曰: "恭則不侮, 寬則得衆, 信則人任焉. 敏則有功, 惠則足以使人."

자장이 공자에게 어짊에 대해 물었더니 공자가 이렇게 말하였다.

“공손하면 업신여김을 당하지 않고, 너그러우면 인심을 얻고, 신의가 있으면 남들이 신임하고, 민첩하면 공을 세우고, 은혜를 베풀면 사람을 잘 부릴 수 있다.”

출전은 『논어』「양화」이다.

18

子曰: 君子惠而不費, 勞而不怨, 欲而不貪, 泰而不驕, 威而不猛.

군자는 백성에게 혜택을 베풀되 재물을 낭비하지 않고, 일을 시키되 원망이 없게 하고, 욕심껏 일하되 탐욕을 부리지 않고, 여유를 부리되 교만하지 않고, 위엄을 세우되 사납지 않다.

—공자

출전은 『논어』「요왈」이다.

19

孟子曰: 責難於君, 謂之恭; 陳善閉邪, 謂之敬; 吾君不能, 謂之賊.

하기 어려운 일을 임금에게 권유하면 임금에게 공손한 것이고
선행을 제시하여 사악한 행동을 막으면 임금을 공경하는 것이며
우리 임금은 능력이 없다고 포기하면 임금에게 해를 끼치는 것이다.

—『맹자』「이루 상」

20

『書』云: 木以繩直, 君以諫正.

나무는 먹줄을 받아야 똑바르게 되고
임금은 쓴소리를 받아야 바로잡힌다.

—『서경』「열명」

21

『抱朴子』云: 迎斧鉞而政諫, 據鼎鑊而盡言, 此謂忠臣也.

『포박자』에서 "도끼를 맞더라도 용감하게 쓴소리하고, 가마솥에서 삶겨 죽더라도 남김없이 진언한다."라고 했으니 이런 신하를 충신이라 한다.

충신은 나라를 위기에서 구출하기 위해, 최고 지도자를 바로잡기 위해 목숨도 아끼지 않고 할 말을 하는 신하이다. 『포박자(抱朴子)』는 위진(魏晉) 때의 학자 갈홍(葛洪, 283년~343년)이 지은 책이다. 불로장생과 연단술 등을 설명한 도가서로, 그 책의 「절신편(節臣篇)」에 나온 말이다.

22

忠臣不怕死, 怕死不忠臣.

충신은 죽음을 두려워하지 않으니
죽음을 두려워하면 충신이 아니다.

당시의 속담으로 양재(楊梓, ?~1324년)의 잡극 『예양탄탄(豫讓呑炭)』 등에 나온다. 추포(秋浦) 황신(黃愼, ?~1617년)은 임진왜란 때의 명신으로, 일본에 국서를 가지고 가면서 이 속담을 본떠 "대장부는 죽음을 두려워하지 않으니, 죽음을 두려워하면 대장부가 아니다.[丈夫不怕死, 怕死非丈夫.]"라는 시를 지어 결의를 다졌다.

14

가정의 운영

치가편 治家篇

합리적이고 효과적으로 가정을 운영하는 법을 말한 격언을 모은 장이다. 가장의 눈높이로 아내와 자녀 등 식구를 다루는 방법을 제시하고, 집안 살림을 꾸리고 손님을 접대하며 자녀를 혼인시키고 도둑을 방지하는 크고 작은 일을 처리하는 원칙을 제시하였다. 가부장제 사회에서 가정을 질서 있게 이끌어 가는 지침에서는 가장의 권위와 책임을 중시하였다. 현대인의 시각에서는 불만스러운 점이 있으나, 보편적 가치를 지니는 원칙이 여전히 많다. 구전된 민간의 격언은 당시 일반 사람의 의식을 대변한다. 모두 16개조가 실려 있다.

I

司馬溫公曰: 凡諸卑幼, 事無大小, 毋得專行, 必咨稟於家長.

지위가 낮고 나이가 적은 사람은 큰 일이든 작은 일이든 독단하여 행동하지 말고 반드시 가장에게 여쭤 보아야 한다.

—사마광

가장은 식구를 잘 이끌어야 하고, 식구는 가장을 잘 따라야 한다. 나이가 어린 사람일수록 하고 싶은 대로 독단적으로 일을 처리해서는 안 되고, 크고 작은 일을 가장에게 물어서 하여야 한다. 사마광은 북송 때의 학자이자 정치가로, 죽은 뒤 온국공에 봉해져 흔히 사마온공으로 불린다. 왕안석의 신법에 반대하여 구법당을 이끌었다. 가훈과 가법에 관한 저술을 여럿 지었는데, 『거가잡의(居家雜儀)』가 유명하다. 14장에서는 이 책에서 3개조를 뽑아 수록하였다.

2

勤儉常豐，至老不窮.

부지런하고 검소하면 항상 풍족하고, 늙어서도 궁핍하지 않다.

출전은『성심잡언』이다.

3

待客不得不豐，治家不得不儉.

손님 접대는 풍성하지 않을 수 없고
집안 살림은 검소하지 않을 수 없다.

집안 살림을 검소하게 꾸려 가더라도 손님에게는 풍성하게 대접하여야 한다. 가난한 살림이라도 손님을 잘 대접하여야 한다는 접빈객(接賓客)을 가정 규범으로 중시하였다.

4

有錢常備無錢日, 安樂須防患病時.

돈이 있을 때는 언제나 돈이 없을 날을 대비하고
건강할 때는 모름지기 병이 들 때를 예방해야 한다.

부유할 때 가난을 대비하여 절약하고 저축하여야 하고, 건강할 때 조심하여 질병을 예방하여야 한다. 7장 27조와는 세 글자만 다른, 매우 비슷한 격언이다. 예방을 강조한 점이 다르다.

5

健奴無禮, 嬌兒無孝.

힘이 센 머슴은 예의가 없고
버릇없는 자식은 효심이 없다.

6

教婦初來，敎子嬰孩.

며느리는 처음 들어올 때 가르치고
자식은 어린아이 적에 가르쳐야 한다.

자녀 교육을 논한 격언으로, 『안씨가훈』 「교자(敎子)」에 나온다. 원대의 필기 『지정직기』에서는 선배들의 "아이를 아끼면 먹이기를 아끼고, 자식을 미워하면 가르치기를 미워하라.[惜兒惜食, 痛子痛教.]" 라는 속담을 소개하고, 이것이 매우 천박하기는 하나 지극히 마땅하다고 평가하며 14장 6조의 격언도 마찬가지라고 하였다.

7

太公曰: 癡人畏婦, 賢女敬夫.

못난 남자는 부인을 두려워하고
슬기로운 여자는 남편을 존중한다.

—『태공가교』

아내를 두려워하는 사람을 흔히 공처가(恐妻家) 또는 경처가(驚妻家)라고 하는데, 여기에 나오는 외부가(畏婦家)도 같은 말이다. 당시에도 부인을 두려워한 남편은 멍청하다는 말을 들었다. 부부는 서로 동등한 관계이므로 일방적으로 존중하거나 무시하는 것은 옳지 않다. 현명한 부부라면 서로 존중하고, 멍청한 부부라면 서로 두려워한다.

8

凡使奴僕, 先念飢寒.

종과 머슴을 부리려면 먼저 배고프고 추운지부터 걱정하라.

노비도 사람이니 인간답게 대우하여야 한다. 남송의 대시인 양만리(楊萬里, 1127년~1206년)의 부인은 나씨(羅氏)이다. 부인은 70세에도 추운 겨울 새벽에 일어나 죽을 끓여 노비에게 먹인 뒤에야 나가서 일하도록 하였다. 아들이 "날씨가 추운데 왜 이처럼 힘들게 사서 고생하셔요?"라고 물으니 부인은 "노비도 똑같은 사람이다. 새벽에는 공기가 차가워 춥다. 반드시 뱃속에 따뜻한 기운이 들어가야 일을 할 수 있다."라고 하였다.

9

時時防火發, 夜夜備賊來.

불이 나지 않도록 때마다 예방하고

도적이 오지 않도록 밤마다 대비한다.

늘 재난에 대비하고 경계하여야 안녕을 해치지 않는다. 원나라 때 절서(浙西) 지역에 유행한 속담으로, 『사림광기』 「치가경어」와 공제의 『지정직기』에 나온다. 『지정직기』 권3에는 "불이 나지 않도록 해마다 예방하고, 도적이 오지 않도록 밤마다 예방한다.[年年防火起, 夜夜防賊來.]"를 절서 속담으로 소개하였다. 이어서 "그 지역이 지대가 낮고 호숫가에 도둑이 많아 항상 화재와 도둑의 우환이 있었다. 이 속담은 사람에게 경계를 잘하여 우환이 없도록 한다. 공부하는 사람이나 수신에 힘쓰는 사람도 마찬가지이다."라고 평하였다.

10

子孝雙親樂, 家和萬事成.

자식이 효도하면 양친이 즐겁고

가정이 화목하면 만사가 이루어진다.

자녀가 효도하면 부모는 항상 즐겁고, 가정이 화목하면 온갖 일이 원만하게 잘 풀린다. “가정이 화목하면 만사가 이루어진다.”라는 “가화만사성”이 여기에서 나오는데, 특히 한국 가정의 가훈으로 널리 쓰였다. 당시의 속담으로, 『형차기(荊釵記)』 등 많은 희곡에 나오고 『사림광기』 「치가경어」에도 실려 있다. 현대 중국에서는 비슷한 성어인 “가화만사흥(家和萬事興)”이라는 말로 더 많이 쓰인다.

11

『景行錄』云: 觀朝夕之早晏, 可以卜人家之興替.

아침에 언제 일어나고 저녁에 언제 자는지를 보면 그 집안이 흥성할지 쇠퇴할지 점칠 수 있다.

—『경행록』

자고 일어나는 일상의 작은 행동과 습관이 한 사람과 한 집안의 흥망성쇠를 결정하게 한다.

12

司馬溫公曰: 凡議婚姻, 先當察其婿與婦之性行及家法如何, 勿苟慕其富貴. 婿苟賢矣, 今雖貧賤, 安知異時不富貴乎? 苟爲不肖, 今雖富盛, 安知異時不貧賤乎? 婦者, 家之所由盛衰也. 苟慕一時之富貴而娶之, 彼挾其富貴, 鮮有不輕其夫而傲其舅姑, 養成驕妬之性, 異日爲患, 庸有極乎? 借使因婦財以致富, 依婦勢以取貴, 苟有丈夫之志氣者, 能無愧乎?

혼사를 논의할 때는 사위나 며느리의 성품과 행실 및 가법이 어떠한지를 먼저 살피고, 부귀함을 탐내지 말라. 사위가 현명하다면 지금은 빈천할지라도 나중에는 부귀를 누릴지 어찌 알겠는가? 만약에 못났다면 지금은 부유하고 힘을 가졌더라도 나중에는 빈천하게 될지 어찌 알겠는가? 며느리는 집안의 흥성과 쇠퇴를 결정하는 사람이다. 한때의 부귀함을 탐내어 며느리로 삼으면 부귀함을 빌미로 남편을 가볍게 여기고 시부모에게 오만하게 굴지 않는 경우가 드물다. 질투하고 교만하게 구는 성품을 키우고 나중에는 우환을 만들어 못하는 짓이 없지 않겠는가? 설령 며느리의 재물로 부자가 되고 며느리의 힘으로 귀하게 된다고 해도 대장부의 뜻과 기운을 가진 사람이라면 부끄럽지 않겠는가?

—사마광

혼사에서 부귀보다 가법과 성품을 중시한 사대부의 시각이 보인다. 사마광이 『온공서의(溫公書儀)』「혼의(婚儀)」에서 말한 내용으로, 『소학』「가언」에 실려 널리 알려졌다. 『치가절요』 하권 「혼인(婚姻)」

에서는 12조와 13조를 인용하여, 혼사에 신중할 것을 권고하였다.

13

安定胡先生曰: 嫁女必勝吾家者. 勝吾家, 則女之事人, 必欽必戒. 娶婦必須不若吾家者. 不若吾家, 則婦之事舅姑, 必執婦道.

딸은 반드시 내 집보다 나은 곳으로 시집보낸다. 내 집보다 나으면 딸이 남편을 대하되 반드시 존중하고 조심할 것이다. 며느리는 모름지기 내 집보다 못한 곳에서 데려와야 한다. 내 집보다 못한 곳이면 며느리가 시부모를 모시되 반드시 며느리의 도리를 잘할 것이다.

— 안정 선생 호원

장가는 낮게 들고 시집은 높게 가라고 했다. 호원은 북송의 유학자로, 자는 익지(翼之)이고 태주(泰州) 사람이다. 안정(安定)에 세거하여 안정 선생으로 불린다. 호주(湖州)에서 학교를 설립하고 많은 학생을 교육한 교육자로 유명하였다. 이 글은 『소학』「가언」에 실려 있다.

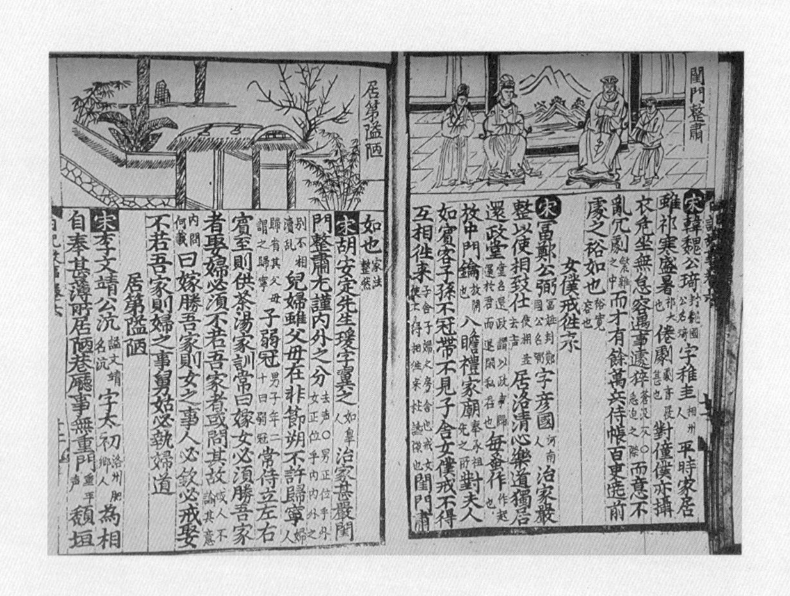

閨門整肅

宋韓魏公琦字稚圭平時家居
雖祁寒盛暑對僮僕亦攝
衣危坐無怠容遇事遽猝而意不
亂冗劇而才有餘萬兵侍帳百吏趨前
處之裕如也

女僕戒往來

宋富鄭公弼字彦國治家嚴
整以使相致仕居洛清心樂道獨居
還政堂每蚤作
放中門鑰入瞻禮家廟對夫人
如賓客子孫不冠帶不見子舍女僕戒不得
互相往來閨門肅

居第隘陋

如也
宋胡安定先生瑗字翼之治家甚嚴閨
門整肅尤謹內外之分
兒婦雖父母在非節朔不許歸寧
子弱冠常侍立左右
賓至則供茶湯家訓常曰嫁女必須勝吾家
者娶婦必須不若吾家者或問其故
曰嫁勝吾家則女之事人必欽必戒娶
不若吾家則婦之事舅姑必執婦道

居第隘陋

宋李文靖公沆字太初為相
自奉甚薄所居陋巷廳事無重門頹垣

『소학일기고사대전』 권6 「치가(治家)」에 수록된, 안정 선생 호원의 가법을 그린 그림과 설명. 가정을 매우 엄하게 다스려 규방 안이 정숙하였다는 사실과 함께 13조의 내용을 설명하였다.

14

男大不婚，如劣馬無韁；女大不嫁，如私鹽犯首.

남자가 커서 장가가지 않으면 고삐 풀린 사나운 말처럼 날뛰고
여자가 커서 시집가지 않으면 사염죄(私鹽罪) 범한 죄수처럼 숨는다.

당시에는 장성한 남녀가 혼인하지 않는 것을 악습의 하나로 여겼다. 미혼 남녀를 못마땅하게 보는 시각이 들어가 있다. 원나라 때는 소금 전매제를 시행했으므로, 사사로이 소금을 굽거나 판매하면 중범죄로 다스렸다.

15

『文中子』曰：婚娶而論財，夷虜之道也.

혼사를 맺으며 재물을 논하는 것은 오랑캐의 도이다.
—『문중자』

전통 사회에서 혼인의 대원칙으로 삼은 격언이다. 혼사를 맺으며 상대방의 빈부를 따지는 것을 천박하게 여겼다. 『문중자(文中子)』는

『중설(中說)』로 줄여서 쓰기도 한다. 수나라 사람 왕통(王通, 584년~618년)이 지은 저술로 전체 열 편으로 구성되었는데, 의심되는 내용이 많아 위서로 보기도 한다. 나중에 『소학』 「가언」에 실려서 널리 알려졌다.

16

司馬溫公曰: 凡爲家長, 必謹守禮法, 以御群子弟及家衆, 分之以職, 授之以事, 而責其成功. 制財用之節, 量入以爲出, 稱家之有無, 以給上下之衣食及吉凶之費, 皆有品節, 而莫不均一. 裁省冗費, 禁止奢華, 常須稍存贏餘, 以備不虞.

가장이 된 사람은 반드시 예법을 삼가 지켜 여러 자제와 집안사람을 거느린다. 직분을 나누어 주고 할 일을 맡겨서 맡은 일을 다 하도록 책임을 지운다. 재물 사용을 절제하여 수입을 헤아려 지출하고 살림살이 형편에 맞추어 위아래 사람의 옷과 음식 및 길흉사에 쓸 비용을 지급하되, 모두 등급과 절도를 마련하여 균등하게 처리한다. 쓸데없는 비용을 줄이고 사치를 금지하며, 항상 잉여의 재물을 조금씩 남겨서 뜻밖의 사태에 대비한다.

—사마광

가정을 통솔하는 가장의 위치와 할 일을 제시한 글로, 사마광의 『거가잡의』에서 인용하였다. 『치가절요』 상권 「정기(正己)」에서 앞

범입본의 저술 『치가절요』 상권 「정기」 항목의 끝부분에서 16조의 앞 대목을 인용하여 가장이 지닌 무거운 위치와 가장의 할 일을 입증하는 근거로 제시하였다. 오른쪽에는 하권의 목록과 영락 4년(1406)에 숭천(복건성 건양현 숭화)의 출판업자인 오씨(吳氏)의 적선서당(積善書堂)에서 간행했다는 패기(牌記)가 적혀 있다.

대목을 인용하여 가장이 지닌 무거운 위치와 가장의 할 일을 설명하였다.

15

인륜의 기본

안의편 安義篇

부부와 형제, 친구 등 밀접한 관계 사이에서 지켜야 할 기본 도리를 말한 격언을 모은 장이다. 부자 관계나 형제 관계와 같이 혈연으로 맺어진 끈끈한 관계보다는, 의로 맺은 부부나 친구 등의 사랑과 우정에 초점을 맞췄다. 인륜에 대한 서민의 생각이 담긴 구전 격언을 인용한 것이 흥미롭다. 현대적 의의가 있는 격언이다. 모두 5개조의 단출한 기사가 실려 있다.

I

『顔氏家訓』曰: 夫有人民而後有夫婦, 有夫婦而後有父子, 有父子而後有兄弟. 一家之親, 此三者而已矣. 自茲以往, 至于九族, 皆本於三親焉. 故於人倫爲重者也, 不可不篤.

사람이 있고 난 뒤에야 부부가 있고, 부부가 있고 난 뒤에야 부자가 있으며, 부자가 있고 난 뒤에야 형제가 있다. 한 집안의 가족은 부부와 부자, 형제 세 가지뿐이다. 여기에서 시작하여 먼 친척까지 이 세 가지 관계에 뿌리를 두고 있다. 그래서 인륜에서 부부를 더욱 중요하게 여기니, 그 관계가 끈끈하지 않을 수 없다.

—『안씨가훈』「형제」

부부는 가정의 핵심이다. 부부에게서 부자와 형제가 구성되고 나아가 인류 사회가 형성된다. 그렇기에 인륜의 핵심으로서 부부 사이의 돈독함을 강조하였다. 박인로(朴仁老, 1561년~1642년)는 「오륜가(五倫歌)」에서 이 내용을 한 편의 시조로 표현하여 "부부 있은 뒤에 부자 형제 생겼으니, 부부 곧 아니면 오륜이 있을소냐. 이중에 인민이 비롯하니 부부 크다 하리로다."라고 읊어 부부의 의의를 노래하였다. 『치가절요』 상권 「부부(夫婦)」에서 앞 대목을 인용하여 부부가 서로 공경하여야 화목한 가정을 이룬다고 하였다.

2

曹大家曰: 夫婦者, 以義爲親, 以恩爲合. 欲行楚撻, 義欲何義? 喝罵叱喧, 恩欲何恩? 恩義旣絶, 鮮不離矣.

부부란 의(義)로 맺어진 가족이자 사랑으로 결합한 사람이다. 그런 배우자에게 폭력을 쓴다면 무슨 의가 있어 의를 맺을 것이며, 욕하고 꾸짖는다면 무슨 사랑이 있어 사랑을 할 것인가? 사랑과 의가 끊어진 다음에는 헤어지지 않는 경우가 드물다.

— 조대고

부부 사이에서 아내를 존중하라고 남편에게 당부한 말이다. 조대고(曹大家)는 『한서』의 저자 반고(班固, 32년~92년)의 여동생 반소이다. 나중에 조세숙(曹世叔)의 아내가 되었다. 학식이 대단히 뛰어나 황궁에 들어가 황후와 궁궐 여인들을 가르치는 스승이 되어 조대고로 불렸다. 대고는 큰고모라는 뜻이라서 '대가'가 아니라 '대고' 또는 '태고'로 발음한다. 가(家)는 고(姑)와 같다. 1736년에 간행된 『어제여사서언해(御製女四書諺解)』에서 설명하였다. 『여계』「경순(敬順)」에도 실려 있다.

3

莊子云: 兄弟爲手足, 夫婦爲衣服. 衣服破時更得新, 手足斷時難可續.

형제는 팔다리와 같고
부부는 의복과 같다.
의복이 해지면 새것으로 갈아입을 수 있으나
팔다리가 끊어지면 다시 잇기 어렵다.
— 장자

형제는 피로 맺어진 혈연관계이고, 부부는 사랑으로 맺어진 의리의 관계이다. 의복과 같은 부부도 가깝지만, 수족과 같은 형제는 더 가까운 혈연이라는 말이다. 부부를 의복에 비유한 말은 사유가 독특하고, 연원이 깊다. 돈황변문의 하나인 「신편소아난공자(新編小兒難孔子)」는 공자가 항탁(項橐)이라는 일곱 살 천재와 문답하는 글이다. 공자가 항탁에게 부모와 형제, 부부가 지친(至親)임을 아느냐고 묻자, 항탁이 부모와 형제는 지친이나 부부는 지친이 아니라고 하며 "형제는 팔다리와 같고, 부부는 의복과 같습니다. 옷이 해져 다시 지으면 새 옷을 또 얻듯이, 아내가 죽어 다시 얻으면 친분을 또 얻습니다. 그러나 형제는 다시 바꾸기 어렵습니다.[兄弟如手足, 妻如衣服. 衣破再縫又得其新, 妻死再娶又得其親, 兄弟難以再換.]"라고 대답하였다. 『명심보감』에서는 항탁의 대답을 다듬어 잠언으로 만들었다. 현재 전하는 『장자』에는 나오지 않고 『신집』 408에 나온다. 범입본의

『치가절요』 상권 「형제」 항목에도 장자가 한 말로 인용하였다. 『삼국지연의』 15회에도 유비가 장비(張飛)와 관우(關羽)를 향해 옛사람의 말로 인용하여 의형제 사이의 의리를 강조하였고, 우리 국어사전에도 "형제위수족(兄弟爲手足)"이 단어로 올라 있을 만큼 형제와의 돈독한 관계를 표현하는 말로 쓰였다.

4

蘇東坡云: 富不親兮貧不疏, 此是人間大丈夫. 富則進兮貧則退, 此是人間眞小輩.

부유하다고 가까이하지 않고 가난하다고 멀리하지 않으니
그렇게 하는 사람은 인간 세상의 대장부이다.
부유하면 다가서고 가난하면 멀리하니
그렇게 하는 사람은 인간 세상의 진짜 소인배이다.
—소식

빈부귀천을 따지며 사람을 대하는 세상에서 그런 기준은 아랑곳하지 않고 사람을 공평하게 대한다면 인간 세상의 대장부라 할 수 있다. 소식의 말이라 했으나, 그의 문집에는 나오지 않고 『사림광기』 「결교경어」에 격언으로 실려 있다.

5

太公曰: 知恩報恩, 風光如雅. 有恩不報, 非爲人也.

은혜를 알고 은혜를 갚으면 그 태도가 고상하고
은혜를 입고도 은혜를 갚지 않으면 사람이 아니다.
―『태공가교』

『태공가교』 1단에는 "은혜를 알고 은혜를 갚으면 세련되어 선비답고 고상하다. 은혜를 입고도 은혜를 갚지 않으면 어찌 사람 꼴이라 하랴?[知恩報恩, 風流儒雅. 有恩不報, 豈成人也.]"로 나온다.

16

예절 생활

준례편 遵禮篇

일상생활에서 지켜야 할 예절의 격언을 모은 장이다. 공자와 맹자, 송대 유학자들의 어록에서 다수의 글을 뽑았다. 가정과 사회에서 남들과 어울려 생활할 때 상대가 누구냐에 따라 그에 적합한 예절이 있고, 그 예절을 지켜야 건강한 관계가 유지된다. 남을 함부로 대하거나 제멋대로 행동하여서는 안 되고 남을 존중하는 자세를 가져야 한다. 관계와 예절을 중시한 유가의 사유가 짙게 나타난다. "남이 나를 존중하기를 바란다면, 내가 남을 존중하는 자세보다 나은 게 없다."라는 16조의 말처럼 상호 존중하는 태도는 서민의 사유에 뿌리를 둔 잠언에서 잘 나타난다. 21개조가 실려 있다.

1

子曰: 居家有禮, 故長幼辨; 閨門有禮, 故三族和; 朝廷有禮, 故官爵序; 田獵有禮, 故戎事閑; 軍旅有禮, 故武功成.

가정에 예절이 있기에 어른과 젊은이가 구별되고
집안에 예절이 있기에 친족이 화목하고
조정에 예절이 있기에 관직에 질서가 있고
사냥에 예절이 있기에 군사 일에 숙련되고
군대에 예절이 있기에 무공을 이룬다.
—공자

예절은 특정한 사회에만 필요한 것이 아니라 크고 작은 사회 모두에 필요한 것이다. 예절은 사회에 질서를 부여하고 화합하게 하며, 그 목적을 이루게 한다. 『공자가어』「논례(論禮)」에 나온다.

2

晏子曰: 上無禮, 無以使下; 下無禮, 無以侍上.

윗사람이 예의가 없으면 아랫사람을 부릴 수 없고

아랫사람이 예의가 없으면 윗사람을 모실 수 없다.

— 안자

안자(晏子)는 춘추시대 제(齊)나라의 명재상 안영(晏嬰, ?~기원전 500년)으로, 자는 평중(平仲)이다. 그의 언행을 후세 사람이 기록한 『안자춘추(晏子春秋)』 등에 나오는 말이다.

3

子曰: 恭而無禮則勞, 愼而無禮則葸, 勇而無禮則亂, 直而無禮則絞.

공손하되 예의가 없으면 피곤하고
신중하되 예의가 없으면 위축되고
용맹하되 예의가 없으면 난잡하고
정직하되 예의가 없으면 각박하다.

— 공자

출전은 『논어』「태백」이다.

4

子曰: 君子有勇而無禮爲亂, 小人有勇而無禮爲盜.

군자가 용기만 있고 예의가 없으면 난을 일으키고
소인이 용기만 있고 예의가 없으면 도둑이 된다.
— 공자

『논어』「양화」에 실려 있는데, "예의가 없으면 난을 일으키고[無禮爲亂]"가 "의리가 없으면 난을 일으키고[無義爲亂]"로 되어 있다.

5

孟子曰: 君子所以異於人者, 以其存心也. 君子以仁存心, 以禮存心. 仁者愛人, 有禮者敬人. 愛人者人恒愛之, 敬人者人恒敬之.

군자가 평범한 사람과 다른 것은 본심을 보존하기 때문이다. 군자는 어진 본심을 보존하고, 예의의 본심을 보존한다. 어진 사람은 남을 사랑하고, 예의가 있는 자는 남을 존중한다. 남을 사랑하는 사람을 남도 대개 사랑하고, 남을 존중하는 자를 남도 대개 존중한다.
— 맹자

출전은 『맹자』「이루 하」이다.

6

有子曰: 禮之用, 和爲貴.

예의의 실천에는 온화함이 중요하다.

– 유약

출전은 『논어』「학이」이다.

7

言不和, 貌且恭.

말로는 다투더라도 태도는 공손해야 한다.

『서경』「홍범」의 "태도가 공손하다.[貌曰恭.]"라는 말에서 나왔다.

8

有子曰: 恭近於禮, 遠恥辱也.

공손하되 예법에 맞게 하면 부끄럽고 욕됨으로부터 멀어진다.

— 유약

출전은 『논어』 「학이」이다. 공손하면 비굴해질 수 있으나, 예법에 맞게 공손하면 비굴함과는 거리가 멀다.

9

程子曰: 無不敬.

매사에 공경하지 않음이 없다.

— 정자

『근사록』 「존양(存養)」에는 "생각에 사악함이 없고[思無邪] 매사에 공경하지 않음이 없다[毋不敬]는 두 마디를 따라서 행하면 무슨 잘못을 범하겠는가? 잘못을 범하는 것은 모두 공경하지 않고 바르지 않기 때문이다."라는 정자의 말이 있다.

10

孟子曰: 朝廷莫如爵, 鄕黨莫如齒, 輔世長民莫如德.

조정에서는 벼슬보다 나은 것이 없고

향촌에서는 나이보다 나은 것이 없으며

세상에 보탬이 되고 백성 위에 서는 데는 덕망보다 나은 것이 없다.

— 맹자

집단에 따라 중시하는 가치와 예법이 다르다. 그러나 어느 집단이든 덕망이 있으면 존중받는다. 더욱이 높은 지위에 올라 남의 존경을 받고자 한다면 덕망이 있어야 한다. 이 글은 경륜이나 능력보다 덕망을 더 중시하는 사고방식을 보여 준다. 저본에는 증자의 말로 되어 있으나, 오류이므로 수정하였다. 『맹자』「공손추 하」에 나오는 말이다.

11

孟子云: 徐行後長者爲之弟, 疾行先長者爲之不弟.

천천히 걸어서 어른 뒤를 따라가면 공손한 태도이고

빨리 걸어서 어른을 앞질러 가면 공손하지 않은 태도이다.

—『맹자』「고자 하」

12

出門如見賓, 入室如有人.

문밖을 나가서는 귀빈을 뵙듯이 조심하고

집안에 들어와서는 손님이 있듯이 삼가라.

집 안에서든 집 밖에서든, 사람이 있든 사람이 없든 변함없이 몸가짐을 반듯하게 가지고 양심에 어긋나는 일을 하지 않아야 한다. 『사림광기』「처기경어」의 격언을 인용하였는데, 글자를 조금 바꾸었다. 『논어』「안연」과 『예기』「소의(少儀)」에 나오는 구절을 합하여 만든 격언이다. "빈(賓)"이 저본과 중간본에는 "대빈(大賓)"으로 되어 있는데, 흑구본을 따라 수정하였다.

13

『少儀』曰: 執虛如執盈, 入虛如有人.

빈 그릇을 잡아도 물건이 가득한 그릇을 잡듯이 조심하고
빈 방에 들어가도 손님이 있는 곳에 들어가듯이 삼간다.

—『예기』「소의」

14

孔子於鄕黨, 恂恂如也, 似不能言者.

공자는 향촌에서는 말을 잘 못하는 사람처럼 어리숙하게 처신하였다.

출전은 『논어』「향당」이다.

15

若要人重我，無過我重人.

남이 나를 존중하기 바란다면

내가 남을 존중하는 것보다 나은 게 없다.

남에게 존중받기를 바라면 먼저 남을 존중하도록 하라. 한쪽에서만 차리는 예의나 존중은 오래갈 수 없다. 아리스토텔레스도 "친구들이 나에게 행동하기 바라는 대로 친구에게 행동해야 한다."라고 했고, 「마태복음」 7장 12절에서는 "남에게 대접받고자 하는 대로 너도 남을 대접하라."라고 훈계했다. 19세기 영국 소설가 찰스 디킨스(Charles Dickens, 1812년~1870년)는 『어려운 시절(Hard Times)』에서 마태복음의 격언을 사람 사이의 규칙을 넘은, 정치경제학의 제1원리라고 하였다. 상호 존중의 도덕률은 처지를 바꿔 생각하는 상상력에서 나온다.

16

太公曰: 客無親疏, 來者當受.

친하든 친하지 않든 찾아온 손님은 모두 받아들인다.

—『태공가교』

17

父不言子之德, 子不談父之過.

부모는 자식의 잘난 점을 말하지 않고

자식은 부모의 잘못된 점을 말하지 않는다.

고슴도치도 제 새끼 함함하다고 한다는 속담처럼 부모는 자식을 자랑하는 경향이 있는데, 자식은 나이가 들면서 부모의 허물이 눈에 들어오고 불평하기 시작한다. 부모와 자식 사이의 잘잘못을 남에게 말하면 이맛살을 찌푸리게 만든다.

18

欒共子曰: 民生於三, 事之如一. 父生之, 師教之, 君食之. 非父不生, 非食不長, 非教不知, 生之族也.

사람은 세 사람의 도움으로 살아가기 때문에 똑같이 섬겨야 한다. 아버지는 낳아 주고 스승은 가르쳐 주며 임금은 먹여 준다. 아버지가 아니면 태어나지 못하고, 임금이 먹여 주지 않으면 성장하지 못하며, 스승의 가르침이 아니면 아는 것이 없다. 그러니 세 사람은 사람이 잘 살아가도록 해 준 사람들이다.

— 난공자

아버지와 스승과 임금은 똑같다는 군사부일체(君師父一體)의 생각을 밝힌 글이다. 난공자(欒共子)는 진 애후(晉哀侯)의 대부(大夫)인 공숙성(共叔成)이다. 군주를 끝까지 배반하지 않고, 군사부일체라는 말을 남기고 싸우다가 죽었다. 『국어』「진어(晉語)」에 나온다.

19

『禮記』曰: 男女不雜坐, 不親授. 嫂叔不通問, 父子不同席.

남자와 여자는 한자리에 섞여 앉지 않고, 물건을 직접 주고받지 않는다.

형수와 시동생은 안부를 직접 묻지 않고
아버지와 아들은 자리를 나란히 하여 앉지 않는다.

—『예기』「곡례」

20

『論語』云: 祭如在, 祭神如神在.

조상에게 제사를 지낼 때는 조상이 자리에 있듯이 지내고
일반 신에게 제사를 지낼 때도 신이 자리에 있듯이 지낸다.

—『논어』「팔일」

21

子曰: 事死如事生, 事亡如事存, 孝之至也.

죽은 사람에게 살아 있는 사람 모시듯 초상을 치러 주고, 사망한 사람에게 생존한 사람을 모시듯 제사를 지내 주면 효성이 지극한 것이다.

—공자

출전은 『중용』이다.

17

신의의 준수

존신편 存信篇

인간관계에서 중요한 신의의 격언을 모은 장이다. 신의에 관한 말은 『명심보감』 여러 장에 흩어져 나온다. 군신 사이와 친구 사이에도 신의가 인간관계를 맺고 유지하는 중요한 덕목이고, 혈연으로 맺어진 부모 자식 사이와 형제 사이에도 신의가 있어야 가정의 화목을 이룰 수 있다. 신의가 있고 없음은 말에서 확인되므로, 인간관계를 지속하는 데 약속의 실천이 중요함을 강조하였다. 모두 7개조가 실려 있다.

1

子曰: 人而無信, 不知其可也. 大車無輗, 小車無軏, 其何以行之哉?

사람으로서 신의가 없으면 잘 살아갈지 모르겠다. 큰 수레에 수레채 마구리가 없고, 작은 수레에 멍에막이가 없다면, 수레가 어떻게 가겠는가?

— 공자

출전은 『논어』「위정」이다.

2

老子曰: 人之有信, 如車有輪.

사람에게 신의가 있음은 수레에 바퀴가 있는 것과 같다.

— 노자

신의가 꼭 필요한 덕성임을 말한 격언으로, 돈황변문 「공자항탁상문서(孔子項託相問書)」에 나오는 "남자에게 부인이 있음은 수레에 바퀴가 있는 것과 같다."라는 말과 발상이 비슷하다.

3

君子一言，跨馬一鞭.

군자는 말 한마디면 되고
말은 채찍 한 번이면 된다.

한마디 말로 결정하고 나면 번복하지 않는다는 뜻으로, 말에 신뢰가 있어야 한다는 취지이다. 『경덕전등록』 권6에서 남원도명(南源道明) 선사가 "빠른 말은 채찍 한 번이면 되고, 통쾌한 사람은 말 한마디면 된다.[快馬一鞭, 快人一言.]"라고 한 데서 나왔다. 뒤에는 이 격언이 널리 쓰였다. 『박통사언해』에도 옛사람의 말로 나온다. 원문의 "과(跨)"는 "쾌(快)"로 많이 쓴다.

4

一言旣出，駟馬難追.

한번 뱉은 말은 네 필 말로도 따라잡기 어렵다.

호라티우스(Horatius, 기원전 65년~기원전 8년)는 『서간시(Epistulae)』

에서 "한번 내뱉은 말은 날아가서 다시는 돌아오지 않는다."라고 했다. 한번 뱉은 말은 되돌이킬 수 없으므로 말조심해야 한다. "네 마리 말이 끄는 수레도 혀보다 빠르지는 않다."라는 『논어』「안연」의 "사불급설(駟不及舌)"에서 나온 말로, 나중에는 속담으로 널리 쓰였다.

5

子路無宿諾.

자로는 해 주마고 허락한 약속을 묵혀 둔 법이 없었다.

자로는 공자의 제자로 성격이 거칠고 용맹하였고, 의지가 강하고 정직하였다. 또한 남과 약속한 일은 뒤로 미루지 않고 바로 실천하였다. 『논어』「안연」에 나오는 글이다.

6

司馬溫公曰: 誠之道固難入, 然當自不妄語始.

성실함의 길로 들어가기가 정말 어렵다. 다만 말을 함부로 하지 않는 일부터 시작하면 된다.

—사마광

출전은 『송명신언행록』 권12이다.

7

『益智書』云: 君臣不信國不安, 父子不信家不睦. 兄弟不信情不親, 朋友不信交易失.

군신 사이에 신뢰가 없으면 나라가 불안하고
부자 사이에 신뢰가 없으면 집안이 화목하지 않고
형제 사이에 신뢰가 없으면 정이 깊지 않고
친구 사이에 신뢰가 없으면 우정이 쉽게 끊어진다.

—『익지서』

본래 당나라 무측천(武則天)이 지은 『신궤(臣軌)』「성신(誠信)」에 나오는 말이다.

18

말의 품격

언어편 言語篇

말을 신중하고 품격 있게 하라고 당부한 격언을 모은 장이다. 말을 잘못하면 재앙을 일으키기도 하고, 남의 심장에 비수처럼 꽂혀 관계를 파탄 내기도 한다. 그래서 화려한 언변보다 과묵한 침묵이 더 낫다고 여긴다. 반면에 좋은 말은 남의 기분을 돋우거나 큰 도움을 주기도 하고, 나라를 흥성하게도 한다. 말이 지닌 힘과 해독을 두루 논한 여러 잠언은 시대를 넘어 현대에도 보편적 가치를 지닌다. 모두 25개조가 실려 있다.

1

子曰: 中人以上, 可以語上也; 中人以下, 不可以語上也.

중간 이상 사람에게는 수준 높은 주제를 말할 수 있으나
중간 이하 사람에게는 수준 높은 주제를 말할 수 없다.
—공자

출전은 『논어』 「옹야」이다.

2

子曰: 可與言而不與之言, 失人; 不可與言而與之言, 失言. 知者不失人, 亦不失言.

대화할 만한 사람과 대화를 주고받지 않으면 좋은 사람을 놓치고
대화해서는 안 될 사람과 대화를 주고받으면 말을 허비한다.
지혜로운 자는 좋은 사람도 놓치지 않고 말도 허비하지 않는다.
—공자

출전은 『논어』 「위령공」이다.

3

『士相見禮』曰: 與君言, 言使臣; 與大夫言, 言事君; 與老者言, 言使弟子; 與幼者言, 言孝弟于父母; 與衆言, 言忠信慈祥; 與居官者言, 言忠信.

군주와 대화할 때는 신하를 부리는 주제를 말하고, 사대부와 대화할 때는 군주를 섬기는 주제를 말하며, 노인과 대화할 때는 젊은이를 부리는 주제를 말하고, 어린 사람과 대화할 때는 부모에게 효도하는 주제를 말하며, 여러 부류의 사람과 대화할 때는 성실함과 신의와 자애로움과 상서로움의 주제를 말하고, 관료와 대화할 때는 충성과 신의를 주제로 말한다.

—『의례(儀禮)』「사상견례(士相見禮)」

4

子曰: 夫人不言, 言必有中.

어떤 사람은 말을 잘 하지 않는데, 말을 하기만 하면 반드시 정곡을 찌른다.

—공자

출전은 『논어』「선진(先進)」이다.

5

劉會曰: 言不中理, 不如不言.

말이 이치에 맞지 않으면 차라리 말하지 않는 게 낫다.

— 유회

이치에 맞지 않는 말은 사람의 품격을 떨어뜨리고 신뢰를 해친다. 마치 병에 맞지 않은 약을 먹으면 몸이 낫기는커녕 부작용을 일으키듯이, 자신에게 이롭기는커녕 큰 손해를 끼친다. 이 격언은 본디 『진언요결』 권1에 "약이 병에 맞지 않으면 먹지 않는 게 낫고, 말이 이치에 맞지 않으면 차라리 말하지 않는 게 낫다. 약이 병에 맞지 않으면 도리어 목숨을 해치고, 말이 이치에 맞지 않으면 도리어 자신을 해친다.[藥不當病, 不及不服; 言不中理, 不及不言. 藥不當病, 反傷其命; 言不中理, 反害其身.]"로 나오는 글을 핵심만 추려서 채록하였다. 『문사교림』 206에서는 조평(趙平)의 말로 인용하였고, 『신집』 287과 288에서는 『진언요결』에서 인용하였다. 『명심보감』에서 유회의 말로 인용한 것은 오류이다.

6

一言不中，千語無用.

한마디 말이 이치에 맞지 않으면
천 마디 말을 한들 아무 쓸모 없다.

사실에 맞는 말과 이치에 들어맞는 말, 남들이 듣고자 하는 말이어야 말의 값어치가 있고, 신뢰를 얻는다. 그렇지 않으면 백 마디, 천 마디 구구절절 늘어놓아도 쓸모가 없다.

7

『景行錄』云: 稠人廣坐，一言之失，顏色之差，便有悔吝.

사람이 빽빽하게 모인 넓은 자리에서 한마디 말실수를 하고 나면, 얼굴이 화끈거리면서 바로 후회가 밀려든다.

—『경행록』

8

子曰: 小辨害義, 小言破道.

자잘하게 따지는 것은 대의를 해치고

사소한 일을 말하는 것은 대도를 망친다.

— 공자

출전은 『공자가어』「호생(好生)」이다.

9

君平曰: 口舌者, 禍患之門, 滅身之斧也.

입과 혀는 환난을 일으키는 문이자 신세를 망치는 도끼이다.

— 엄군평

엄군평(嚴君平)의 「좌우명(座右銘)」에서 인용한 격언이다. 말은 때때로 치명적인 결과를 가져온다. 어찌 보면 작은 입은 환난이 들어오는 문처럼 보이고, 혀는 한 인간을 베어 버리는 도끼처럼 생겼다. 엄군평은 "말이 잘못 나가면 환난을 불러들이고, 말을 실수하면 몸을 망친다.[出失則患入, 言失則亡身.]"라고도 하였다. 그러니 말하기 전에는 깊이 생각하고, 말하고 나서는 잘못하지 않았는지 돌이켜 보아야 한다. 엄군평은 전한 때 촉군(蜀郡) 성도(成都) 사람으로, 시장에서 점을 치며 생활한 도사였다. 『신집』 160에 나온다.

10

四皓謂子房曰: 向獸彈琴, 徒盡其音聲也哉! 以言傷人, 痛如刀戟.

상산사호가 장량에게 말하였다. "짐승에게 거문고 연주를 들려주는 것은 음악만 낭비할 뿐이다. 말로 사람을 해치면 칼이나 창에 찔린 듯 아프다."

상산사호(商山四皓)는 진나라 말에 세상을 피하여 상산에 숨어 살던 네 명의 노인으로, 그 사연이 『한서』 「장량전(張良傳)」에 나온다. 장량은 한 고조(漢高祖, 재위 기원전 202년~기원전 195년)를 도와 한나라를 세운 공신이다. 한 고조가 태자를 폐위하려고 하자, 여후(呂后)가 장량의 계략에 따라 상산사호를 맞이하여 태자를 보필하도록 하여 폐위를 모면하였다. 출전은 알 수 없다.

11

『荀子』云: 與人善言, 暖如布帛; 傷人之言, 深於矛戟.

남에게 건네는 좋은 말은 비단옷보다 따뜻하고
남에게 던지는 나쁜 말은 창칼보다 상처가 더 깊다.

—『순자』「영욕」

12

『離騷經』云: 甜言如蜜, 苦語如刀. 人不以多言爲益, 犬不以善吠爲良.

달콤한 말은 꿀처럼 달고
쓴소리는 비수처럼 아프다.
사람은 말이 많다고 유익한 것이 아니고
개는 잘 짖는다고 우수한 것이 아니다.

—『이소경』

잘 짖는 개를 좋은 개라고 할 수 없듯이, 말 많은 사람이 좋은 사람인 것은 아니다. 『문사교림』 201과 『신집』 282에서 인용한 격언으로, 굴원의 『이소경』에는 나오지 않는다. 우리 속담에도 "단 말은 꿀과 같이 달고, 나쁜 말은 칼로 찌르듯이 아프다."라고 했다.

13

刀瘡易可，惡語難消.

칼에 베인 상처는 쉽게 나아도
악담의 상처는 아물기 어렵다.

세 치 혀가 사람을 잡는다. 몸에 난 상처보다 마음에 난 상처가 아물기 더 어렵다. 악담은 듣는 이의 마음에 깊은 상처를 남긴다. 당시의 속담으로, 원나라 학자 오량이 편찬한 『인경』에 초연거사(超然居士, ?~1158년)가 한 말로 소개하였다.

14

利人之言，暖如綿絲；傷人之語，利如荊棘. 一言半句，重直千金；一語傷人，痛如刀割.

남을 이롭게 하는 말은 솜처럼 따뜻하나
남을 해치는 말은 가시처럼 날카롭다.

한마디 반 구절이 천금만큼 무겁기도 하지만
사람을 해치는 한마디 말은 칼로 벤 듯 아프다.

아랍 속담에 "말로 난 상처는 칼로 난 상처보다 위험하다."라고 하였고, 베트남 속담에 "검은 양날을 갖고 있으나, 혀는 백 개의 날을 갖고 있다."라고 하였다. 그처럼 말은 때때로 날카로운 비수가 되어 큰 상처를 남긴다. 『신집』 250에 나온다.

15

口是傷人斧, 言是割舌刀. 閉口深藏舌, 安身處處牢.

입은 사람을 해치는 도끼이고
말은 혀를 베어 내는 칼이다.
입을 다물어 혀를 깊이 숨겨 두면
어디서나 안전하게 몸을 지켜 준다.

오대 때의 정치가 풍도가 지은 「혀」라는 시이다. 풍도는 처세를 잘하여 열 명의 군주를 섬기며 20여 년 동안 재상 자리를 지켰다. 처세의 달인으로서 말의 위험함과 침묵의 효과를 잘 표현하였다. 『사문유취』 후집 권19에 실려 널리 알려졌는데, 연산군은 말을 삼가라는 신언패(愼言牌)에 이 시를 써서 환관에게 차게 하였다.

朔州十一日傳曰其流于慶源○下義禁府所啓別監金伊推案曰罪
不可不懲其令決杖一百定屬○命以口是禍之門舌是斬身刀閉口
深藏舌安身處處牢四句刻於木牌令宦官皆佩之○以成世明爲刑
曹參判張順孫兼世子左副賓客洪自阿司憲府大司憲兼世子右副
賓客安潤德京畿觀察使崔漢司諫院大司諫黃誠昌執義李忠傑司
諫慶世昌柳希渚掌令金世弼金崇祖持平申奉盧正言○乙亥下御
書曰近日欲視事而非徒苦於痒證大便滑數方飮治藥故未御耳○
下御書曰前後臺諫不論世佐者無隱書啓隱之則當罰之仍傳曰弘
文館本非論人物之地也然時或論駁人物曰侍從經幄不敢嘿嘿云而
無一人論世佐者其時弘文館員並逮書啓○傳曰洪湜本不能教子
故既蒙其罪不許陞敍而今爲大護軍甚不可其卽改正且鞫兵曹官
吏承政院製傳旨以啓傳曰誤製矣嘗教雖諸將之職勿擬而兵曹
不顧承傳之意挾私擬望其並錄此意○傳曰世佐貴達罪犯不敬皆
不返王都者也其在途必稱病稽留且沿路守令察訪等亦必輸款慰
送其下諭勿令如是○大司憲洪自阿大司諫崔漢掌令慶世昌正言
申奉盧啓李世佐曾犯重罪只流穩城此用輕典也然已往之事臣等

『조선왕조실록』의 『연산군일기』 연산군 10년(1504) 3월 13일 자 기사. 왕명으로 나무패에 풍도의 시를 새겨서 내시들이 모두 차게 하였다. 다음 해인 연산군 11년 1월 29일에는 조정 관리들도 같은 패를 차게 하였다.

16

子貢曰: 一言以爲智, 一言以爲不智, 言不可不愼也.

한마디 말로 지혜롭다고 하고
한마디 말로 지혜롭지 못하다고 하니
말은 신중하게 하지 않을 수 없다.

—자공

출전은 『논어』「자장」이다.

17

『論語』云: 一言可以興邦, 一言可以喪邦.

한마디 말로 나라를 일으킬 수도 있고
한마디 말로 나라를 잃을 수도 있다.

—『논어』「자로」

18

『藏經』云: 人於倉卒顚沛之際, 善用一言, 上資祖考, 下蔭兒孫.

갑자기 위급한 상황에 맞닥뜨린 사람에게 말 한마디 잘하여 도움을 주면, 위로는 조상의 품계를 올리고 아래로는 자손에게 음직(蔭職)을 주게도 한다.

—『장경』

위급한 사람에게는 말 한마디도 큰 도움을 줄 수 있다. 그 보답으로 큰 벼슬을 받아 조상에게 영광을 안기고 자손까지 벼슬을 받게 하기도 한다. 『장경(藏經)』은 어떤 책인지 알 수 없으나, 『태상감응편』의 주석에 나오므로 도교 계통의 저술로 보인다. 어제본에서는 도경(道經)을 출전으로 밝혔고, 원문 "일언(一言)" 뒤에 "해구자(解救者)"가 첨가되어 있어 "말 한마디 잘하여 위급한 상황을 풀도록 구원하는 도움을 주면"으로 번역된다.

19

逢人且說三分話, 未可全抛一片心. 不怕虎生三箇口, 只恐人情兩樣心.

사람을 만나서는 열에 셋 정도만 말하고
속마음을 모조리 털어놓지는 말아라.
호랑이 새끼 세 마리는 겁나지 않아도
두 가지 마음 품은 인정은 두렵기만 하다.

남에게 속마음을 다 드러내지 말라는 말이다. 중요한 사실을 흐리게 말하거나 넌지시 돌려 말하여 명확하게 생각을 밝히지 않는다. 뒤통수 맞지 않으려면 속마음을 함부로 털어놓지 말라는 경계인데, 중국인의 사고방식을 잘 표현한다. 앞의 두 구절은 『속전등록』에 나오는 속담이다. 다만 이런 태도에는 비판이 따랐다. 주자는 『주자어류』 권21에서 당시의 속담으로 소개하고 진정성이 없는 마음 씀씀이라고 비판하였다. 3구는 "호랑이가 새끼 세 마리를 낳으면 그 중에는 반드시 센 범이 들어 있다.[虎生三子, 必有一彪.]"라는 속담에서 나온 표현으로, 무서운 존재를 뜻한다.

20

子曰: 巧言令色, 鮮矣仁.

말을 교묘하게 하고 얼굴빛을 곱게 꾸미는 사람 가운데 어진 사람이 드물다.

—공자

출전은 『논어』「학이」이다.

21

酒逢知己千鍾少, 話不投機一句多.

나를 알아주는 사람을 만나면 술 천 잔도 적으나
뜻에 맞지 않는 사람과는 말 한마디도 많다.

마음이 통하고 나를 인정해 주는 사람과는 천 잔을 마셔도 술이 부족하고, 뜻이 맞지 않는 사람과는 말 한마디도 시간이 아깝다. 뜻이 맞아야 술을 마셔도, 말을 나눠도 즐겁다. 원나라 때 널리 유행한 속담으로, 양섬(楊暹)의 희곡 『서유기(西遊記)』 등에 나온다.

22

能言能語, 解人胸寬腹大.

말을 잘하고 대화를 잘하면 사람의 가슴을 트이게 하고 배포를 크게 한다.

둔황에서 출토된 문서에는 "말을 잘하고 대화를 잘하면 남의 혁대 고리를 풀게 하고, 말을 잘못하고 대화를 잘못하면 그저 우환과 해를 일으킨다.[能言能語, 解人鉤帶; 不解言不解語, 坐生患害.]"라는 글이 있는데, 이 구절과 관련이 있다.

23

荀子云: 贈人以言, 重如金石珠玉; 勸人以言, 美如詩賦文章; 聽人以言, 樂於鐘鼓琴瑟.

남에게 건넨 좋은 말은 황금이나 주옥보다 더 귀하고
남에게 권한 좋은 말은 멋진 시문보다 더 아름답고
남에게 들려준 좋은 말은 종과 북, 거문고와 비파의 음악보다 즐겁다.

—『순자』「비상(非相)」

24

子曰: 惡人難與言, 遜避以自勉.

나쁜 사람과는 더불어 대화하기 어렵다. 몸을 낮춰 피하고 혼자서 노력하라.

—공자

출전은 『문사교림』이다.

25

子曰: 道聽而塗說, 德之棄也.

길에서 듣고 길에서 떠들 뿐 제 것으로 삼지 않는다면 덕을 포기하는 것이다.

—공자

출전은 『논어』「양화」이다.

19

친구 사귐

교우편 交友篇

친구와 사귀는 주제의 격언을 모은 장이다. 좋은 사람과는 친구로 사귀고 나쁜 사람과는 친구로 사귀지 말라는 충고를 담고 있다. 사람은 많아도 마음을 터놓고 지낼 만한 친구는 많지 않은, 사람의 진심을 파악하기 어렵고 친구를 잘 사귀기 어려운 인정세태를 표현하였다. 생생한 체험에서 건져 올려 오랜 세대에 걸쳐 구전된 격언에는 음미할 만한 좋은 내용이 많다. 모두 24개조가 실려 있다.

I

子曰: 與善人居, 如入芝蘭之室, 久而不聞其香, 即與之化矣. 與不善人居, 如入鮑魚之肆, 久而不聞其臭, 亦與之化矣. 丹之所藏者赤, 漆之所藏者黑. 是以君子必愼其所與處者焉.

선량한 사람과 함께 지내는 것은 지초와 난초가 있는 방 안에 들어간 것과 같아서 오래 지나면 향기를 맡지 못하니, 그 향기에 젖었기 때문이다. 선량하지 못한 사람과 함께 지내면 절인 생선 가게에 들어간 것과 같아서 오래 지나면 악취를 맡지 못하니, 그 악취에 젖었기 때문이다. 붉은 단사(丹砂)를 갈무리한 곳은 붉어지고, 검은 옻을 갈무리한 곳은 검어진다. 그렇기에 군자는 어울려 지낼 사람을 신중히 가려야 한다.

— 공자

『공자가어』「육본」에 나오는 격언이다. 선량한 사람은 가까이하고 나쁜 사람은 멀리하여야 한다. 어울리는 사람에게 큰 영향을 받기 때문이다. 선량한 사람과 어울리면 그 향기에 젖어 자기도 선량해지고, 나쁜 사람과 어울리면 그 악취에 젖어 자기도 나빠진다. 『치가절요』 상권 「처린(處隣)」에서 이웃을 잘 선택하여 살 것을 권유하는 금언으로 인용하였다.

2

子曰: 與好人交者, 如蘭蕙之香, 一家種之, 兩家皆香. 與惡人交者, 如抱子上牆, 一人失腳, 兩人遭殃.

좋은 사람과 사귀면 지초와 난초가 풍기는 향기와 같아서 한 집에 심어도 두 집 모두 향기가 퍼진다. 나쁜 사람과 사귀면 아이를 안고 담장 위에 올라간 것과 같아서 한 사람이 발을 헛디디면 두 사람이 재앙을 만난다.

—공자

『치가절요』 상권 「택교(擇交)」에서 좋은 사람을 골라서 사귀기를 권유하는 금언으로 인용하였다.

3

『家語』云: 與好人同行, 如霧露中行, 雖不濕衣, 時時有潤. 與無識人同行, 如廁中坐, 雖不惡衣, 時時聞臭. 與惡人同行, 如刀劍中, 雖不傷人, 時時驚恐.

좋은 사람과 함께 가면 안개 속을 가는 것과 같아서 옷은 젖지 않아도 때때로 그 물기에 젖는다. 식견이 없는 사람과 함께 가면 측간에 앉은 것과 같아서 옷은 더러워지지 않아도 때때로 그 악취를 맡는다. 나쁜 사람과 함께 가면 칼과 검의 숲을 지나는 것과 같아서 사람을 다치게 하지는 않아도 때때로 깜짝 놀라고 두렵다.

—『가어』

동행하는 사람이 누구냐에 따라 내가 받는 영향이 크게 다르다. 좋은 사람과 가면 안개 속을 걷듯이 그의 물기에 젖고, 식견이 없는 사람과 가면 측간의 악취 냄새를 맡아야 하며, 나쁜 사람과 가면 공포에 떨어야 한다. 인생길에 동행할 사람을 잘 골라야 하는 이유이다. 첫 문장은 대혜종고(大慧宗杲, 1089년~1163년) 스님의 「강급사에 답하다[答江給事]」 등 선승의 글에 자주 나온다.

4

太公曰: 近朱者赤, 近墨者黑. 近賢者明, 近才者智. 近癡者愚, 近良者德. 近智者賢, 近愚者暗. 近佞者諂, 近偷者賊.

붉은색을 가까이한 사람은 붉어지고

검은색을 가까이한 사람은 검어진다.

현명한 자를 가까이한 사람은 명석해지고

재주있는 자를 가까이한 사람은 지혜로워진다.

어리석은 자를 가까이한 사람은 어리석어지고

선량한 자를 가까이한 사람은 후덕해진다.
지혜로운 자를 가까이한 사람은 현명해지고
우매한 자를 가까이한 사람은 어두워진다.
아침꾼을 가까이한 사람은 아첨을 잘하고
도둑을 가까이한 사람은 도적질한다.

—『태공가교』

가까이한 사람을 닮아 가게 되어 있으니 사람을 가려서 가까이 하여야 한다. 『태공가교』 13단과 21단의 기사를 조합하여 만든 잠언이다. 진(晉)나라 부현(傅玄, 217년~278년)의 『태자소부잠(太子少傅箴)』(『태평어람』 권244에 인용되었다.)에도 "붉은색을 가까이한 사람은 붉어지고, 검은색을 가까이한 사람은 검어진다.[近朱者赤, 近墨者黑.]"라고 하였다.

5

橫渠先生曰: 今之朋友, 擇其善柔以相與, 拍肩執袂以爲氣合. 一言不合, 怒氣相加. 朋友之際, 欲其相下不倦. 故於朋友之間, 主其敬者, 日相親與, 得效最速.

오늘날 친구들은 비위를 잘 맞추는 자를 택하여 가깝게 지내고, 어깨를 치고 소매를 맞잡으면서 의기가 투합한다고 생각한다. 그러다가 한마디 말에 수틀리면 상대에게 분노를 터뜨린다. 친구를 사귀려면 서로 자신을 낮추며 싫증 내지 않아야 한다. 그래서 친구 사이에는 존중하는 태도로 날마다 친하게 어울려야 사귀는 효과를 빠르게 얻는다.

— 장횡거

『소학』「가언」에 나오는 말로, 친구와 사귀는 태도를 말하였다. 상대를 존중하고 자신을 낮추는 것이 바람직하다고 하였다. 장횡거(張橫渠)는 북송의 유학자 장재(張載, 1020년~1077년)로, 횡거는 그의 호이다. 유가와 도가의 사상을 통합하고 우주를 일원론으로 해석하여 정자와 주자의 성리학에 영향을 끼쳤다. 원문의 "주기경(主其敬)"이 저본에는 "지어경(至於敬)"으로 되어 있으나, 『소학』「가언」을 따라 바로잡았다.

6

子曰: 晏平仲善與人交, 久而敬之.

안평중은 사람들과 좋은 친구로 잘 지냈는데, 오래되어도 친구를 존중하였다.

— 공자

안평중은 곧 안영으로, 40여 년 동안 제나라의 재상을 지냈다. 안평중이 사람들과 좋은 친구 관계를 유지한 방법은 오래된 사이라도 존중한 데 있었다. 『논어』 「공야장」에 나오는 격언이다.

7

嵇康曰: 兇險之人, 敬而遠之; 賢德之人, 親而近之. 彼以惡來, 我以善應; 彼以曲來, 我以直應, 豈有怨之哉?

흉악하고 음험한 사람은 두려워하며 멀리하고
현명하고 후덕한 사람은 친근하게 가까이한다.
남이 나쁘게 대하면 나는 좋게 대응하고
남이 그르게 대하면 나는 바르게 대응하니 어떻게 나를 원망하랴?

— 혜강

선악과 곡직(曲直)에 따라 사람을 대하는 법이 다르다. 악인과는 멀어지고 선인과는 가까워지는 법을 안내하였다. 혜강(嵇康, 224년~262년)은 위진(魏晉) 때의 문인이자 음악가이다. 죽림칠현(竹林七賢)의 한 사람으로 거문고를 잘 연주하였다. 『문사교림』에 나오는 글이다. 1장 29조의 평설을 참고하라.

8

孟子曰: 自暴者, 不可與有言; 自棄者, 不可與有爲也.

자기를 해치는 자와는 함께 도를 말할 수 없고
자기를 버리는 자와는 함께 도를 행할 수 없다.

—『맹자』「이루 상」

9

太公曰: 女無明鏡, 不知面上精麤; 士無良友, 不知行步虧踰.

여자에게 밝은 거울이 없으면 얼굴이 고운지 거친지 알지 못하고
남자에게 좋은 친구가 없으면 행실이 좋은지 나쁜지 알지 못한다.

—『태공가교』

10

孟子曰: 責善, 朋友之道也.

선을 행하도록 권하는 게 친구의 도리이다.

— **맹자**

"맹자"가 저본에는 "공자"로 되어 있으나, 『맹자』「이루 하」에 맹자가 한 말로 나오므로 수정하였다.

11

結朋須勝己, 似我不如無.

친구를 사귀려면 나보다 나아야 한다.

나와 비슷하다면 없는 것만 못하다.

원나라 때의 속담으로, 『사림광기』「결교경어」와 공제의 『지정직기』에 나온다. 공제는 이 속담이 모든 면에서 나보다 나은 사람과 사귀라는 말이 아니라고 하면서, 좋은 점은 배우고 나쁜 점은 반성하라는 취지라고 하였다.

12

相識滿天下, 知心能幾人?

알고 지내는 사람이 천하에 가득하지만
내 마음 알아줄 사람은 몇이나 있을까?

사람은 많아도 아는 사람은 많지 않고, 아는 사람은 많아도 마음을 터놓고 대화하는 친구는 많지 않다. 주위를 둘러봐도 내 마음을 알아주고 나를 응원해 줄 진정한 친구가 없다. 당나라 이래 속담으로 『종경록(宗鏡錄)』 등 선어록집과 희곡에서 즐겨 썼다.

13

種樹莫種垂楊枝, 結交莫結輕薄兒.

나무를 심더라도 수양버들은 심지 말고
친구를 사귀어도 경박한 사람은 사귀지 말라.

사람이 경박해 바람에 휘청거리는 버드나무 같다면 그런 사람과는 친구가 되지 말라. 원나라 시인 대표원(戴表元, 1244년~1310년)이 지은 「어제의 노래[昨日行]」의 첫 구절이다. 『원시선(元詩選)』에 실린 이 시의 뒷부분은 "버들가지가 불어 대는 가을바람 견디지 못하듯, 경박한 친구는 쉽게 사귀고 쉽게 헤어지네. 그대는 보지 못했는가? 어제 온 편지에서 그리움을 말하더니, 오늘 만나서는 알아보지도 못하는 것을. 그래도 버드나무는 오래도록 버티나니, 봄바람 불 때마다 머리 돌려 바라보네.[楊枝不耐秋風吹, 薄交易結還易離. 君不見昨日書來兩相憶, 今日相逢不相識. 不如楊柳猶可久, 一度春風一回首.]"이다.

14

古人結交惟結心, 今人結交惟結意.

옛날 사람은 친구를 사귀되 오직 마음을 합했고
지금 사람은 친구를 사귀되 오직 비위만 맞춘다.

"비위[意]"가 흑구본과 중간본에는 "얼굴[面]"로 되어 있다.

15

宋弘曰: 糟糠之妻不下堂, 貧賤之交不可忘.

쌀겨를 함께 먹으며 고생한 아내를 내쳐서는 안 되고

빈천할 때 사귄 친구를 잊어서는 안 된다.

—송홍

송홍(宋弘)은 후한 광무제 때의 인물로, 대사공(大司空)을 지냈다. 광무제는 과부가 된 누이 호양공주(湖陽公主)를 위해 송홍을 그 배필로 삼고자 하였다. 송홍이 알현하자 광무제는 속담을 인용하여 "귀해지면 친구를 바꾸고, 부유해지면 아내를 바꾼다고 하니 그게 인정이 아닐까?"라며 의중을 떠보았다. 송홍은 "빈천할 때 사귄 친구를 잊어서는 안 되고, 쌀겨를 함께 먹으며 고생한 아내를 내쳐서는 안 된다."라고 대답하였다. 광무제는 휘장 뒤에서 지켜보던 공주를 돌아보고 "계획이 어긋났다."라고 말했다. 『후한서』「송홍전」에 나온다.

16

施恩於未遇之先，結交於貧寒之際.

잘 지내기 전에 베푼 은혜가 참된 은혜이고
빈천할 때 사귄 친구가 진짜 친구다.

17

人情常似初相識，到老終無怨恨心.

처음 만난 때의 인정을 항상 유지한다면
늙을 때까지 원한 품을 일은 결코 없다.

18

酒食弟兄千箇有，急難之朋一箇無.

술 마시고 밥 먹을 때는 형제가 천 명이더니

위급하고 어려울 때는 친구 한 명 없더라.

술 사 주고 밥 사 줄 때에는 호형호제하는 친구가 천 명이나 있었으나, 막상 위급하고 어려운 처지에 맞닥뜨리니 친구 한 명 나타나지 않는다. 고대 로마의 시인 호라티우스는 『송시(Carmina)』에서 "술독이 바닥나면 친구들도 뿔뿔이 흩어진다."라고 하였다.

19

不結子花休要種, 無義之朋不可交.

열매를 맺지 않는 꽃은 심지 말고
의리가 없는 친구는 사귀지 말라.

모란이나 국화는 아름답기는 하나 열매가 없고, 연꽃이나 매화는 아름답기도 하고 열매를 맺기도 한다. 겉모습만 아름다운 꽃이 아니라 실속까지 있다. 꽃을 심어도 열매를 맺는 꽃을 심듯이, 친구를 사귀어도 의로운 친구를 사귀어야 한다.

20

君子之交淡如水，小人之交甘若醴.

군자의 사귐은 맹물처럼 담박하고
소인의 사귐은 단술처럼 달콤하다.

『장자』「산목(山木)」에 나오는 말로, 『예기』「표기(表記)」 등에도 비슷한 말이 있다. 그 책에서는 군자는 담박한 사귐이라서 사이가 더 친밀하고, 소인은 달콤한 사귐이라서 나중에는 관계가 끊어진다고 덧붙여 설명하였다. 담박하여 이성적이고 차분한 친구보다는, 달콤하여 감정적이고 흥이 있는 친구가 더 재미있어 가깝게 지낸다. 다만 간이고 쓸개고 다 빼 줄 만큼 가까워지다가도 빨리 식어 버리기 쉽다.

21

人用財交，金用火試.

사람은 재물을 거래해 보면 알 수 있고
쇠붙이는 불로 달궈 보면 알 수 있다.

22

水持杖探知深淺，人與財交便見心.

물은 막대기로 더듬어 보면 그 깊이를 알 수 있고
사람은 재물을 거래해 보면 그 마음을 볼 수 있다.

23

仁義莫交財，交財仁義絶.

어질고 의로운 사람하고는 재물을 거래하지 말라.
재물을 거래하면 어질고 의로운 관계가 끊어진다.

24

路遙知馬力，日久見人心.

길이 멀어야 말[馬]의 힘을 알고

세월이 오래되어야 사람의 마음이 보인다.

말의 힘이 좋은지는 먼 길을 달려 봐야 알 수 있듯이, 사람의 속마음이 어떤지는 오랜 세월 겪어 봐야 알 수 있다. 짧은 시간 잠깐 겪은 것만으로 사람의 속내와 됨됨이를 속단해서는 안 된다. 아리스토텔레스는 『윤리학』에서 "많은 소금을 같이 먹은 뒤에야 비로소 친구임을 알게 된다."라고 하였다. 소금 한 가마니를 나눠 먹을 만큼 많은 시간을 함께 보내지 않으면 서로를 제대로 알기 어렵기 때문이다. 『고존숙어록』 권40과 『사림광기』 「결교경어」 등에 실려 있는 속담인데, "세월[日]"이 "일[事]"로 된 경우가 있다.

20

부인의 행실

부행편 婦行篇

가정과 사회에서 여성이 맡은 일과 여성의 생활 규범을 제시한 장이다. 『소학』과 『열녀전』 등 전통적이고 모범적인 여성 윤리를 설명한 책에서 격언을 뽑았다. 봉건적 여성관에 따라 여성의 처신을 제시한 부분은 남존여비의 낡은 관념이 짙게 드리워서 현대의 윤리와는 잘 맞지 않는다. 다만 『태공가교』에서 인용한 4조와 5조, 6조는 가정 안에서 여성의 큰 역할과 영향력을 제시하여 조금 다른 시각이 보인다. 모두 8개조가 실려 있다.

I

子曰: 婦人, 伏於人也. 是故無專制之義, 有三從之道. 在家從父, 適人從夫, 夫死從子, 無所敢自遂也. 敎令不出閨門, 事在饋食之間而已矣. 是故女及日乎閨門之內, 不百里而奔喪. 事無專爲, 行無獨成. 參知而後動, 可驗而後言. 晝不遊庭, 夜行以火, 所以正婦德也.

부인은 남의 말을 따르는 사람이다. 따라서 일을 독단하여 처리하지 않고 세 사람을 따르는 도리를 지킨다. 친정에서는 아버지를 따르고, 시집가서는 남편을 따르며, 남편이 죽으면 아들을 따라서 자기 주장을 펴지 않는다. 규방 밖의 일을 지시하지 않고, 음식을 마련하는 등의 일만을 한다. 따라서 여자는 규방 안에서 하루 내내 지내고, 백 리를 벗어나 초상집에 가지 않는다. 독단하여 일을 처리하지 않고, 혼자서 행동하지 않는다. 참작하여 알아본 뒤에 행동하고, 분명히 확인한 뒤에 말한다. 낮에는 정원에 나다니지 않고 밤에는 횃불을 밝히고 다닌다. 이렇게 하는 것이 부인의 올바른 품행이다.

—공자

출전은 『소학』「명륜」이다.

2

『益智書』云: 女有四德之譽. 一曰婦德, 二曰婦容, 三曰婦言, 四曰婦工也. 婦德者, 不必才明絶異; 婦容者, 不必顔色美麗; 婦言者, 不必辨口利詞; 婦工者, 不必技巧過人也. 其婦德者, 淸貞廉節, 守分整齊, 行止有恥, 動靜有法, 此爲婦德也. 婦言者, 擇辭而說, 不談非語, 時然後言, 人不厭其言, 此爲婦言也. 婦容者, 洗浣塵垢, 衣服鮮潔, 沐浴及時, 一身無穢, 此爲婦容也. 婦工者, 專勤紡織, 勿好暈酒, 供其甘旨, 以奉賓客, 此爲婦工也. 此四德者, 是婦人之大德也. 爲之甚易, 務在於正. 依此而行, 是爲婦節也.

여자에게는 칭송할 만한 네 가지 행실이 있다. 첫 번째는 부인의 덕성이요, 두 번째는 부인의 용모요, 세 번째는 부인의 말투요, 네 번째는 부인의 솜씨이다. 부인의 덕성은 재주와 슬기가 대단히 뛰어날 것까지는 없고, 부인의 용모는 얼굴이 아름답고 고울 것까지는 없고, 부인의 말은 입담이 좋고 재치 있을 것까지는 없고, 부인의 솜씨는 손재주가 남보다 뛰어날 것까지는 없다. 부인의 덕성은 맑고 곧고 검소하고 절개가 있어 분수를 지키고 몸가짐이 똑발라야 하며, 처신에 부끄러워하는 티가 나야 하고, 움직임에 법도가 있어야 하니, 이것을 부인의 덕성이라 한다. 부인의 말투는 가려서 말하고 그릇된 말을 하지 않아야 하며, 때에 맞게 말하여 남들이 그 말을 싫어하지 않아야 하니, 이것을 부인의 말투라 한다. 부인의 용모는 먼지와 더러운 때를 깨끗이 빨아 옷차림을 깔끔하게 해야 하고, 목욕을 때때로 하여 몸에 더러움이 없어야 하니, 이것을 부인의 용모라 한다. 부인의 솜씨는 오로지 길쌈을 부지런히 하고 취하게 하는 술을 좋아하지 않아야 하며, 맛있는 음식을 갖추어 손님을 받들어야 하니, 이것을 부인의 솜씨라 한다. 이 네 가지 행실은 부인이 갖추어야 할 큰 덕성이다. 행하기가 대단히 쉬우나, 올바르게 실천하기에 힘써야 한다. 이렇게 한다면 그것이 부인의 올바른 예법이다.

—『익지서』

반소는 후한 때의 뛰어난 여성 학자로, 여성 생활의 규범을 적은 『여계』를 저술하였다. 『여계』의 「부행(婦行)」 편에 나오는 글을 재인용하였다. 15장 「인륜의 기본」에서도 반소의 어록을 소개하였다. 봉건시대 여성의 바람직한 행동을 조목조목 설명하였으나, 이제는 폐기된 낡은 규범이 적지 않다.

3

太公曰: 婦人之禮, 語必細, 行必緩步. 止則斂容, 動則蹉跙. 耳無餘聽, 目無餘視. 出無諂容, 廢飾裙褶, 不窺不觀牖戶. 早起夜眠, 莫憚勞苦. 戰戰兢兢, 常憂玷辱.

부인의 예의범절에서 말은 반드시 나직하게 하고, 걸음은 반드시 천천히 걷는다. 멈춰 있을 때는 용모를 가다듬고, 움직일 때는 머뭇머뭇한다. 귀로는 쓸데없는 말을 듣지 않고, 눈으로는 쓸데없는 것을 보지 않는다. 외출해서 아양 떠는 낯빛을 하지 않고, 치마의 주름을 잡지 않는다. 창밖의 일을 엿보지도 구경하지도 않는다. 아침 일찍 일어나고 밤늦게 자면서 수고로운 일도 꺼리지 않는다. 조심하고 경계하면서 욕된 일을 당하지나 않을까 항상 염려한다.

—『태공가교』

부인의 예의범절을 묘사하여 과거 여성 생활의 한 측면을 보여 준다. 저본에서는 "부인의 예의범절에 말은 반드시 나직하게 하고,[婦人之禮, 語必細,]"를 독립된 조항으로 분리하였으나, 흑구본에서는 뒷 문장과 연결하였다. 문맥으로 볼 때 연결하는 것이 옳다. 『신집』 404에서는 둔황 사본 『태공가교』를 인용하여 "부인의 예의범절에서 말은 반드시 나직하게 하고, 걸음은 반드시 천천히 걷는다. 멈춰 있을 때는 용모를 가다듬고, 움직일 때는 차분하게 한다. 귀로는 길거리의 말을 듣지 않고, 눈으로는 삿된 것을 보지 않는다. 외출해서 용모를 곱게 꾸미지 않고, 집에 들어와서 화장을 다 지우지 않는다.[婦人之禮, 言必細語, 行必緩步. 止則斂容, 動則庠序. 耳無途聽, 目無邪視. 出無冶容, 入無廢飾.]"로 썼다.

4

賢婦令夫貴, 惡婦令夫賤.

현명한 부인은 남편을 귀하게 만들고
나쁜 부인은 남편을 천하게 만든다.

명나라 초기의 유학자 조단이 1408년에 완성한 격언집 『야행촉』에서는 이 말을 『태공가교』에서 인용하고 있다. 내용이 조금 길지만 다음과 같이 인용한다. "나라를 잘 다스리려면 아첨하는 신하를 기용하지 않고, 집안을 잘 다스리려면 알랑거리는 부인을 얻지 않는다. 훌륭한 신하는 한 나라의 보배이고, 훌륭한 부인은 한 집안의 보배이다.(11장 121조) 남을 헐뜯는 신하는 나라를 어지럽히고, 투기하는 부인은 집안을 어지럽힌다.(11장 122조) 현명한 부인은 친척들과 화목하고, 알랑거리는 부인은 친척과 사이를 벌린다.(20장 6조) 집안에 현명한 아내가 있으면 남편이 횡액을 당하지 않는다.(20장 5조) 멍청한 남자는 부인을 두려워하고, 슬기로운 여자는 남편을 존중한다.(14장 7조) 현명한 부인은 남편을 귀하게 만들고, 나쁜 부인은 남편을 천하게 만든다.(20장 4조)[太公曰: 治國不用佞臣, 治家不用佞婦. 好臣是一國之寶, 好婦是一家之珍. 讒臣亂國, 妬婦亂家. 賢婦和六親, 佞婦破六親. 家有賢妻, 夫不遭横禍. 癡人畏婦, 賢女敬夫. 賢婦令夫貴, 惡婦令夫賤.]" 『태공가교』에서 인용한 앞 내용은 『명심보감』 세 개의 장에 6개조로 나뉘어 모두 실려 있다. 번역문 문장 끝에 넣은 번호가 해당 조이다. 4조에서 6조까지 3개조는 모두 『태공가교』에서 인용한 격언이다. 한 나라에서 신하의 역할과 한 가정에서 부인의 역할을 비교하여 부인의 역할이 매우 중요하다고 보았다. 또한 가정에서 부인과 남편의 상호 영향 관계를 살피고 현명한 부인과 나쁜 부인의 차이를 서로 비교하여 부인의 역할을 중시하였다.

5

家有賢妻, 夫不遭橫禍.

집안에 현명한 아내가 있으면 남편이 횡액을 당하지 않는다.

아내가 현명하면 훌륭하게 내조하여 사회생활을 하는 남편이 큰일을 겪지 않도록 만든다. 아내의 선한 영향력을 칭송하였다. 『태공가교』에 실린 격언으로, 원나라 때 널리 쓰여서 『분아귀(盆兒鬼)』나 『살구기』 같은 여러 희곡에 등장한다.

6

賢婦和六親, 佞婦破六親.

현명한 부인은 친척들과 화목하고
알랑거리는 부인은 친척 사이를 벌린다.

당나라 때부터 널리 쓰인 성어이다. 『태공가교』에 나오는 말로 둔황 사본 『항마변문(降魔變文)』에서는 "아첨하는 신하는 여섯 나라를 부수고, 알랑거리는 부인은 친척 사이를 싸우게 만든다.[佞臣破六

國, 佞婦鬪六親.]"라고 하였다.

7

或問: "孀婦於理似不可取, 如何?" 伊川先生曰: "凡取以配身也, 若取失節者, 是己失節也." 又問: "或有孀婦, 貧窮無托者, 可再嫁否?" 曰: "只是後世怕寒餓死, 故有是說. 然餓死事極小, 失節事極大."

어떤 사람이 "젊은 과부를 아내로 맞아들이기는 도리상 옳지 않은 듯한데 어떻게 보십니까?"라고 물었다. 이천 선생은 "그렇다. 아내를 맞이하는 것은 자기 짝을 삼는 것이다. 절개를 잃은 부인을 얻어 짝으로 삼는다면 이는 자기가 절개를 잃은 꼴이다."라고 대답하였다. 어떤 사람이 또 "젊은 과부가 빈궁하고 의탁할 곳이 없을 때는 개가해도 되지 않겠습니까?"라고 물으니 이천 선생은 "추위와 굶주림으로 죽을까 두려워서 후대에 이런 말이 나왔을 뿐이다. 그러나 굶어 죽는 것은 대단히 작은 일이고, 절개를 잃는 것은 대단히 큰일이다."라고 대답하였다.

출전은 『근사록』 「가도(家道)」이다.

8

『列女傳』曰: 古者婦人妊子, 寢不側, 坐不邊, 立不蹕. 不食邪味, 割不正不食, 席不正不坐. 目不視邪色, 耳不聽淫聲. 夜則令瞽誦詩, 道正事. 如此則生子形容端正, 才過人矣.

옛날에는 부인이 임신하면, 몸을 옆으로 뉘어 잠자지 않았고, 모서리에 앉지 않았으며, 비딱하게 서지 않았다. 부정한 음식을 먹지 않았고, 바르게 자르지 않은 고기를 먹지 않았으며, 자리가 바르지 않으면 앉지 않았다. 눈으로는 부정한 빛깔을 보지 않았고, 귀로는 부정한 소리를 듣지 않았으며, 밤이면 맹인 악사에게 시를 외우고 올바른 일을 말하게 하였다. 이렇게 하면 용모가 단정하고 재주가 남보다 뛰어난 자식을 낳을 수 있었다.

—『열녀전』「모의(母儀)」

출전은『소학』「입교(立教)」이다.

부록

명심보감 서
明心寶鑑序

범입본, 1393년

사람으로 세상에 태어나 중국에 살면서 삼재(三才)[1]의 덕성을 부여받아 만물의 영장이 되었으니, 하늘이 덮어 주고 대지가 실어 주며 해와 달이 위에서 비춰 주는 은혜에 감격한다. 임금이 다스리는 대지 위에서 부모는 이 몸을 낳으시고, 성현은 가르침을 베풀어 주셨다. 그 가르침을 따르는 사람은 도에 통달하는 것을 무엇보다 앞세운다.

하지만 두루 배우지 않으면 넓게 알 길이 없고, 마음을 환히 밝히지 않으면 그 본성을 알 수 없다. 나면서부터 아는 사람이 있다고는 하나, 근세에는 정말 볼 수 없는 드문 일이다. 옛날에 하나라 우임금은 착한 말을 들으면 빙그레 웃으면서 수레에서 내려 절을 하였다

1 삼재는 천(天), 지(地), 인(人)이다. 우주 사이에 존재하는 만물을 통틀어 이른다.

고 하는데,[2] 더구나 평범한 세상 사람이야 말해 무엇하랴?

먼 옛날의 성현이 남긴 기록과 경서의 천 글자 만 마디 말씀은 단지 선을 행하도록 사람을 가르치는 것일 뿐이다. 어짊과 의로움, 예의, 지혜, 신의의 다섯 가지 법을 세웠고, 군자와 소인으로 품격을 나눴으며, 현자와 바보의 등급 및 선행과 악행의 차이를 분별하였다. 경서에는 아름다운 말씀과 착한 행동이 대단히 많다. 그러나 요즘 사람은 게을러서 보고 익히고 행하는 자가 드물다. 더구나 요즘 공부하는 사람들은 문장 짓는 솜씨를 익히려고만 할 뿐, 덕행을 먼저 배워 근본으로 삼는 이가 없다.

오늘날 세상에서는 속세를 벗어나 선행의 인연을 맺으라고는 많이 권장하여도, 인간이면 마땅히 행해야 할 선행은 잘 권장하지 않는다. 『석현문(昔賢文)』[3] 따위의 책이 세상에 전해 오고는 있으나, 오늘날 착한 말을 듣기 좋아하는 군자마저도 그 책을 보고서 기이하게 여길 뿐 고금에 긴요한 어록임을 아예 모른다. 이 때문에 마음이 미혹에 빠져도 성현이 날마다 쓰고 항상 행하던 긴요한 도를 듣고자 하는 이가 드물다. 본심을 보존하고 분수를 지키려 애쓰기는커녕 난리를 피우고 허튼짓을 마음껏 저지른다.

선악에 따른 화복은 응보가 명확하다. 부귀와 빈천, 성패와 흥망성쇠는 꿈꾸는 잠깐 사이에 일어난 일과 같다. 모름지기 예측하기

---

2 우임금의 사연은 5장 69조 본문에 나와 있다.

3 이 책은 현재 전하지 않는다. 명나라 만력 연간부터 크게 유행한 『석시현문(昔時賢文)』은 『증광현문(增廣賢文)』 등으로 불리는데, 그 명칭으로 볼 때 이 『석현문』을 증보한 저술로 추정이 된다. 『명심보감』과 비슷한 글이 대략 3분의 1 정도이다.

어려운 일을 예방하여 아침저녁으로 살얼음을 밟듯이 조심하여야 한다. 항상 중도를 지키고 평온한 마음을 지닌다면 함부로 날뛰는 행동이 자연스럽게 영구히 사라지리라.

삼가 『태상감응편』[4]을 보니 다음과 같은 말이 있었다. "따라서 길(吉)한 사람은 하는 말이 착하고 시선이 착하며 행동이 착하여 하루에도 세 가지 착함이 있어서 3년이 지나면 하늘은 반드시 그에게 복을 내린다. 흉(凶)한 사람은 하는 말이 악하고 시선이 악하며 행동이 악하여 하루에도 세 가지 악함이 있어서 3년이 지나면 하늘이 반드시 그에게 화를 내린다."

또한 절효처사[5]는 "착한 일을 말하고 착한 일을 행하며 착한 일을 하고자 했는데도 군자가 되지 못하는 사람은 없다. 착하지 않은 일을 말하고 착하지 않은 일을 행하며 착하지 않은 일을 하고자 했는데도 소인이 되지 않은 사람은 없다."라고 말하였다.

여기에서 이른바 착한 말은 사람의 착한 마음을 움직여 일어나게 할 수 있고, 이른바 악한 말은 사람의 일탈하려는 뜻을 꾸짖어 경계할 수 있다. 그렇기에 선배들이 이미 잘 알고 있는, 통속적인 여러 책의 긴요한 말과 자애롭고 존귀한 분의 후학을 가르치는 착한 말을 모아서 한 권의 계보를 만들고 『명심보감』이라 이름하였다. 현자가 요행히 이 책을 들춰 본다면, 또한 공부하는 어린 자제들을 가르칠 수 있다면 풍속을 두텁게 교화하는 데 보탬이 되어서 "그 어떤

---

4 1장 41조에 설명이 나와 있다. 『태상감응편』 「역행(力行)」에서 인용하였다.
5 5장 70조에 설명이 나와 있다. 그가 한 말은 『소학』 「가언」에 인용되어 있다.

악행도 저지르지 않고, 많은 선행은 받들어 실행할 것이다."[6] 이 책에 유념하고 마음에 새겨 둔다면 자연스럽게 말과 행동을 서로 돌아보아 일체가 되리라는 점을 의심하지 않는다. 그럼 어떻게 그릇되게 행동할 수 있겠는가?

홍무 26년 계유년(癸酉年, 1393) 2월 16일
무림(항주) 후학 범입본은 서문을 쓴다.

---

6 이 말은 『태상감응편』 「지미(指微)」에 나온다.

명심보감 발
明心寶鑑跋

유득화, 1454년

『명심보감』이라는 책은 경전을 두루 상고하고 긴요한 말을 채집하여 스무 편으로 나누어 엮었다. 그 내용은 모두 일상생활 속 인륜에 절실한 것인데, 그 요점은 먼저 마음을 훤히 밝히자는 것에 지나지 않는다. 만약 이 『명심보감』을 항상 눈에서 떼지 않고 늘 마음을 깨우쳐서 선을 본받고 악을 경계한다면 하늘에서 도와줌이 어찌 끝이 있으랴?

이 책은 중국 간본만 있었다. 감사 민상국(閔相國)[1]께서 널리 배

---

1 충청도 관찰사 민건이다. 세종 때와 세조 때의 문신으로, 세조 6년(1460) 5월 25일에 사망하였는데, 『세조실록』의 졸기(卒記)에 "동지중추원사(同知中樞院事) 민건이 졸(卒)하였다. 민건은 원경왕후(元敬王后)의 친족으로, 벼슬길에 나와 여러 차례 승지, 대사헌, 관찰사를 역임하였다. 남에게 굽실거리지 않은 성격으로, 너그럽고 결백하였으며 재산을 모으려고 애쓰지 않았다. 시호는 장절(章節)이다."라고 썼다. 충청도 관찰사로 부임한 시기는 단종 1년(1453) 10월로,

포하고자 꾀하셔서 공인을 모아 목판에 새기니 한 달도 채 지나지 않아 일을 마쳤다. 누구나 쉽게 인출(印出)하여 하나같이 배운다면, 착한 가르침이 흥성하고 백성의 풍속이 순박해져 후세에 무궁하게 전해질 것이다. 어찌 보탬이 적다고 하랴?

경태(景泰) 5년(1454) 갑술년(甲戌年) 11월 초하루
봉직랑(奉直郎) 청주유학교수관(淸州儒學敎授官)
유득화(庾得和)[2]는 삼가 발문을 쓴다.

다음 해 10월 19일에 인수부윤(仁壽府尹)으로 자리를 옮겼다.

2 조선 초기의 문신으로 본관은 무송(茂松)이다. 세종 23년(1441) 신유년(辛酉年) 문과에 급제하였고, 나중에 훈련원 주부를 지냈다.

중간명심보감 서
重刊明心寶鑑序

조현, 1553년

나는 거울이 사물을 잘 비추면 곱고 추한 모습을 빠짐없이 드러낸다고 하는 말을 들었다. 『욱리자(郁離子)』[1]에는 "밝은 거울이 사람의 간담(肝膽)을 잘 비추기는 하여도 주렴 뒤에 있는 사람의 얼굴까지 비추지는 못한다."라는 말이 나온다. 지금 거울[鑑]로 책의 이름을 삼았고 마음을 밝히는 보탬이 있으니 보물[寶]이라고 하지 않아서 되겠는가? 그러나 거울이 밝아서 사람의 간담을 잘 비추더라도 주렴 뒤에 있는 사람의 얼굴을 환히 비추지는 못한다. 더구나 사람의 마음을 또렷하게 밝힐 수 있을까?

아! 이 이야기의 뜻을 꿰뚫어 본 사람이라면 이치를 잘 안다고 할 수 있을 것이다. 왜 그런가? 거울은 형체를 잘 비추지만, 이치는

1 원나라 말엽과 명나라 초기의 학자 유기(劉基, 1311년~1375년)가 지은 잠언집이다.

마음을 잘 밝힌다. 이야말로 은나라 탕(湯) 임금이 자신을 경계하기 위해 세숫대야에 새겨 놓았다는 잠언의 속뜻이다.[2] 탕 임금은 목욕을 하여 몸의 때를 씻어 내듯이 사람들이 마음을 깨끗하게 씻어서 사악함을 제거하라고 한 뜻이었다. 그래서 세숫대야에 좌우명을 새겨 놓았다.

지금 책의 이름을 『명심보감』이라고 하였는데, 뭇 성인이 크게 이루어 놓은 사상의 정수를 모으고, 여러 현인이 밝힌 심오한 말씀을 수집하였다. 책의 의의는 오로지 선(善)을 밝혀 본심을 회복하고, 이치를 탐구하여 본성을 남김없이 이해하는 데 있다. 그렇게 하여 날마다 새로워지는 이익이 있다면 그 덕분에 사람의 마음을 환하게 밝힐 수 있지 않을까?

나는 평소 이 책을 끔찍하게 아꼈다. 황제를 모시다가 틈이 나면 아침저녁으로 펼쳐서 읽었다. 특히 기뻐한 것은 자구(字句)와 입의(立意)에서 충효를 많이 앞세운 점이었다. 다만 책에는 글과 글자에 오류가 많아서 마침내 틀린 것은 바로잡고 빠진 것은 채워 넣었다. 이에 녹봉을 털어서 인쇄에 부쳐 널리 전하니 사람들이 다 함께 충효의 마당으로 향하여 간다면 세상의 교화에 보탬이 조금 되지 않을까 한다.

---

2 은(殷)나라 탕 임금은 세숫대야에 "나날이 새롭게 하고, 또 나날이 새롭게 하라.[日日新, 又日新.]"라는 잠언을 새겨 놓았는데, 이를 「반명(盤銘)」이라 한다. 『대학』에 나오는 말이다.

대명(大明) 가정(嘉靖) 계축년(1553) 8월 상순에

수암(守庵) 조현[3]이 서문을 쓴다.

---

3 조현의 행적은 자세히 알 수 없다. 책의 마지막 장에 있는 '수암'과 '금직여청(禁直餘淸)', '태감지장(太監之章)'의 장서인을 통해서 황제를 모시는 태감이었음을 알 수 있다.

만력제, 1585년

어제중집명심보감 서
御製重輯明心寶鑑序

짐(朕)[1]은 일찍이 우리 태조(太祖) 황제[2]와 성조(成祖) 황제[3]께서 백성을 훈계한 포고문을, 그리고 착한 일을 행하고 음덕 쌓기를 권유하는 여러 책을 소리 높여 외운 적이 있었다. 그 글과 책은 대체로 풍속에 맞추어 가르침을 펼쳐서 사람들을 쉽게 깨우칠 수 있는 말을 선택하였다. 패관잡기와 야사에서 글을 수집하여 엮기는 하였으나, 권장하고 경계하는 데 도움될 만하면 버리지 않았다. 당시에 설

1 이 서문은 명나라 신종(神宗) 만력제의 글이다. 황제가 쓴 글은 일반 사람과는 달리 글쓴이를 밝히지 않는데, 이 서문에서도 지은 사람이 만력제임을 밝히지 않았다. '짐'이라는 표현과 문체와 내용은 황제의 글임을 자연스럽게 말해 준다. 다만 황제가 직접 쓴 글은 아니고 신하가 대신 작성한 글이다.

2 홍무제 주원장(朱元璋)으로, 명나라를 건국하였다.

3 영락제(永樂帝) 주체(朱棣, 재위 1402년~1424년)로, 제3대 황제이다. 주원장의 넷째 아들로, 조카이자 제2대 황제인 건문제(建文帝)를 축출하고 황제가 되었다.

마 문학에 뛰어나서 황제의 말씀을 윤색할 신하가 없었겠는가? 단지 문장은 어렵기를 바라지 않았고, 뜻은 괴팍하기를 바라지 않았으며, 백성들이 입에 달라붙고 귀에 익은 글을 가슴에 쉽게 받아들이기를 바랐을 뿐이었다.

먼 옛날 한(漢)나라에서는 조서(詔書)와 율령(律令)을 아래로 내려보내면, 바르고 점잖으며 따뜻하고 도탑다고 평가받는 글조차도 지위가 낮은 관리들은 견문이 좁아서 그 뜻을 끝내 알아내지 못하였다. 그들을 위해 문학을 잘하고 고사(故事)에 밝은 자를 특별히 배치하기까지 하였다. 그런 어려운 조칙을 아는 게 많지 않은 백성에게 내려야 하겠는가?

짐이 틈날 때 『명심보감』이라는 책 한 권을 펼쳐 읽었더니 수많은 서적에서 수집한 글과 말을 분류하고 편집한 책이었다. 그 가운데 우아한 것과 저속한 것이 함께 펼쳐졌고, 투박한 것과 화려한 것이 섞여서 나왔다. 비록 역대 제왕의 훈계를 뒷받침하기에는 모자르나, 성현의 격언이 여기저기 실려 있어서 세상을 경계하고 속세 사람을 가르치는 데 보탬이 없지 않았다. 다만 그 가운데 거짓되고 잘못된 글이나 상스럽고 잡스러운 말이 매우 많았다. 이에 유학에 밝은 신하에게 명하여 번잡한 것은 깎아 내고 그릇된 것은 바로잡도록 조금 편집하게 하니, 그 사이에서 늘어난 것도 있고 덜어 낸 것도 있다. 이어서 담당자에게 명령하여 목판에 새겨 널리 퍼뜨리게 하고 책의 앞에 몇 마디 말을 적는다.

또한 서명을 『명심보감』으로 정한 취지를 짐은 더욱 가상히 여긴다. 무릇 거울로 얼굴을 비춰 보면 잘나고 못난 모습이 분간되고, 옛일로 마음을 비춰 보면 착하고 못된 마음이 또렷하게 나타난다.

유독 이 책만 그렇겠는가?

만력 13년(1585) 10월 길일(吉日)에 중간한다.[4]

4 『명실록』의 만력 13년 4월 24일 자 기사에는 만력제가 『명심보감』을 보고서 기뻐하여 보좌하는 신하에게 명하여 바로잡고서 서문을 쓰게 한 사실을 기록하였다. 이에 따라 『만력기거주』 4월 25일 자 기사에는 대학사 신시행이 『명심보감』의 성격과 편집 방향에 관해 여러 의견을 상주하였다는 내용이 나온다. 그로부터 두 달이 채 되지 않은 6월 18일 자 기사에는 어제본을 완성하여 올리자 신시행 등에게 큰 상을 내린 사실을 기록하였다. 서문의 날짜를 10월로 밝힌 것은 책을 출간한 날짜에 맞춘 듯하다.

참고 문헌 參考文獻

원전

李佑成 엮음,『清州版明心寶鑑』, 아세아문화사, 1990.

萬曆帝 엮음,『御製重輯明心寶鑒』, 미국 하버드 대학 옌칭 연구소 도서관 소장. (https://curiosity.lib.harvard.edu)

范立本,『新刊校正大字明心寶鑑』, 목판, 清州, 서울대학교 중앙도서관 고문헌 자료실, 일사179Si64, 1454.

______,『新刊大字明心寶鑑』, 목판, 黑口本, 타이완 국립고궁박물원 소장, 명대 초기.

______,『新鍥京板正譌音釋提頭大字明心寶鑑正文』, 和刻本, 안대회 소장, 日本 寬永 8년(1631년).

______,『治家節要』, 목판, 고려대학교 중앙도서관 소장, 1431.

曹玄 刊,『重刊明心寶鑑』, 影印, 北京: 綫裝書局, 2020.

黃淳九 엮음,『原本明心寶鑑』, 태학사, 1986.

번역본

김병조,『김병조의 마음공부』, 청어람, 2014.

김성원 · 권갑현,『명심보감강의』, 명문당, 2021.

東方出版社编辑部,『明心寶鑑』, 東方出版社, 2014.

李朝全,『明心寶鑑』, 華藝出版社, 2007.

裴登峰,『明心寶鑑』, 北京: 北京联合出版公司, 2007.

范崇高,『明心寶鑑』, 成都: 四川大學出版社, 2023.

신동준,『명심보감』, 인간사랑, 2013.

임동석,『명심보감』1 · 2, 동서문화사, 2010.

정천구,『명심보감: 밝은 마음을 비추는 보배로운 거울』, 지식산업사, 2010.

조기영,『명심보감』, 지식을만드는지식, 2000.

조운,『청주판 명심보감』, 지식을만드는지식, 2024.

참고 저서 및 논문

Zhang, Rachel Junlei and Gil-Osle, Juan Pablo, "Chinese monks, dragons, and reincarnation: the hand of Juan Cobo in the cultural translation of Mingxin baojian 明心寶鑑 (Precious Mirror for Enlightening the Mind), circa 1590," *Journal of the Royal Asiatic Society*, 34(1): 155-169, 2024.

高國藩,『敦煌民間文學』, 臺北: 聯經, 1994.

金光一,「密陽本《新刊明本治家節要》의 文獻價値」,《中國語文論譯叢刊》, 第28輯, 2011.

김동환,「明心寶鑑의 書誌的 硏究」,《書誌學硏究》, 제10집, 1994.

金侖壽,「《明心寶鑑》에 引用된《景行錄》에 대하여」,《道教文化硏究》, 第3輯, 1989.

모리스 말루,『라루스 세계 명언 대사전』, 연숙진·김수영 옮김, 보누스, 2016.

성해준,『동아시아 명심보감 연구』, 문, 2011.

______,『일본 명심보감의 전래와 수용 연구』, 學古房, 2016.

安大會,「『明心寶鑑』의 口傳俗談 채록과 格言의 성격」,《漢文學報》, 50호, 2024.

______,「『명심보감』의 판본과 새로 발굴된 천계본 방각본의 가치」,《문헌과 해석》, 95호, 2024.

______,「한국에서 간행된『明心寶鑑』抄略本의 판본과 특징」,《한국문화》, 105호, 2024.

幼学の会 編,『太公家教注解』, 東京: 汲古書院, 2009.

張魯原,『中華古諺語大辭典』, 上海: 上海大學出版社, 2011.

정광 역주,『노걸대』, 김영사, 2004.

鄭阿財,『敦煌寫卷新集文詞九經抄硏究』, 臺北: 文史哲出版社, 1989.

鄭阿財·朱鳳玉,『開蒙養正: 敦煌的學校教育』, 蘭州: 甘肅教育出版社, 2007.

周安邦,「『明心寶鑑』硏究」. 臺灣 逢甲大學 中國文學系 박사 학위논문, 2009.

陳元靚, 元刊 影印,『事林廣記』, 京都: 中文出版社, 1988.

『眞言要決』. CBETA 贊助資訊 (http://www.cbeta.org/donation/index.php)

胡文婷·張西平,「蒙學經典『明心寶鑑』的拉丁語譯本初探」,《中國翻譯》, 43(4), 2022.

지은이 **범입본** 范立本

원나라 말엽과 명나라 초엽의 저술가이다. 자(字)는 종도(從道)로, 지금의 저장성 항저우(杭州)인 무림(武林) 사람이다. 그의 행적은 자세히 알려지지 않았다. 학식이 뛰어나고 재주가 풍부하였으나, 당시 지식인 사회에 어울리지 못하고 고독하게 저술에 몰두한 무명의 학자였다. 2종의 저술을 남겨, 1393년에는 실용적 처세의 지혜를 담은 격언을 편집하여 『명심보감』을 출간하였고, 13년 뒤인 1406년에는 향촌 사회의 생활 백과인 『치가절요(治家節要)』를 출간하였다. 그의 책은 조선에도 소개되어 『명심보감』은 1454년에 충청도 청주에서, 『치가절요』는 1431년에 경상도 밀양에서 번각본이 간행되었다. 『명심보감』은 출간 당시부터 독자에게 크게 환영받아 거듭 간행되거나 번역되었다. 16세기 말부터 라틴어와 스페인어 등으로도 번역되어 서양에도 널리 소개되었고, 현재까지 한국, 중국, 일본, 베트남 등 아시아 여러 나라에서 대중적 인기를 누리고 있다.

옮긴이 **안대회** 安大會

연세대학교 국어국문학과를 졸업하고, 같은 학교 대학원에서 문학박사 학위를 받았다. 현재 성균관대학교 한문학과 교수로 재직하면서 문과대학 학장을 맡고 있다. 성균관대학교 대동문화연구원장과 한국한문학회 회장을 역임하였다. 2015년에 제34회 두계학술상을 받았고, 2016년에 제16회 지훈상 국학 부문을 수상했으며, 2023년에는 SKKU-Fellowship 교수로 선정되었다. 2024년에는 제38회 인촌상 인문·사회 부문을 수상하였다. 정밀하면서도 깊이 있는 사유를 바탕으로 옛글을 고증하고 해석해 왔으며, 담백하고 정갈한 문체로 선인들의 글과 삶을 풀어내 왔다.

지은 책으로 『한국시화사』, 『조선의 명문장가들』, 『담바고 문화사』, 『궁극의 시학』, 『천년 벗과의 대화』, 『벽광나치오』, 『조선을 사로잡은 꾼들』, 『정조의 비밀편지』, 『선비답게 산다는 것』, 『18세기 한국한시사 연구』 등 다수가 있고, 옮긴 책으로 『채근담』, 『만오만필』(공역), 『해동화식전』, 『한국 산문선』(공역), 『완역 정본 택리지』(공역), 『소화시평』, 『내 생애 첫 번째 시』, 『추재기이』, 『북학의』 등 다수가 있다.

명심보감

1판 1쇄 찍음 2024년 11월 15일
1판 1쇄 펴냄 2024년 11월 29일

지은이 범입본
옮긴이 안대회
발행인 박근섭, 박상준
펴낸곳 (주)민음사
출판등록 1966. 5. 19 (제16-490호)
주소 서울특별시 강남구 도산대로1길 62(신사동)
강남출판문화센터 5층 (06027)
대표전화 02-515-2000
팩시밀리 02-515-2007

ISBN 978-89-374-7243-5 04150
978-89-374-7240-4 (세트)

* 잘못 만들어진 책은 구입처에서 교환해 드립니다.